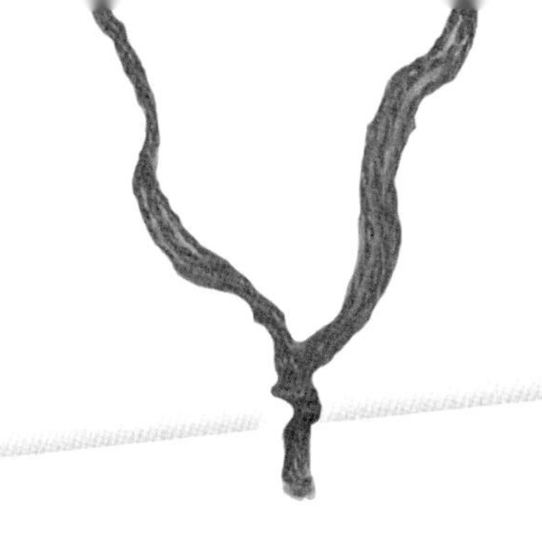

Katrin Schüppel

… UND ES WAR DOCH DER GÄRTNER!

Krimis und Kriminalistik im fächerübergreifenden Unterricht

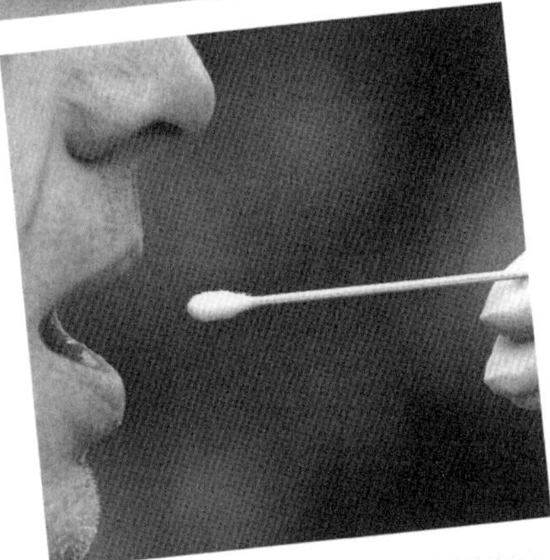

Verlag an der Ruhr

Impressum

Titel: ... und es war doch der Gärtner!
Krimis und Kriminalistik im fächerübergreifenden Unterricht

Autorin: Katrin Schüppel

Titelbildmotive: fotolia.com ©: nootropa (Foto groß),
Michael S. Schwarzer, -chaos-, Herbert Berends, Tobias Kaltenbach, R-Andreas Klein,
Hans-Joachim Roy (Fotoleiste von oben nach unten)

Illustrationen: Michael Schulz u.a.

Druck: AALEXX Buchproduktion, Großburgwedel

Verlag: Verlag an der Ruhr
Alexanderstraße 54 – 45472 Mülheim an der Ruhr
Postfach 10 22 51 – 45422 Mülheim an der Ruhr
Tel.: 0208/439 54 50 – Fax: 0208/439 54 239
E-Mail: info@verlagruhr.de
www.verlagruhr.de

© Verlag an der Ruhr 2010
ISBN 978-3-8346-0640-2

Gedruckt auf chlorfrei gebleichtes Papier.

Die Schreibweise der Texte folgt der neuesten Fassung
der Rechtschreibregeln – gültig seit August 2006.

Wir sind seit 2008 ein ÖKOPROFIT®-Betrieb und setzen uns damit aktiv für den Umweltschutz ein. Das ÖKOPROFIT®-Projekt unterstützt Betriebe dabei, die Umwelt durch nachhaltiges Wirtschaften zu entlasten.

Das Werk und seine Teile sind urheberrechtlich geschützt. Jede Verwendung in anderen als den gesetzlich zugelassenen Fällen bedarf der vorherigen schriftlichen Einwilligung des Verlages. Die im Werk vorhandenen Kopiervorlagen dürfen für den eigenen Unterrichtsgebrauch in der jeweils benötigten Anzahl vervielfältigt werden. Der Verlag untersagt ausdrücklich das Speichern und Zurverfügungstellen dieses Buches oder einzelner Teile davon im Intranet (das gilt auch für Intranets von Schulen), Internet oder sonstigen elektronischen Medien. Kein Verleih.

Inhaltsverzeichnis

Inhaltsverzeichnis

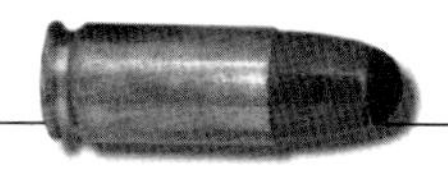

Vorwort

Wie kommt man einem Verbrechen auf die Spur?

In diesem Arbeitsbuch geht es um den Stoff, aus dem **Krimis** sind. Jedes vierte Buch der Unterhaltungsliteratur, das über den Ladentisch geht, ist ein Krimi. Auch im Fernsehen häufen sich die Beiträge, bei denen es um die Verfolgung von Verbrechen geht. Neben **Kriminalfilmen und -serien mit fiktiven Verbrechen** interessieren sich die Menschen aber auch für die Umstände von **realen Verbrechen** aus Gegenwart und Vergangenheit. Auch Sanftmütige lassen sich von Verbrechen faszinieren, obwohl ihre Grausamkeit und Rücksichtslosigkeit die Menschen abstößt. Verbrechen geben Rätsel auf, die unseren Verstand herausfordern; und die Geschicklichkeit, z.B. von Trickbetrügern, fordert uns eine gewisse Bewunderung ab. Das abenteuerliche Leben, das Verbrecher, die außerhalb der Gesellschaft leben, zu führen gezwungen sind, ist ein Stoff, aus dem viele Legenden entstanden sind. Mit der Zeit wurden viele Verbrecher glorifiziert, und ihre grausamen Taten gerieten dabei in den Hintergrund. Nur so konnte z.B. aus dem skrupellosen Straßenräuber Robin Hood ein Kämpfer für soziale Gerechtigkeit werden.

Im Laufe des 19. Jahrhunderts begann man überall, Institutionen zur Verbrechensbekämpfung zu gründen. Das Interesse der Bevölkerung an der Überführung von Verbrechern und dem Nachweis ihrer Taten wuchs. Fälle, wie der von „Jack the Ripper", erregten große Aufmerksamkeit und wurden ausführlich in den Zeitungen behandelt. In dieser Zeit entstanden auch die ersten Kriminalgeschichten, z.B. die um den wohl bekanntesten **Detektiv** aller Zeiten: Sherlock Holmes. Obwohl auch damals auf Beweise, wie Zeugenaussagen und Spuren, gesetzt wurde, hat sich mit der Zeit auch einiges verändert. Die Methoden zum **Nachweis von Spuren**, wie Fasern, Giften oder genetischem Material, werden immer besser. Sie werden daher immer wichtiger bei der Überführung von Verbrechern, und die Bedeutung von Zeugenaussagen nimmt ab.

Es sind die überraschenden Wendungen, die spannenden Methoden der Aufklärung und das oft nicht vorhersehbare Ende von Kriminalfällen, die auch Jugendliche faszinieren. Dieses **Interesse** können Sie auch **für den Unterricht nutzen**. In dem Thema „Krimi" stecken viele **Anknüpfungspunkte für alle Fächer**. Im Deutschunterricht kommen Ihre Schüler* den berühmtesten Verbrechern der Geschichte sowie den Kriminalfällen in Literatur, Film und Fernsehen auf die Schliche. In Psychologie überlegen sie, warum Menschen zu Verbrechern werden, oder diskutieren im Ethikunterricht, wann ein Mensch überhaupt schuldfähig ist. In Naturwissenschaften befassen sie sich damit, wie Fingerabdrücke gesichert werden, oder in Sozialwissenschaften, wie ein Gerichtsprozess funktioniert. Auf diesen Arbeitsblättern werden die Schüler mit den Ermittlungsmethoden der Polizei vertraut gemacht. Sie bekommen Verbrecher und Kriminalfälle aus geschichtlicher und neuerer Zeit vorgestellt, erfahren etwas darüber, wie Schuld und Strafmaß ermittelt werden, lernen, wie sich die Kriminalliteratur entwickelt hat und machen Bekanntschaft mit Kriminalautoren und fiktiven Ermittlern. Zu vielen Themen werden Berufsbilder vorgestellt und es wird aufgezeigt, welche Voraussetzungen man für eine Tätigkeit in diesem Beruf braucht. Einige Berufe, wie Pathologe oder Profiler, erfreuen sich schließlich gerade deshalb großer Beliebtheit, weil Film und Fernsehen ein stark verzerrtes Bild der dazu gehörigen

*Aus Gründen der besseren Lesbarkeit haben wir in diesem Buch durchgehend die männliche Form verwendet. Natürlich sind damit auch immer Frauen und Mädchen gemeint, also Lehrerinnen, Schülerinnen etc.

Vorwort

Tätigkeiten vermitteln. Das Fernsehen ist auch der Grund, weshalb vielen die US-amerikanischen Methoden der Verbrechensbekämpfung und das dortige Gerichtssystem vertrauter sind als das hiesige. Auch darauf wird in diesem Arbeitsbuch eingegangen.

Die Materialien können Sie im jeweiligen **Fachunterricht** einsetzen, oder Sie starten gleich ein **fächerübergreifendes Projekt** zum Thema „Krimi".
Das Arbeitsbuch gliedert sich in fünf große Kapitel. Alle **Aufgaben** sind nach **Altersstufen** (Klasse 5 – 6 und Klasse 7 – 10, einige Seiten sind für beide Altersstufen geeignet) **differenziert**. Die jeweilige Zuordnung erkennen Sie an den folgenden Symbolen am Seitenende:

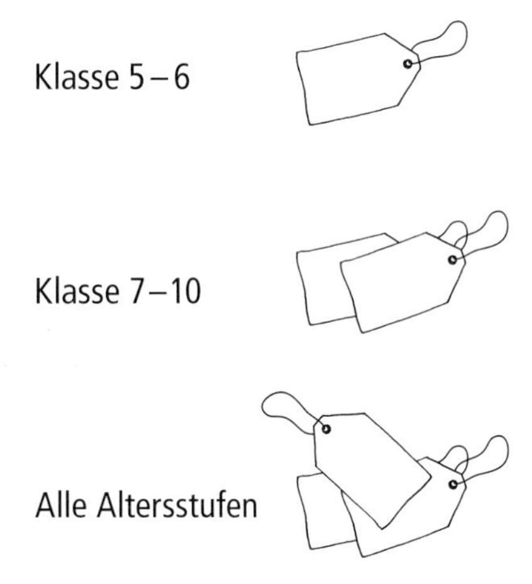

Viele Themen werden auf je einem Arbeitsblatt pro Altersstufe behandelt, einige Aspekte werden jedoch auch nur bei einer Altersstufe aufgegriffen (wenn sie für die jeweils andere Stufe nicht interessant oder vom Schwierigkeitsgrad her unangemessen sind). So wird ermöglicht, dass innerhalb eines Themenkomplexes alle relevanten Informationen für beide Altersstufen zur Verfügung stehen und die Schüler der verschiedenen Altersstufen gleichzeitig noch einmal unterschiedliche Aspekte vertiefen können.
Weiterdenken und Diskussion stehen bei den Aufgaben generell im Vordergrund. Darüber hinaus gibt es **Rätsel- und Knobelaufgaben, Experimente und Anregungen, sich selbst Geschichten und Fälle auszudenken und niederzuschreiben**. Für einige Aufgaben wird der Zugang zum **Internet** benötigt, für einige Experimente auch Materialien, die jedoch meist leicht zu beschaffen sind. Im Anhang gibt es einen ausführlichen **Lösungsteil** zu den Aufgaben.

Ihnen und Ihren Schülern wünschen wir viel Spaß beim Ermitteln, Rätseln, Knobeln, Experimentieren und Diskutieren.

1. EINLEITUNG

Straftaten, Verbrechen und Vergehen

› Eine **Straftat** ist alles, was nach dem Gesetz verboten ist und bestraft wird. Schwere Straftaten, die mit einem Jahr Gefängnis oder mehr bestraft werden, nennt man **Verbrechen**. Verbrechen gelten als schwerste Form der Straftat. Ihm gegenüber steht das **Vergehen**, das einen weniger schweren Straftatbestand bezeichnet. Für Straftaten wird häufig auch der Begriff Delikt verwendet. **Bagatelldelikte** sind leichte Vergehen, bei denen nur geringer Schaden entstanden ist, beispielsweise, wenn in einem Laden ein Päckchen Kaugummi gestohlen wird. Wenn der Täter sich bisher nichts zu Schulden kommen lassen hat, kann auf eine Bestrafung verzichtet werden. **Kavaliersdelikte** hingegen, sind Delikte, in denen die meisten Leute kein Unrecht sehen. So halten viele die Übertretung von Geschwindigkeitsgrenzen beim Autofahren für ein Kavaliersdelikt, obwohl dadurch schwere Unfälle passieren können.

Der Fall Murphy

Sieben Monate war Murphy, der Gartenzwerg, verschwunden gewesen. Als er schließlich wieder zu Eve Stuart-Kelso zurückkehrte, hatte er ein Päckchen dabei. Die Engländerin dachte zunächst an eine Bombe und befürchtete, ihr Schützling könnte vielleicht explodieren. Am Ende siegte jedoch die Neugier, und erstaunt stellte sie fest, dass das Päckchen ein Fotoalbum mit Bildern von Murphy enthielt: Murphy in einem Tempel in Kambodscha, Murphy beim Bergsteigen und Murphy beim Motorradfahren. Außerdem wies der Bursche Stempel auf, die zeigten, dass er offensichtlich nach Swasiland, Australien und Vietnam eingereist war. Schließlich fand sie auch noch ein Geständnis: Der 22-jährige Student Simon Randles gab zu, Murphy entführt und mit auf Weltreise genommen zu haben. Er habe den Eindruck gehabt, Murphy habe Fernweh und wolle nicht immer nur den Verkehr beobachten und sich von Hunden bepinkeln lassen. Die Polizei teilte mit, sie würde Murphys Verschwinden wie eine gewöhnliche Straftat behandeln.

Entführt – aber wenn's auf Weltreise geht, lässt man/Zwerg sich das vielleicht gefallen ...

Informationen nach: www.welt.de/reise/article2299448

1. **Warum sind ein Bagatelldelikt und ein Kavaliersdelikt nicht dasselbe?**
2. **Welche Arten von Straftaten kennst du?**
3. **Beurteile den Fall Murphy: Um welche Art von Straftat handelt es sich? Sollte Simon Randles bestraft werden? Wie würdest du darüber denken, wenn es sich um deinen Murphy handeln würde?**

© Verlag an der Ruhr | Postfach 10 22 51 | 45422 Mülheim an der Ruhr | www.verlagruhr.de | ISBN 978-3-8346-0640-2

Alte Bezeichnungen für Verbrecher

› Verbrechen hat es schon immer gegeben. Der Grund dafür war oft, dass habgierige Menschen sich einen Vorteil verschaffen wollten. Auch die Bereitschaft, bei Streitereien Gewalt anzuwenden, endete nicht selten in einem Verbrechen. Manchmal ließen aber auch Armut oder der Ausschluss aus der Gesellschaft den Menschen keine andere Möglichkeit, als entweder zu verhungern oder Straftaten zu begehen.
Hier findest du eine Reihe von Bezeichnungen für Verbrecher. Viele davon stammen aus alter Zeit.

BANDIT, BEUTELSCHNEIDER, BÖSEWICHT, GALGENVOGEL, GANGSTER, GANOVE, GAUNER, HALUNKE, KILLER, KRIMINELLER, LANGFINGER, MISSETÄTER, RÄUBER, SCHLITZOHR, SCHUFT, SCHURKE, SPITZBUBE, STRAFTÄTER, STROLCH, ÜBELTÄTER, UNHOLD, VERBRECHER

Ein paar Worterklärungen:

A Ursprünglich Verbannter (italienisch banditi = Verbannter), der im mittelalterlichen Italien zur Strafe aus der Stadt verwiesen worden war. Ihm blieb nichts anderes übrig, als übers Land zu ziehen und Straßenräuber zu werden. Später wurde der Begriff auch für Verbrecher des „Wilden Westens" benutzt.

B Schwer bewaffnetes Mitglied einer kriminellen Bande (englisch gang = Bande).

C Jemand, der die Hinrichtung durch Erhängen an einem Galgen verdient. Der Begriff wurde im Mittelalter von den Raben, die die Überreste an Hinrichtungsstätten fraßen, auf Verbrecher übertragen.

D Jemand, der einen Raub begangen hat, also jemandem gewaltsam etwas weggenommen hat.

E Im Englischen eine gewohnheitsmäßig mordende Person (englisch to kill = töten). Im Deutschen jemand, der im Auftrag eines anderen jemanden umbringt.

F Im Mittelalter ein Handwerker, der aus der Zunft ausgeschlossen wurde, weil er sich schuldig gemacht hatte. Deshalb wurde ihm der Ring aus dem Ohr gerissen, den die Handwerker damals als Zeichen ihrer Zunft trugen.

G Böse Gegenfigur zum Helden in Büchern, Filmen und Spielen. In der amerikanischen Filmindustrie gab es 1930 eine Vorschrift, dass sie am Ende auf gar keinen Fall gewinnen durften.

H Ursprünglich Landstreicher (altes Wort strollen = umherschweifen). Diese Gruppe wurde früher grundsätzlich verdächtigt, kleinere Straftaten zu begehen.

I Früher Dieb, der anderen die am Gürtel befestigten Geldbörsen abschnitt. Heute jemand, der für etwas viel zu viel Geld verlangt.

Chinesisch für Kriminalisten
Dieb: lang-fing
Polizei: lang-fing-fang
Polizeiauto: lang-fing-fang-tut
Polizeipistole: lang-fing-fang-peng
Fällt dir noch mehr dazu ein?

1. **Überlege, welche der Bezeichnungen für Verbrecher mit den Erklärungen Nr. A–I gemeint sind.**
2. **Welche Bezeichnungen sind nicht umgangssprachlich, sondern werden bei der Polizei, auf Ämtern und in Schriftstücken verwendet?**

© Verlag an der Ruhr | Postfach 10 22 51 | 45422 Mülheim an der Ruhr | www.verlagruhr.de | ISBN 978-3-8346-0640-2

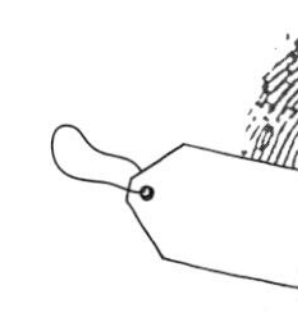

Organisiertes Verbrechen

Al Capone und die Alkoholprohibition

Weil bei Verbrechen damals oft Alkohol im Spiel war, wurde in den USA 1919 ein Gesetz verabschiedet, das die Herstellung und den Verkauf von Alkohol verbot (Prohibition). Doch anstatt weniger, gab es immer mehr Verbrechen. Alkohol war nämlich weiterhin zu bekommen. Das Geschäft damit wurde nun von kriminellen Banden betrieben, die damit viel Geld verdienten und sich gegenseitig bekämpften. Der mächtigste Mann in dieser Zeit war der Gangsterboss **Al Capone** (1899–1947). Eine Messerstecherei in der Jugend hatte ihm Narben im Gesicht und den Zweitnamen „Scarface" eingebracht. Er schaffte es, fast das gesamte Alkoholgeschäft zu kontrollieren, indem er jeden umbrachte, der sich ihm in den Weg stellte. Für fünf Jahre kam er ins Gefängnis, weil er keine Steuern gezahlt hatte, ansonsten konnte man ihm nichts nachweisen. Privat war er übrigens freundlich und unterhaltsam.

Al Capone

Auch heute noch verdienen große Organisationen, wie die italienische Mafia, auf verbrecherische Art und Weise Geld. Sie betreiben weltweit Rauschgifthandel, Waffenhandel, Glücksspiel oder sogar Menschenhandel mit Schwarzarbeitern und Prostituierten. Dabei ähneln diese Organisationen oft ganz normalen Firmen. Sie verfügen über viel Geld und Macht und mischen sich teilweise sogar in die Politik ein. Viele betreiben **Schutzgelderpressung**. Sie verlangen von kleineren Laden- und Lokalbesitzern regelmäßig Geld dafür, dass sie ihnen „Schutz" gewähren. Zahlt der Besitzer nicht, wird er umgebracht, oder sein Lokal fällt z.B. einem Brandanschlag zum Opfer.

Wer auf verbrecherische Art und Weise an Geld gekommen ist, muss dafür sorgen, dass man ihm das nicht nachweisen kann. Deshalb machen derartige Organisationen z.B. Restaurants auf und tun so, als hätten sie das Geld dort verdient. Die Verschleierung der verbrecherischen Herkunft von Geld nennt man **Geldwäsche**.

Wer einmal zu einer verbrecherischen Organisation dazugehört, lebt gefährlich. Die japanischen Yakuza (die Yakuza ist eine Art „japanische Mafia") werden bei unbezahlten Spielschulden beispielsweise gezwungen, sich selbst ein Fingerglied abzuschneiden. Wer aus einer solchen kriminellen Organisation aussteigt oder Informationen weitergibt, muss dafür meist mit dem Leben bezahlen. Untergetauchte Mitglieder werden ihr Leben lang verfolgt.

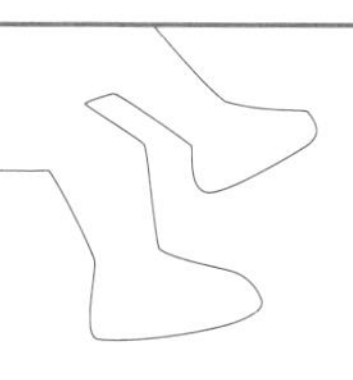

ÜBRIGENS:
Der Erfinder der Geldwäsche war Al Capone. Er investierte das „schmutzige" Geld in Waschsalons!

1. Warum ist die Bekämpfung des organisierten Verbrechens für die Polizei besonders schwierig?

2. Wie kann man Menschen helfen, die nicht mehr bei einer Verbrecherorganisation mitmachen möchten und bereit sind, ihr Wissen über die Organisation der Polizei mitzuteilen.

© Verlag an der Ruhr | Postfach 10 22 51 | 45422 Mülheim an der Ruhr | www.verlagruhr.de | ISBN 978-3-8346-0640-2

Spieler, Quacksalber und andere Betrüger

› Räuber wenden Gewalt an, um an das Eigentum anderer Leute zu gelangen. Betrügern hingegen geben die Menschen freiwillig ihr Geld, weil die Betrüger ihnen falsche Versprechungen machen. Häufig nutzen sie dabei aus, dass andere Menschen ebenfalls habgierig sind. Die Betrüger nehmen das Geld anderer Leute mit dem Versprechen, es zu vermehren, und verschwinden dann damit.

Spielertricks

Manche Betrüger verleiten ihre Opfer dazu, um Geld zu spielen. Zunächst muss es so aussehen, als könnte man bei dem Spiel etwas gewinnen. Dazu spielen die Betrüger vor den Augen des Opfers mit einem Komplizen, der dann scheinbar Geld gewinnt. Auch das echte Opfer gewinnt am Anfang meist ein wenig. Aber nur so lange, bis es sich traut, mehr Geld einzusetzen. Am Ende bleibt stets der Betrüger der Gewinner. Die Spiele, z.B. Kartenspiele, sind manipuliert. Die Tricks ähneln denen in einem Zauberkasten für Kinder. Die Betrüger beherrschen diese Tricks natürlich perfekt.

Quacksalber

Kranke Menschen sind oft bereit, alles auszuprobieren, was Heilung verspricht. Wer das ausnutzt und solchen Menschen unwirksame Mittel gegen viel Geld anbietet, ist ein Quacksalber. Manchmal haben Quacksalber sogar Erfolg, weil allein die Hoffnung auf Heilung dazu führt, dass es einem Menschen besser geht. Der Schotte James Graham (1745–1794) verabreichte kranken Menschen elektrische Schläge und vergrub sie bis zum Hals in der Erde. Später begann er auch, sich selbst zu behandeln, hörte auf, zu essen, bekleidete sich mit Rasenstücken und versuchte, sich allein mit ätherischen Ölen am Leben zu erhalten. Es dauerte allerdings nicht lange, bis er starb.

Informationen nach: Platt, Richard: Berühmt & Berüchtigt, London 2003, S. 61

Warum hauen Betrüger uns eigentlich „übers Ohr"?

Der Begriff stammt aus dem Fechten. Ein Schlag über das Ohr tut weh und gilt deshalb als rücksichtslos. Um ihn durchzuführen, muss der Fechter jedoch geschickt sein. Gleiches gilt für Betrüger. Sie handeln rücksichtslos, aber geschickt und werden daher auch bewundert.

1. **Suche in einem Zauberkasten oder im Internet, z.B. unter http://kartentricks.net nach einem Trick, der sich dazu eignet, Leute übers Ohr zu hauen. Beschreibe genau, wie man das am besten anstellt.**
2. **Eine Zeitungsanzeige in den USA versprach einst ein garantiert wirksames Mittel gegen Kakerlaken, ein Ungeziefer, das Küchenvorräte befällt. Die Käufer sollten Geld schicken und bekamen dafür zwei Holzklötze mit der Anleitung, die Kakerlake auf den einen zu legen und mit dem anderen zu erschlagen. Warum wurden die Händler des Betrugs angeklagt, obwohl die Methode funktionierte?**
3. **War der Schotte James Graham ein Betrüger?**

Fälscher

Das wird gefälscht:

GELD, DOKUMENTE (Z.B. TESTAMENTE, VERTRÄGE, QUITTUNGEN), PÄSSE UND PERSONALAUSWEISE, WERKE BERÜHMTER KÜNSTLER, WISSENSCHAFTLICHE UNTERSUCHUNGSERGEBNISSE, ANTIQUITÄTEN UND SCHMUCK, ARCHÄOLOGISCHE UND GEOLOGISCHE FUNDE, TEURE MARKENARTIKEL, MEDIKAMENTE

Die Cottingley-Feen

Im Jahr 1917 spielten die 9-jährige Frances und die 16-jährige Elsie ihren Familien einen Streich. Sie erklärten, im hinteren Teil des Gartens lebten Feen. Um das zu beweisen, schnitten sie die Märchenwesen aus einem Kinderbuch aus, spießten sie auf Hutnadeln und steckten sie in die Erde. Dann nahmen sie die Kamera von Elises Vater und fotografierten sich gegenseitig zusammen mit den Feen. Die Familie staunte nicht schlecht, als sie den Film in der Dunkelkammer entwickelte und die Bilder auftauchten. Elsies Vater war nicht überzeugt, aber die Mutter gab die Bilder an die Theosophen, eine geistergläubige Gemeinschaft, weiter. Die ließen die Fotos von einem Fotografie-Experten prüfen, der sie für echt erklärte. Seitdem tauchten die Fotos immer wieder in Vorträgen, Zeitungsartikeln und Büchern über übernatürliche Dinge auf. Mit der Zeit kamen dann aber doch Zweifel an der Echtheit der Fotos auf. Aber ausgerechnet der Mann, der den scharfsinnigen Detektiv Sherlock Holmes erfand, glaubte bis zu seinem Tod an die Feen und schrieb auch darüber: der Schriftsteller Sir Arthur Conan Doyle. Frances und Elsie gaben übrigens erst 66 Jahre später zu, dass sie die Fotos gefälscht hatten.
Bei den Cottingley-Feen ist aus einem kleinen Scherz ein berühmter Fälschungsskandal geworden. Meist geht es Fälschern jedoch von Anfang an darum, Geld zu verdienen. Deshalb werden hauptsächlich wertvolle und seltene Dinge gefälscht. Auch Ruhm und Geltungsbedürfnis spielen eine Rolle.

Echt?

1. **Schaue dir die Fotomontage an, und überlege, woran man sehen kann, dass es eine Fälschung ist.**
2. **Kannst du dir vorstellen, wie Elsie und Frances sich gefühlt haben, als plötzlich so viele Menschen an ihre Feen glaubten? Warum haben sie ihren Scherz wohl erst so spät zugegeben?**
3. **Schaue dir die Liste mit den Dingen an, die gefälscht werden. Überlege, aus welchen Gründen die einzelnen Dinge wohl gefälscht werden. Können Fälschungen für andere Menschen auch gefährlich werden?**

© Verlag an der Ruhr | Postfach 10 22 51 | 45422 Mülheim an der Ruhr | www.verlagruhr.de | ISBN 978-3-8346-0640-2

Kriminalpolizisten, Detektive und Geheimagenten

› Das Wort Detektiv kommt vom englischen „to detect" und bedeutet aufdecken bzw. ermitteln. Im Englischen werden sowohl Kriminalpolizisten als auch private Ermittler als Detektive bezeichnet, im Deutschen jedoch nur Detektive, die nicht für die Polizei arbeiten.

Detektive ermitteln, zumindest in Deutschland, um etwas für Privatleute oder Firmen herauszufinden, z.B. ob ein Ehemann untreu ist oder ob jemand, der sich bei seiner Arbeitsstelle krank meldet, stattdessen heimlich für jemand anderen arbeitet oder „blaumacht". Viele Detektive arbeiten selbstständig und nehmen Aufträge an, für die sie von ihren Kunden bezahlt werden. Kaufhausdetektive, die versuchen, Leute bei Ladendiebstählen zu überführen, sind fest bei einer Firma angestellt. Detektive dürfen bei ihrer Arbeit keine Gesetze brechen und nichts tun, was nicht jeder andere Mensch auch tun darf.

Geheimagenten arbeiten für den Staat, allerdings nicht für die Polizei, sondern für so genannte Geheim- oder Nachrichtendienste. Sie versuchen, im In- und Ausland Informationen über alles zu bekommen, was die Sicherheit des Staates gefährden könnte, z.B. welche militärischen Waffen ein anderes Land hat. Weil ihnen so etwas niemand freiwillig verraten würde, arbeiten sie verdeckt, das bedeutet, sie geben sich als jemand anderes aus. Diese Art, geheime Informationen zu ermitteln, nennt man Spionage. Werden Agenten in dem Land, welches sie ausspionieren, enttarnt, also erwischt, so werden sie dort wie Verbrecher behandelt und schwer bestraft.

Kriminalpolizisten ermitteln, um Verbrechen aufzuklären. Sie müssen jeder Straftat nachgehen und werden dafür vom Staat bezahlt. Um ihrer Arbeit nachgehen zu können, sind ihnen Dinge erlaubt, die anderen Menschen verboten sind. Sie dürfen z.B. Waffen tragen, Leute für kurze Zeit festnehmen oder die Verkehrsregeln übertreten.

---

1. **Schaue die Beispiele durch, und entscheide, in wessen Aufgabengebiet sie fallen (Kriminalpolizei, Detektiv, Geheimdienst).**
   a) **Anabella P. möchte gerne mit ihrer Jugendliebe Gunter wieder Kontakt aufnehmen. Es ist jedoch 30 Jahre her, dass sie sich zuletzt gesehen haben, und sie weiß nicht, wo sie ihn finden kann.**
   b) **Der Diktator Gadkimschad prahlt in der Öffentlichkeit damit, dass er in seinem Land Atomwaffen herstellen wird.**
   c) **Es ist ein verschlüsseltes Dokument aufgetaucht, welches besagt, dass Terroristen in einem versteckten Labor Forschungen zur Übertragung der Eselsgrippe auf den Menschen betreiben.**
   d) **Der Chef einer Staubsaugerfirma vermutet, dass einer seiner Mitarbeiter Informationen über die neuesten geplanten Staubsaugermodelle an eine Konkurrenzfirma weitergibt.**
   e) **Die Leiche einer Frau wird gefunden, die Todesursache ist unklar. Möglicherweise handelt es sich um eine russische Geheimagentin.**
2. **Welche der drei Tätigkeiten (Kriminalpolizist, Detektiv, Geheimagent) würde dir am ehesten gefallen? Begründe, warum, und schreibe für jede der drei Tätigkeiten auf, was dafür und was dagegen spricht.**

© Verlag an der Ruhr | Postfach 10 22 51 | 45422 Mülheim an der Ruhr | www.verlagruhr.de | ISBN 978-3-8346-0640-2

Geheime Botschaften entschlüsseln

› Geheime Botschaften werden von Geheimdiensten, dem Militär, aber auch von Verbrechern genutzt, um sich untereinander zu verständigen. Damit eine Botschaft auch wirklich geheim bleibt, kann sie versteckt und verschlüsselt werden. Das Ganze funktioniert natürlich nur dann, wenn der, an den die Botschaft gerichtet ist, auch weiß, wo und wie er suchen muss und welche Art der Verschlüsselung angewendet wurde. Man kann Botschaften manuell (also ohne technische Hilfsmittel, quasi mit der Hand) verschlüsseln, aber auch mit technischen Geräten.

© ivan kmit/fotolia.com

Auch ihr könnt Botschaften verschlüsseln!

Geheimtinte: Aus Zwiebelsaft, Zitronensaft, Essig oder Milch könnt ihr Geheimtinte herstellen. Tragt mit diesen Stoffen die geheime Botschaft mit einem Pinsel auf ein Stück Papier auf, und lasst sie trocknen. Sie ist nun unsichtbar. Wenn sie gebügelt oder anderweitig erhitzt wird, wird sie wieder sichtbar.
Im Chemieunterricht könnt ihr auch noch aus anderen Stoffen Geheimtinte herstellen: Hier erfahrt ihr, wie es geht: www.wthum.de/projekte/007-ink.html

Buch Verschlüsselung: Ihr einigt euch auf ein bestimmtes Buch, z.B. ein Schulbuch. Dann gebt ihr für jeden Buchstaben der geheimen Botschaft Seitenzahl, Zeile und Position des Buchstabens an. Wenn der erste Buchstabe der Botschaft ein T ist, sucht ihr irgendwo in dem Buch ein T. Wenn es sich auf Seite 32 in der fünften Zeile an dritter Stelle befindet, so sieht die Verschlüsselung so aus: 32 5 3. In der verschlüsselten Botschaft (z.B. 32 5 3 14 2 4 18 7 9) stehen dann immer drei Zahlen für einen Buchstaben.

Cäsar Verschlüsselung: Jeder Buchstabe wird durch einen anderen Buchstaben ersetzt, der um eine bestimmte Anzahl von Stellen im Alphabet verschoben ist. Ihr müsst euch nur auf die Anzahl der Stellen einigen. Bei der Verschiebung um eine Stelle wird A zu B, G zu H und Z zu A. Bei der Verschiebung um fünf Stellen wird A zu F, G zu L und Z zu E. Schreibt euch zur Hilfe noch einmal das Alphabet auf. Wenn ihr am Computer arbeitet, könnt ihr die Buchstaben auch um eine bestimmte Anzahl von Stellen auf der Tastatur verschieben.

Geheime Botschaften entschlüsseln

Die Enigma

Die ENIGMA ist eine Verschlüsselungsmaschine, die im Zweiten Weltkrieg im Nachrichtenverkehr des deutschen Militärs verwendet wurde. Auch andere Dienststellen, wie Polizei, Geheimdienste, diplomatische Dienste, die SS, Reichspost und Reichsbahn, setzten sie zur geheimen Kommunikation ein. Das Wort „Enigma" kommt aus dem Griechischen und bedeutet Rätsel.
Die Enigma wurde erfunden, weil das nationalsozialistische Regime für seine Aufrüstungspläne ein zuverlässiges Verschlüsselungssystem benötigte. Ältere, manuelle Verschlüsselungssysteme, wie z.B. Codebücher, waren zu unzuverlässig.
Mit der Erfindung von Verschlüsselungsmaschinen wurde natürlich auch versucht, Maschinen zur Entschlüsselung zu erfinden. So wie Codeknacker zunächst versuchten, manuelle Verschlüsselungen manuell aufzulösen, begannen sie nun, auch maschinelle Verschlüsselungen ebenfalls mit maschineller Hilfe zu lösen.

Eine Münze mit Überraschung

Im Jahr 1953 bekam der 17-jährige Zeitungsjunge Jimmy in den USA als Bezahlung eine Münze. Er spielte damit herum, das Geldstück fiel auf den Boden und zersprang in zwei Teile. Darin befand sich ein winziger Zettel mit einer verschlüsselten Botschaft. Jimmy brachte ihn zur Polizei, der es jedoch nicht gelang, den Code zu entschlüsseln. Jahre später stellt sich heraus, dass es eine Nachricht an einen russischen Geheimagenten war, die ihr Ziel offensichtlich nicht erreicht hatte. Sie enthielt jedoch keine brisante Information, sondern nur einen Willkommensgruß mit der Bitte, sich zu melden.

1. Tut euch zu zweit zusammen. Probiert jeder die drei Möglichkeiten, eine geheime Botschaft zu verstecken oder zu verschlüsseln, aus. Gelingt es dem anderen, die Botschaft zu entschlüsseln?

2. Schreibt jeder einen Text mit etwa 12 Wörtern in der Caesar Verschlüsselung auf. Gebt den Text eurem Partner, verratet aber nicht, um wie viele Stellen ihr die Buchstaben verschoben habt. Versucht nun jeder, den Text eures Partners zu entschlüsseln. Dazu eine Hilfe: Die häufigsten Buchstaben (in Reihenfolge) sind: E, N, R, I, S, T, U, D, A, H, G, L, Wörter enden meist auf: E, N, R, T.

© Verlag an der Ruhr | Postfach 10 22 51 | 45422 Mülheim an der Ruhr | www.verlagruhr.de ISBN 978-3-8346-0640-2

Detektiv spielen

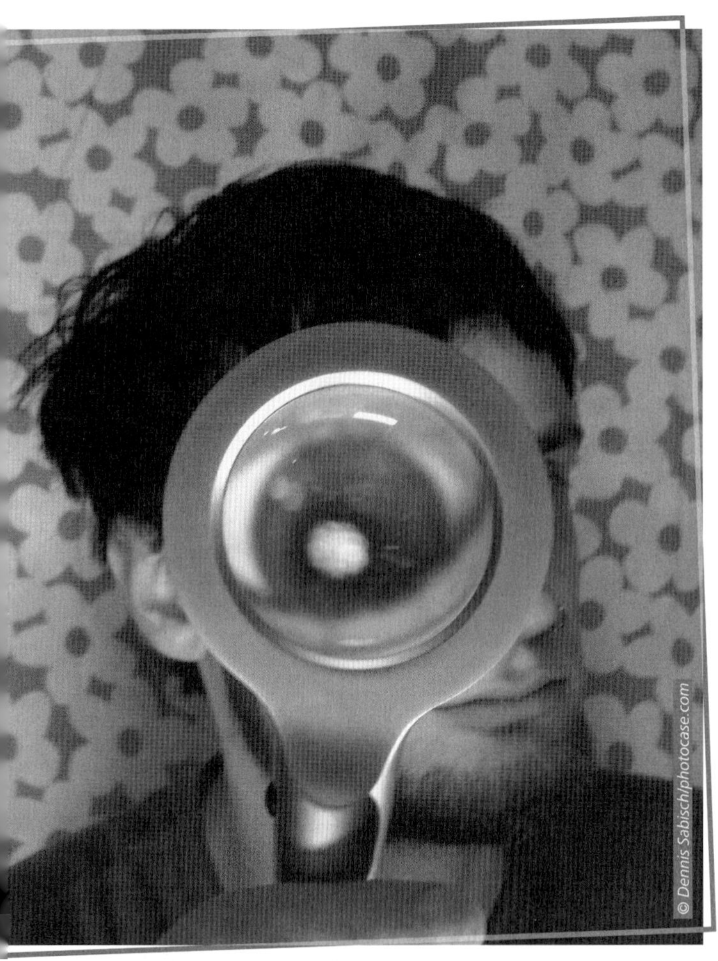

Gehört zu jeder Detektivausrüstung: die Lupe.

› Detektiv spielen macht Spaß, und es gibt zahlreiche Bücher und Spiele zu dem Thema, mit deren Hilfe du mehr über die Methoden von Detektiven erfahren und deine Fähigkeiten trainieren kannst. Die meisten Kinder und Jugendlichen haben schon einmal Detektiv gespielt, allerdings sollte das Ganze wirklich nur ein Spiel sein. Manchmal gelingt es Kindern allerdings wirklich, eine Straftat aufzudecken. So konnte ein Mädchen aus Norddeutschland mit einer Videokamera Einbrecher in einem Altenheim filmen. Die Täter wurden gefasst, und das Mädchen erhielt eine Belohnung. Kinder verfügen oft über eine gute Beobachtungsgabe und können sich Dinge besser merken als Erwachsene. Doch Vorsicht, wenn ein Täter dich bemerkt, kann es gefährlich werden! Sobald du den Verdacht hast, dass du es tatsächlich mit einem Verbrechen zu tun hast (und du nicht nur „Detektiv spielst"), musst du deine Eltern verständigen oder zur Polizei gehen. Wenn du übst, jemanden zu beobachten oder zu verfolgen, so suche dir dazu einen Menschen aus, den du kennst. Fremde Menschen könnten sich von dir nämlich gestört fühlen – schließlich wird niemand gern beschattet.

Notruf: Im Notfall, also sobald eine Person verletzt oder in Gefahr ist, kannst du von jedem Telefon aus kostenlos einen Notruf absetzen. Das geht sogar mit einem fremden Handy, ohne dass du die PIN-Nummer kennst. **Die Polizei erreichst du unter 110, die Feuerwehr und einen Rettungsdienst unter 112.** Du musst genau sagen, was passiert ist, wo du gerade bist, wie viele Verletzte es gibt, wer du bist (also wer den Notruf absendet) und darfst erst dann auflegen, wenn keine Rückfragen mehr kommen. Wenn du nicht sicher bist, ist es sicherlich besser, einmal zu viel als einmal zu wenig den Notruf zu wählen. Wer die Nummer jedoch absichtlich missbraucht oder gar einen Notfall vortäuscht, kann schwer bestraft werden.

1. **Denke dir einen Detektivtest aus. Überlege dazu zunächst, welche Fähigkeiten ein Detektiv haben sollte. Überlege dir dann zu jeder dieser Fähigkeiten eine Aufgabe, mit der man diese Fähigkeit testen könnte. Probiere den Test an Mitschülern und Freunden aus. Wären sie ein guter Detektiv?**
2. **Überlege, was wohl alles zu einer Detektivausrüstung gehört.**
3. **Überlegt euch gemeinsam in der Klasse jeweils Beispiele für Situationen, in denen ihr**
   a) **einen Notruf absetzen solltet,**
   b) **die Polizei verständigt werden muss und**
   c) **ihr zumindest mit euren Eltern oder einem anderen Erwachsenen darüber reden solltet.**

© Verlag an der Ruhr | Postfach 10 22 51 | 45422 Mülheim an der Ruhr | www.verlagruhr.de | ISBN 978-3-8346-0640-2

Verbrechen und Verbrecher

› Ein **Verbrechen** ist eine Handlung, die von der Gemeinschaft als Unrecht empfunden und nach dem Gesetz bestraft wird. Die häufigsten Gründe für Verbrechen sind **Habgier und Gewaltbereitschaft**. In Deutschland wird unterschieden zwischen **Vergehen**, die mit einer Geldstrafe oder einem Gefängnisaufenthalt von weniger als einem Jahr bestraft werden, und Verbrechen, für die höhere Strafen vorgesehen sind. Für beides werden auch die Begriffe **Straftat** und **Delikt** verwendet. Die Vorsilbe **Krimi** findest du bei allem, was mit Verbrechen zu tun hat. Sie stammt von dem lateinischen Wort „crimen", was Vorwurf, Anklage und Verbrechen bedeutet. Die Forensik ist die Analyse krimineller Handlungen. Das Wort ist aus dem lateinischen Wort „forum" für Marktplatz abgeleitet, wo im antiken Rom Gerichtsprozesse durchgeführt wurden.

„Wenn das Unglück dem Verbrechen folgt, folgt öfter das Verbrechen noch dem Unglück!"

(Franz Grillparzer, 1791–1872, österreichischer Schriftsteller)

Kriminalität, Kriminologie und Kriminalistik – alles hat mit Verbrechen zu tun!

Kriminalität: Gesamtumfang der Straftaten
Kriminologie: Lehre vom Verbrechen
Kriminalistik: Lehre von den Methoden, mit denen Verbrechen bekämpft werden

Was macht einen Menschen zum Verbrecher?

Im Mittelalter glaubte man, dass Verbrecher von bösen Geistern besessen seien. Man bemühte sich nicht, ihnen eine Tat nachzuweisen, sondern verurteilte sie auf Grund abergläubischer Vorstellungen direkt zum Tode. Mitte des 18. Jahrhunderts gelangte man zu der Überzeugung, dass der Verbrecher ein vernunftgesteuertes Wesen und somit für seine Tat verantwortlich ist. Bei der Überführung des Täters setzte man auf logisches Denken und wissenschaftliche Beweise. Die Evolutionstheorie Charles Darwins (1895) veranlasste Wissenschaftler zu der Vermutung, es gäbe Menschen, denen das Verbrechertum in den Erbanlagen steckt. Der italienische Psychiater Cesare Lombroso glaubte sogar, Diebe und Brandstifter am Gesicht erkennen zu können. In Deutschland waren derartige Ansichten besonders in der Zeit des Nationalsozialismus (1933–1945) populär. Heute weiß man, dass das falsch ist und die Gründe für Verbrechen woanders liegen. Wie ist jemand aufgewachsen? Welche engen Bindungen hat er zu anderen Menschen? Hat er selbst Gewalt erfahren, oder ist er durch Fernsehen und Computerspiele Gewalt gegenüber abgestumpft? Hat er durch ein Verbrechen etwas zu verlieren? All das kann eine Rolle spielen, wenn es darum geht, ob jemand tatsächlich zum Verbrecher wird oder nicht. Als solcher geboren wird niemand.

1. **Lege eine Liste mit Straftaten an, die dir einfallen. Bei welchen Straftaten spielen auch andere Gründe als Habgier und Gewaltbereitschaft eine Rolle? Wenn du den Begriff im Internet unter http://de.wikipedia.org eingibst und unter Strafmaß nachschaust, kannst du ermitteln, ob es sich um ein Verbrechen oder ein Vergehen handelt.**
2. **Was müsste der Glaube an den „geborenen Verbrecher" für Auswirkungen auf die Behandlung von Straftätern haben?**
3. **Wie kann man das Zitat von Franz Grillparzer verstehen?**

© Verlag an der Ruhr | Postfach 10 22 51 | 45422 Mülheim an der Ruhr | www.verlagruhr.de | ISBN 978-3-8346-0640-2

Berühmt und berüchtigt

› Verbrecher faszinieren die Öffentlichkeit häufig, weil sie ein abenteuerliches Leben führen und es immer wieder schaffen, der Polizei zu entkommen. In Filmen und Liedern werden Verbrecher glorifiziert, z.B. das Verbrecherpärchen Bonnie und Clyde, das in den 1930er-Jahren in den USA bei seinen Raubüberfällen alles niederschoss, was sich ihm in den Weg stellte. Viele Verbrecher werden auch im Laufe der Zeit zum Volkshelden verklärt. So wurde aus Robin Hood, der im 15. Jahrhundert noch als gefährlicher, blutrünstiger Straßenräuber beschrieben wurde, im 19. Jahrhundert ein Kämpfer für soziale Gerechtigkeit.

Robin-Hood-Denkmal in Nottingham

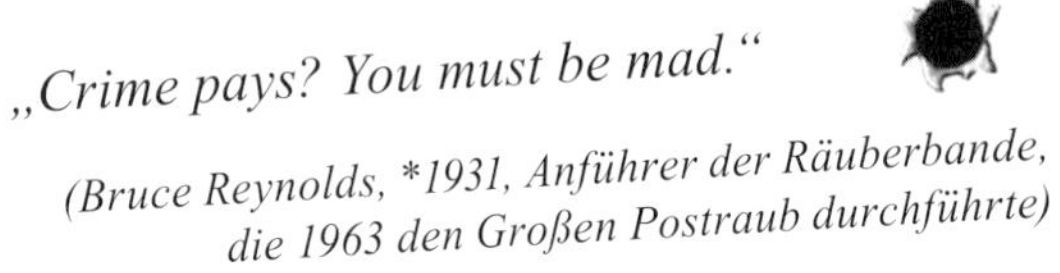

Ronnie Biggs

Er machte Musikaufnahmen mit bekannten Bands, verkaufte T-Shirts und Kaffeebecher mit seinem Porträt und bot Leuten für 60 US-Dollar ein Frühstück mit einem echten Verbrecher an. Er brauchte dringend Geld. Einer normalen Arbeit nachgehen durfte er nicht, da er ein gesuchter Verbrecher war und aus dem britischen Gefängnis Wandsworth nach Brasilien geflohen war. Ein Londoner Polizeiermittler spürte ihn nach neun Jahren auf und wollte ihn nach England zurückbringen, doch das Unternehmen scheiterte. Die brasilianischen Behörden verweigerten die Auslieferung. Mit 71 Jahren kehrte er wegen gesundheitlicher Probleme freiwillig nach England zurück. Eine britische Boulevardzeitung spendierte ihm einen Privatjet, im Gegenzug für die exklusiven Interviewrechte. Noch am Flughafen wurde Ronnie Biggs von 60 Scotland-Yard-Beamten festgenommen, um im Hochsicherheitsgefängnis von Belmarsh Prison noch 28 Jahre Haft abzusitzen. Im Jahr 2009 wurde er auf Grund seiner schweren Krankheit begnadigt und in ein Pflegeheim verlegt.

Ronnie Biggs war einer der Teilnehmer am großen Postraub. An seinem 34. Geburtstag, dem 8. August 1963, überfiel er, zusammen mit einer Bande von mindestens 15 Personen, einen Postzug in England und erbeutete eine riesige Summe, die heute etwa 50 Millionen Euro entsprechen würde. Bei dem Überfall, der gut vorbereitet war und ohne Schusswaffen stattfand, wurde der Lokführer mit einer Eisenstange niedergeschlagen. Zwölf Bandenmitglieder wurden gefasst und zu Haftstrafen verurteilt.

Informationen nach: www.welt.de/print-welt/article161371/Der_Mann_der_die_Postraeuber_jagte.html und www.wikipedia.com

1. **Angenommen, du hättest die Möglichkeit gehabt, an einem Verbrecherfrühstück mit Ronnie Biggs teilzunehmen und ein Interview für deine Schülerzeitung durchzuführen. Welche Fragen hättest du ihm gestellt? Erstelle eine Liste.**
2. **Diskutiert den Spruch von Bruce Reynolds. Wie ist das mit dem „sich auszahlen" von Verbrechen?**

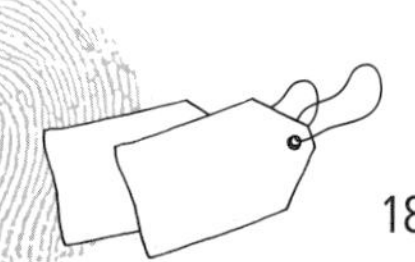

© Verlag an der Ruhr | Postfach 10 22 51 | 45422 Mülheim an der Ruhr | www.verlagruhr.de | ISBN 978-3-8346-0640-2

Deutschlands Kriminalitätsstatistik

› Jedes Jahr veröffentlicht das Bundeskriminalamt in Wiesbaden die Kriminalitätsstatistik. Die Quizfragen sind Beispiele von Fragen, auf welche die Kriminalitätsstatistik eine Antwort gibt.

Quiz zur Kriminalitätsstatistik

1) Welche Straftaten werden nicht in die Kriminalitätsstatistik aufgenommen?
- a) leichte Vergehen, wie Beleidigung ❏
- b) Verbrechen, die die Polizei nicht aufklären will ❏
- c) Verbrechen, die nicht angezeigt werden und von denen die Polizei nichts weiß ❏

2) Wo werden die meisten Straftaten begangen?
- a) in Süddeutschland ❏
- b) im Gebirge ❏
- c) in großen Städten ❏

3) Wie viele aller angezeigten Verbrechen werden von der Polizei aufgeklärt?
- a) fast alle ❏
- b) gut die Hälfte ❏
- c) knapp ein Viertel ❏

4) Was wird am seltensten aufgeklärt?
- a) Taschendiebstahl ❏
- b) Sachbeschädigung ❏
- c) Mord ❏

5) Was ist seit 1993 gesunken?
- a) die Anzahl der angezeigten Verbrechen ❏
- b) die Anzahl der tatverdächtigen Menschen ❏
- c) der Anteil der aufgeklärten Straftaten ❏

6) Welches sind die häufigsten Straftaten in Deutschland?
- a) Gewalt gegen Menschen ❏
- b) Beschädigung von Sachen ❏
- c) Diebstähle und Einbrüche ❏

7) Welche Straftaten haben abgenommen?
- a) Rauschgiftdelikte ❏
- b) Computerkriminalität ❏
- c) Sachbeschädigung ❏

8) Wie viele aller Tatverdächtigen sind weiblich?
- a) die Hälfte ❏
- b) ein Drittel ❏
- c) ein Viertel ❏

9) Bei welchen Straftaten gibt es den höchsten Frauenanteil bei den Tätern?
- a) Fahrraddiebstahl ❏
- b) Sachbeschädigung ❏
- c) Missbrauch von Scheck- und Kreditkarten ❏

10) Wer wird am häufigsten kriminell?
- a) Jugendliche ab 14 und junge Erwachsene ❏
- b) Erwachsene mittleren Alters ❏
- c) ältere Menschen ❏

11) Wie viele von 100 Tätern sind Kinder unter 14 Jahre?
- a) weniger als einer ❏
- b) 1–2 ❏
- c) 4–5 ❏

12) Wer wird am häufigsten Opfer einer Gewalttat?
- a) alte Frauen ❏
- b) junge Frauen ❏
- c) Männer mittleren Alters ❏

---

1. Rate, welche Antworten wohl die richtigen sein könnten, und kreuze sie an. Nur jeweils eine Antwort stimmt. Lies anschließend den Text auf der nächsten Seite, und entnimm ihm, welche Antworten tatsächlich stimmen. Was hättest du nicht gedacht?

© Verlag an der Ruhr | Postfach 10 22 51 | 45422 Mülheim an der Ruhr | www.verlagruhr.de | ISBN 978-3-8346-0640-2

Deutschlands Kriminalitätsstatistik

Jährlich werden in Deutschland etwa sechs Millionen Straftaten begangen. Dazu gehört alles, von leichteren Vergehen, wie Schwarzfahren und Beleidigung, bis hin zu Raubüberfällen und Mord. Nicht mitgerechnet werden Fälle, die nicht bei der Polizei angezeigt werden. Hier spricht man vom Dunkelfeld. Dieses Dunkelfeld taucht auch nicht in der Kriminalitätsstatistik auf.

Nicht überall in Deutschland werden gleich viele Straftaten begangen. In großen Städten gibt es mehr Kriminalität als auf dem Land. Insgesamt ist die Kriminalitätsrate im Norden Deutschlands höher als im Süden, und im Osten höher als im Westen.

Die Polizei versucht, jedes angezeigte Verbrechen aufzuklären. Wie erfolgreich sie dabei ist, hängt stark von der Art des Verbrechens ab. Insgesamt werden von 100 angezeigten Verbrechen knapp 55 aufgeklärt. Von 100 Morden bleiben aber nur drei unaufgeklärt, wogegen es bei Taschendiebstählen die geringste Aufklärungsquote gibt und von 100 nur fünf aufgeklärt werden können.

Seit 1993 hat die Anzahl der Straftaten insgesamt etwas abgenommen, und der Anteil der aufgeklärten Straftaten hat sich erhöht. Diebstähle und Einbrüche sind mit knapp zweieinhalb Millionen Fällen die häufigsten Verbrechen. Im Jahr 2008 wurden knapp 800 000 Sachen beschädigt und über 200 000 Menschen Gewalt angetan. 2 266 Menschen starben durch Mord und Totschlag. In den letzten Jahren haben einige Straftaten, wie Diebstähle, Morde und Rauschgiftdelikte, abgenommen, während Computerkriminalität und Sachbeschädigung zugenommen haben.

Die Zahl der Straftäter ist in den letzten Jahren angestiegen. Knapp ein Viertel aller Tatverdächtigen ist weiblich. Nur bei der Verletzung der Fürsorge- und Erziehungspflicht sind sie deutlich in der Mehrheit. Darüber hinaus machen Frauen bei Scheck- und Kreditkartenmissbrauch mit knapp der Hälfte einen recht hohen Anteil aus. In den letzten Jahren hat die Zahl weiblicher Straftäter insgesamt zugenommen. Jugendliche und junge Erwachsene zwischen 14 und 21 Jahren lassen sich am häufigsten zu einer Straftat verleiten. Mit zunehmendem Alter nimmt die Bereitschaft, eine Straftat zu begehen, deutlich ab. Etwa vier bis fünf von 100 Tätern sind jünger als 14 Jahre.

Bei einigen Straftaten unterscheidet die Kriminalitätsstatistik auch nach Opfern. So sind Männer, abgesehen von Vergewaltigungen, bei Gewalttaten häufiger die Opfer als Frauen. Ältere Menschen sind insgesamt relativ selten Opfer von Gewalttaten.

Informationen nach: Kriminalitätsstatistik 2008 (www.bka.de/pks/pks2008/download/pks2008_imk_kurzbericht.pdf)

2. **Rechne aus, auf wie viele Menschen jährlich eine Straftat kommt. (Deutschland hat rund 82 Millionen Einwohner.) Kommt dir das viel oder wenig vor?**
3. **Überlege, bei welcher Art von Verbrechen es wohl ein relativ hohes Dunkelfeld gibt.**
4. **Warum sind die Aufklärungsraten bei Mord und Totschlag wohl erheblich höher als bei Diebstählen?**

Löffel abgegeben – allerdings ist Mord ein relativ seltenes Verbrechen. Diebstähle und Einbrüche führen die Statistik in Deutschland an.

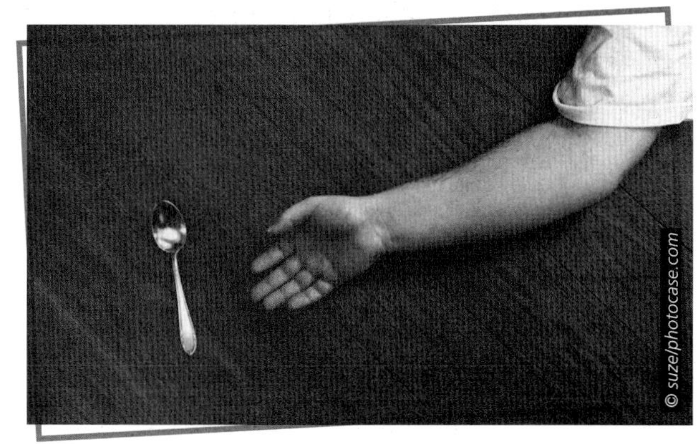

© Verlag an der Ruhr | Postfach 10 22 51 | 45422 Mülheim an der Ruhr | www.verlagruhr.de | ISBN 978-3-8346-0640-2

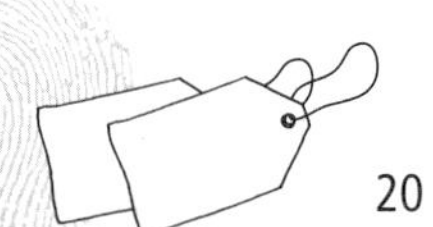

Betrüger

Auf den Hund gekommen

Der US-amerikanische Trickbetrüger Joseph Weil (1875–1976) betritt mit einem Straßenkötermischling eine Bar und bittet den Barkeeper, kurz auf das Tier aufzupassen, weil er noch etwas erledigen müsse. Er erwähnt, dass das Tier von einer besonders seltenen Rasse und daher sehr wertvoll sei. Kaum ist er weg, kommt ein Fremder herein. Der bewundert den Hund und fragt den Barkeeper, ob er zu verkaufen sei. Der Barkeeper sagt, dass der Hund nicht ihm gehöre, der Fremde lässt jedoch nicht locker. Er gibt dem Barkeeper eine Anzahlung von 50 Dollar und bittet ihn, dem Besitzer auszurichten, er wäre bereit, ihm das Tier für 300 Dollar abzukaufen, und würde später wiederkommen. Als Joseph Weil zurückkommt, versucht der Barkeeper, ihm den Hund abzukaufen, bietet ihm jedoch nur 200 Dollar. Schließlich will er selbst auch noch ein Geschäft dabei machen. Joseph Weil zögert, nimmt jedoch am Ende das Geld und überlässt dem erfreuten Barkeeper den Hund. Der Fremde, ein Komplize von Weil, lässt sich natürlich nie wieder blicken.

Informationen nach: Platt, Richard: Berühmt & Berüchtigt, London 2003, S. 59

Den letzten beißen die Hunde ...

Diese Mail macht dich um 70 Euro reicher!

Schicke der Person, die auf der Liste steht, zehn Euro, lösche den Namen, und trage stattdessen deinen eigenen Namen ein. Sende die Mail dann an acht Menschen weiter, und in ein paar Tagen wirst du 80 Euro bekommen.

Hinter dieser und ähnlichen Mails steckt ein **Schneeballsystem**: Einer verschickt den Brief 8-mal und bekommt von acht Leuten jeweils zehn Euro. Die wiederum verschicken den Brief weiter, zahlen zehn Euro und bekommen von den Leuten, denen sie den Brief geschickt haben, jeweils zehn Euro. Bereits in der elften Runde müsste jedoch mehr als die gesamte Weltbevölkerung mitmachen, damit jeder sein Geld bekommt. Es ist daher stets so, dass die, welche ein solches Schneeballsystem beginnen, Geld bekommen und die, die weiter unten stehen, ihr Geld verlieren. Deshalb sind Schneeballsysteme, die häufig auch als seriöse Geschäfte getarnt sind, verboten.

Auch mit Hütchenspielen versuchen Betrüger oft, an Geld zu kommen.

1. **Diskutiert in der Klasse, ob Joseph Weil für den Trick mit dem Hund bestraft werden sollte oder ob der Barkeeper selbst schuld ist, wenn er seiner Gier erliegt.**
2. **In Zeitungen oder dem Internet wird oft mit der Möglichkeit geworben, in kurzer Zeit auf einfache Art und Weise sehr viel Geld zu verdienen. Was könnte dahinterstecken, wenn es sich nicht um Betrug handelt? Wann sollte man sich auf keinen Fall auf so etwas einlassen?**

© Verlag an der Ruhr | Postfach 10 22 51 | 45422 Mülheim an der Ruhr | www.verlagruhr.de | ISBN 978-3-8346-0640-2

Geheimdienste

› Geheim- oder Nachrichtendienste sind verdeckt operierende Behörden, die im In- und Ausland Informationen beschaffen, die für die Sicherheit ihres Landes von Bedeutung sind. Wegen ihrer Einmischung in fremde Angelegenheiten und ihres undurchsichtigen Vorgehens werden sie auch kritisiert. Der US-amerikanischen Central Intelligence Agency (CIA) wird z.B. vorgeworfen, Diktatoren und den Drogenhandel zu unterstützen und in Geheimgefängnissen die Menschenrechte zu untergraben. Geheimdienste setzen Spione ein, die eine falsche Identität annehmen, um so einfacher an Informationen zu gelangen. Mitarbeiter von fremden Geheimdiensten werden als Agenten bezeichnet. Doppelagenten sind Agenten, die für zwei Geheimdienste gleichzeitig arbeiten. Das können z.B. Agenten sein, die von dem gegnerischen Geheimdienst enttarnt wurden. Um nicht bestraft zu werden, arbeiten sie nun für diesen und liefern dem Geheimdienst, für den sie ursprünglich arbeiteten, nur noch wertlose oder falsche Informationen.

Die bekannteste Agentin aller Zeiten ist die niederländische Tänzerin **Mata Hari**, die im Ersten Weltkrieg als Doppelagentin für Deutschland und Frankreich tätig war. Im Jahre 1917 wurde sie von einem französischen Militärgericht hingerichtet. Mata Hari ist ein Mythos, über den es zahlreiche Filme gibt.

© Lucien Walery/wikipedia.com

Mata Hari

Die Anschläge auf Fidel Castro

In den 1960er-Jahren hat der US-amerikanische Geheimdienst CIA wiederholt versucht, den kubanischen Diktator Fidel Castro umzubringen – vergebens. Der Mann überlebte vergiftete Milchshakes und explosive Zigarren. Das Atemgerät des begeisterten Tauchers wurde mit Tuberkulose-Bakterien verseucht und sein Taucheranzug mit Pilzsporen, die eine seltene Hautkrankheit hervorrufen sollten. Es gab sogar einen Plan, eine explodierende Muschel auf dem Meeresboden zu platzieren. Bei einigen Anschlägen auf Fidel Castro ging es allerdings gar nicht darum, ihn zu töten, sondern nur, ihn vor der Öffentlichkeit zu blamieren. So sollten Thallium-Salze in seinen Schuhen einen kompletten Haarausfall des bärtigen Staatschefs bewirken und eine mit Halluzinogenen versetzte Zigarre einen öffentlichen Drogenexzess vortäuschen. Um ihre Pläne durchzuführen, arbeitete die CIA nachgewiesenermaßen mit Mafia-Verbrechern zusammen.

Informationen nach: www.historyhouse.com/in_history/castro

Der bekannteste fiktive (erfundene) Agent ist **James Bond 007**, der in dem gleichnamigen Agententhriller für den britischen Geheimdienst MI6 arbeitet. Die seit 1962 bis heute fortgesetzte Filmreihe zeichnet sich durch exotische Schauplätze, technische Spielereien, Spezialeffekte, Stunts, Verfolgungsjagden, schöne Frauen und Superschurken aus.

1. **Diskutiert in der Klasse, wie weit Geheimdienste gehen dürfen, um die Sicherheit ihres Landes zu gewährleisten.**
2. **Welche Geheim- oder Nachrichtendienste gibt es in Deutschland, und welche Aufgaben haben sie? Informiere dich darüber (beispielsweise auf der Seite: www.geheimdienste.org), und fertige eine Liste an.**

© Verlag an der Ruhr | Postfach 10 22 51 | 45422 Mülheim an der Ruhr | www.verlagruhr.de | ISBN 978-3-8346-0640-2

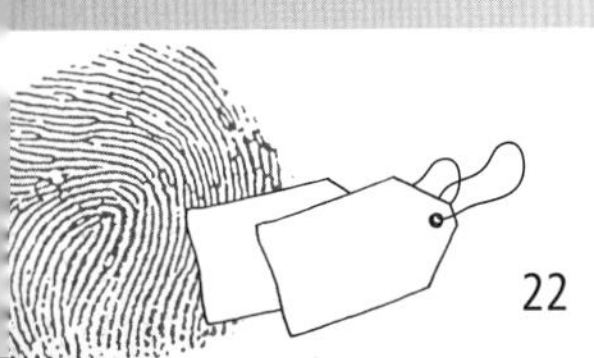

Kriminalpolizei und Detektive

› Im Jahre 1811 organisierte der ehemalige Kriminelle **Eugène Francois Vidocq** (1775–1857) zum ersten Mal eine Art Kriminalpolizei, die Pariser Sûreté, die als Vorreiter aller kriminalpolizeilichen Organisationen der Welt gilt. Er nutzte sein Insiderwissen, um andere Verbrecher hinter Gitter zu bringen. Später eröffnete er eine Privatdetektei, die wahrscheinlich die erste der Welt war. Vidocq gilt daher als Begründer der Kriminalistik und der französischen Kriminalpolizei.
Die berühmte Londoner Kriminalpolizei **Scotland Yard** wurde 1829 von dem englischen Staatssekretär **Sir Robert Peel** gegründet. Im Verlauf des 19. Jahrhunderts erfolgte die Trennung von Schutz- und Kriminalpolizei auch in Deutschland und anderen Ländern. In den USA war zu jener Zeit zwar das Verbrechen hervorragend organisiert, es gab jedoch keine organisierte Polizei. Diese Marktlücke nutzte Allan Pinkerton und eröffnete 1850 als Erster ein Detektivbüro. Er überführte Verbrecherbanden und organisierte Wachtrupps und Personenschutz. Bezahlt wurde er von Industrieunternehmen, Eisenbahngesellschaften und Banken. Seine Arbeit war Vorbild für das 1908 gegründete **Federal Bureau of Investigation (FBI)**, die US-amerikanische Bundespolizei. Heutzutage liegt die Bekämpfung des Verbrechens überall im Zuständigkeitsbereich des Staates, also bei der Kriminalpolizei. Verbrecher und kriminelle Banden arbeiten immer häufiger in mehreren Ländern gleichzeitig. Zu diesem Zweck wurden die kriminalpolizeilichen Organisationen INTERPOL (1956) und EUROPOL (1999) gegründet, die auf internationaler bzw. auf europäischer Ebene Verbrechen bekämpfen.

Kriminalistische Berufe:

Ein Detektiv leistet Ermittlungsarbeit, wie z.B. das Überführen von untreuen Ehegatten, die Suche nach verschwundenen Personen, Schuldnern oder unterhaltspflichtigen Elternteilen, das Aufdecken von Schwarzarbeit oder die Überprüfung, ob jemand, der krank feiert, es auch tatsächlich ist. Er handelt im Auftrag von Privatpersonen oder Firmen und hat dabei nicht mehr Befugnisse als jeder andere Bürger. Jeder kann als Detektiv arbeiten und sich auch so nennen, denn es handelt sich dabei nicht um einen anerkannten Ausbildungsberuf. Es empfiehlt sich jedoch, zunächst eine anerkannte Berufsausbildung zu absolvieren und dann die Weiterbildungsmöglichkeiten zu nutzen, die verschiedene Institute anbieten, um Detektive für ihre Arbeit zu schulen.

© Verlag an der Ruhr | Postfach 10 22 51 | 45422 Mülheim an der Ruhr | www.verlagruhr.de | ISBN 978-3-8346-0640-2

Kriminalpolizei und Detektive

Das Wort Detektiv kommt aus dem Englischen (to detect = aufdecken oder ermitteln). Im englischsprachigen Raum werden Ermittler der Kriminalpolizei als „detective" bezeichnet, im Deutschen wird der Begriff ausschließlich für private Ermittler benutzt. Die heißen im Englischen „private eye", „private investigator" oder „private detective".

1. **Warum ist Verbrechensbekämpfung durch private Ermittler im Auftrag von Unternehmen, wie sie im 19. Jahrhundert in den USA praktiziert wurde, nicht unproblematisch?**
2. **Was darf die Kriminalpolizei, was privaten Ermittlern untersagt ist? Warum sind Detektive nicht mit denselben Befugnissen ausgestattet?**
3. **Denke dir einen spannenden Fall aus der typischen Arbeit eines Privatdetektivs aus.**
4. **Recherchiere auf den Internetseiten der Zentralstelle für die Ausbildung im Detektivgewerbe (www.z-a-d.de), welche Fähigkeiten sich Detektive dort (als Weiterbildungsmöglichkeit) aneignen können. Überlege, welche Voraussetzungen man darüber hinaus für diesen Beruf mitbringen sollte.**

© Verlag an der Ruhr | Postfach 10 22 51 | 45422 Mülheim an der Ruhr | www.verlagruhr.de | ISBN 978-3-8346-0640-2

Interview mit einer Kriminalkommissarin

Dieses Interview führten wir mit Kriminalhauptkommissarin Bluhm (zzt. 2. Mordkommission Berlin)

Wollten Sie schon immer Kriminalkommissarin werden?
Meine Freundin wollte damals, 1980, zur Kripo gehen, ich wollte eigentlich studieren, aber mein NC hatte nicht für Medizin gereicht. So entschloss ich mich, zur „Überbrückung" dieser Zeit ebenfalls zur Kripo zu gehen. Dann empfand ich die Materie als so spannend, dass ich den Plan, zu studieren, aufgab.

Was haben Sie für eine Ausbildung absolviert?
1980 gab es die Möglichkeit, mit Abitur ein dreijähriges Studium an der Fachhochschule für Verwaltung und Rechtspflege zu absolvieren. Laut Titel ist man dann Diplomverwaltungswirt. Bei der Kripo ist man während des Studiums Kriminalkommissarsanwärter, nach Abschluss des Studiums trägt man den Titel Kommissar zur Anstellung, und nach zwei- bzw. zweieinhalbjähriger Probezeit wurde man dann Kriminalkommissar.

Was war Ihr spannendster Fall?
Der Mord an einem Frührentner. Aus seinem Bekanntenkreis erfuhren wir, dass Bekannte von ihm Anspruch auf bestimmte Dinge aus seiner Habe geltend machten. Da exakt diese Dinge vom Mörder entwendet wurden, interpretierten wir diese Aussagen als „Polizei mit Absicht in die falsche Richtung schicken" und erklärten sie bei den ersten Ermittlungen zum Kreis der Verdächtigen. Letztlich waren die Mörder zwei Brüder, die mit diesen „Bekannten" rein gar nichts zu tun hatten. Es war reiner Zufall, dass die Bekannten ausgerechnet die Dinge haben wollten, die letztlich entwendet worden waren.

Haben Sie viele ungelöste Fälle?
Die Mordkommissionen haben eine Aufklärungsquote von fast 100%. Das liegt zum einen an den überaus intensiven Ermittlungen, der immer besser werdenden Kriminaltechnik und den technischen Möglichkeiten. So gibt es immer mal einen Fall, wo zunächst die Ermittlungen durch das Auftreten „neuer" Fälle auf Eis gelegt werden, aber auch diese Fälle werden nach und nach aufgearbeitet, schon weil sich im Laufe der Jahre bessere technische Möglichkeiten, wie beispielsweise DNA-Auswertung, ergeben haben. Selbst „Alt-Fälle", die 20 Jahre und älter sind, werden nach und nach wieder aufgenommen, denn Mord verjährt nicht.

Belastet Sie es, wenn Sie einen Fall nicht lösen können?
In der Zeit, wo noch akut daran gearbeitet wird, belastet dies insofern, als dass extrem viele Überstunden gemacht werden und nach einiger Zeit mental Frust aufkommt, wenn man bei den Ermittlungen nicht vorankommt. Später belastet es insofern, als dass wir durch Häufung der Fälle dann und wann die Bearbeitung von ungelösten Fällen vor uns herschieben müssen; das ist unbefriedigend.

Gibt es viele Fälle, die Sie nachts nicht ruhig schlafen lassen?
Ich kann manchmal in der konkreten Arbeitssituation, also bei der Arbeit an einem aktuellen Fall, nachts schlecht schlafen, weil sich die Gedanken um nichts anderes mehr „drehen". Man taucht ganz intensiv in das Leben Anderer ein, wird dort mit allen mensch-

Woran erkennt man einen dummen Kriminalkommissar?
Er versucht seit Jahren, die Niagara-Fälle zu lösen.

© Verlag an der Ruhr | Postfach 10 22 51 | 45422 Mülheim an der Ruhr | www.verlagruhr.de | ISBN 978-3-8346-0640-2

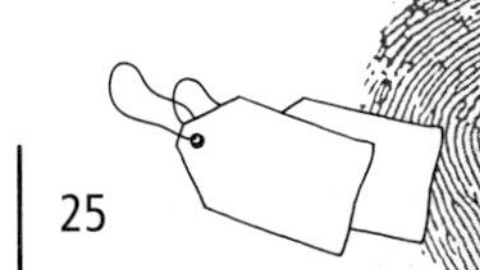

Interview mit einer Kriminalkommissarin

lichen Höhen und Tiefen konfrontiert und muss sich permanent in andere Personen hineinversetzen können. Wenn sich dann noch menschliche Abgründe auftun, so gibt es dann nachts beim Nachdenken schon mal großes Mitgefühl, Mitleid, aber auch ab und zu absolute Verständnislosigkeit für die Grausamkeit der Verbrechen.

Gab es Situationen, in denen Sie richtig Angst hatten?
Nein.

Glauben Sie noch an das Gute im Menschen?
Ja, auf jeden Fall. Sicher haben wir es bei den Mordkommissionen mit Tätern zu tun, die letztlich ein Menschenleben ausgelöscht haben oder versucht haben, es auszulöschen. Aber gerade auch in deren Umfeld bekommt man immer mit, dass viele Menschen mit Hilfsbereitschaft und Menschlichkeit reagieren.

Ist jeder Mordfall anders, oder gibt es auch viele ähnliche Mordfälle?
Die Mordfälle (später auch oft eingestuft als „Körperverletzung mit Todesfolge"), wo sich Jugendliche nach einem vorangegangenen Streit mit einem Messer attackieren und es letztlich zu einem „unglücklich" gesetzten Stich kommt, der zum Ableben führt, sind im Verlauf meistens ähnlich. Eine Eskalation, Alkoholeinwirkung und gegenseitige Beleidigungen führen dann manchmal zu solchen Fällen.

Was sind die häufigsten Mordmotive?
Eifersucht, sexuelle Triebhaftigkeit und Gier nach materiellen Dingen.

Gibt es Zeiten, in denen besonders viele Morde geschehen?
Nein, grundsätzlich nicht; aber die Wahrscheinlichkeit, dass intensiv Alkohol konsumiert wird und es damit durch Kontrollverlust zu Taten kommt, ist natürlich an und vor allgemeinen Feiertagen oder Wochenenden höher.

Lesen Sie manchmal Krimis?
Ich lese gerne Krimis, letztens habe ich die Trilogie von Stieg Larsson oder auch „Chemie des Todes" gelesen.

Marke der Kriminalpolizei

Finden Sie, dass in Fernsehkrimis die Arbeit der Kripo richtig dargestellt wird, oder gibt es Dinge, die in der Realität völlig anders sind?
Ich finde, dass Krimis im Fernsehen äußerst realitätsfremd dargestellt werden. Diese „Actionszenen" mit Schusswaffengebrauch ohne Ende, sind, gelinde gesagt, einfach Quatsch. Es kommt äußerst selten zum Schusswaffengebrauch. Es spazieren auch nicht einfach zwei Kriminalbeamtinnen in ein leer stehendes Hochhaus, weil dort Täter vermutet werden. So ein Einsatz wird von Spezialdienststellen (hier in Berlin:

© Verlag an der Ruhr | Postfach 10 22 51 | 45422 Mülheim an der Ruhr | www.verlagruhr.de | ISBN 978-3-8346-0640-2

Interview mit einer Kriminalkommissarin

Mobiles Einsatzkommando oder Spezialeinsatzkommando) eigenständig geleitet und durchgeführt. Die Festnahme von Mördern geschieht meistens sehr unspektakulär. Nach kurzer Observation (= Überwachung) der Zielperson wird in einem günstigen Moment (meist in der eigenen Wohnung, damit die Möglichkeit der Geiselnahme gering ist) von den Spezialeinsatzkräften der Zugriff durchgeführt. Auch die technischen Möglichkeiten (wie DNA-Bestimmung innerhalb von ein paar Minuten) sind im Fernsehen realitätsfremd dargestellt, von falschen rechtlichen Begriffen, wie „Durchsuchungsbefehl", mal ganz abgesehen. Im Fernsehen sehe ich deshalb eher selten Krimis.

„Fantasie ist für einen Kriminalisten etwas, das zu seinem Handwerkszeug gehört. Wer keine Fantasie hat, wird niemals ein guter Kriminalist sein. Er muss die Fähigkeit besitzen, sich in die Denkweisen und Gefühlslagen anderer Menschen zu versetzen."
(Herbert Reinecker, 1914–2007, deutscher Journalist und Autor)

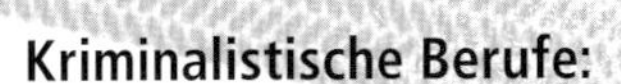

Kriminalistische Berufe:

KRIMINALKOMMISSAR

(Polizeikommissar)

Wer Kriminalkommissar werden möchte, bewirbt sich entweder in einem bestimmten Bundesland für den gehobenen Polizeidienst (Polizeikommissar) oder beim Bundeskriminalamt für eine Ausbildung als Kriminalkommissar und nimmt in beiden Fällen an einem Auswahlverfahren teil. Danach wird ein dreijähriges Fachhochschulstudium an einer Polizeifachhochschule absolviert. Beim Bundeskriminalamt führt der Weg direkt zur kriminalpolizeilichen Arbeit. Je nach Bundesland ist zunächst ein mehrjähriger Einsatz in anderen Bereichen der Polizeiarbeit vorgesehen. Kriminalkommissare arbeiten nicht in Uniform. Sie unterstehen in ihrer Arbeit der Staatsanwaltschaft, arbeiten jedoch selbstständig.

1. **Würde dich die Arbeit als Kriminalkommissar reizen oder nicht? Begründe deine Antwort.**
2. **Gibt es Antworten in dem Interview, die dich überrascht haben? Gibt es Fragen, die du noch gerne stellen würdest? Wenn ja, welche?**
3. **Kannst du dich an die beschriebenen oder andere unrealistische Szenen aus Fernsehkrimis erinnern? Warum wird die Arbeit von Kriminalkommissaren im Fernsehen wohl häufig so unrealistisch dargestellt?**

© Verlag an der Ruhr | Postfach 10 22 51 | 45422 Mülheim an der Ruhr | www.verlagruhr.de | ISBN 978-3-8346-0640-2

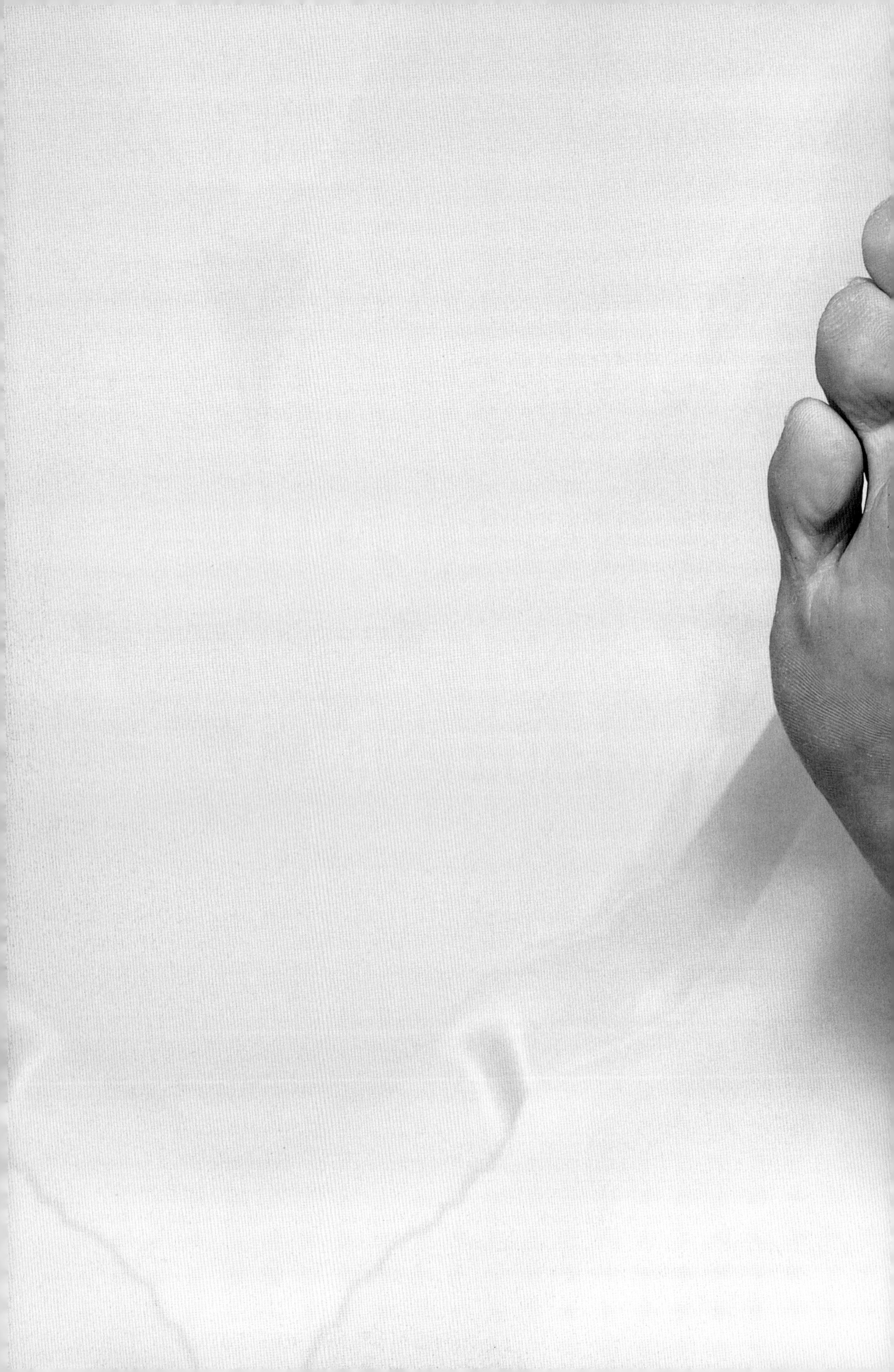

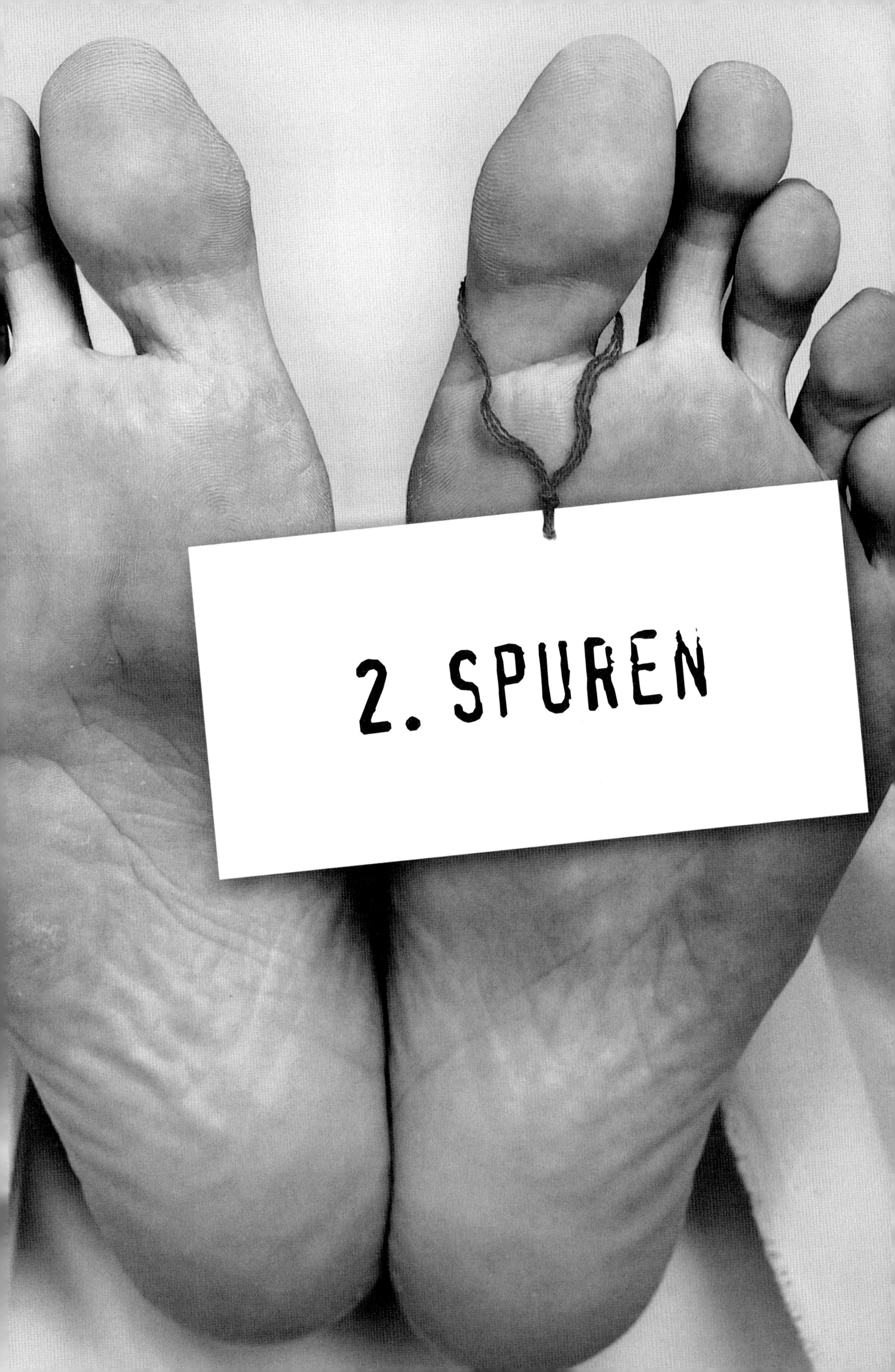
2. SPUREN

Fingerabdrücke sichern und untersuchen

Das braucht ihr:
Lupen; alte, gereinigte CDs; Folienstifte; und, je nach Methode, die unten angegebenen Materialien

Experiment:

Fingerabdruck sichern
(mit Superkleber)

Vorsicht dieses Experiment ist gefährlich und sollte nur unter Aufsicht eines Lehrers durchgeführt werden!

Das brauchst du:
Klebstoff, der Cyanoacrylat enthält (Superkleber, Sekundenkleber), Verschluss einer Flasche

Durchführung:
1. Fülle einige Tropfen des Klebstoffs in den Flaschenverschluss.
2. Hinterlasse auf der CD einen Fingerabdruck. Lege die CD mit der Stelle, wo sich der Fingerabdruck befindet, auf den Flaschenverschluss.
3. Die Dämpfe des Superklebers reagieren mit dem Fett in dem Fingerabdruck zu einer festen Substanz. Der Fingerabdruck ist nun gut sichtbar.

Tipp: Fotografiere den Fingerabdruck vor einem dunklen Hintergrund mit einer Digitalkamera. Mit einem Grafikprogramm kannst du ihn vergrößern und in ein Negativ, also den üblichen schwarzen Fingerabdruck auf weißem Grund verwandeln.

Experiment:

Fingerabdruck sichern
(mit Pulver)

Das brauchst du:
Fingerabdruckpulver (Grafitpulver, Rußpulver, Kakaopulver, Aluminiumpulver oder Eisenpulver → siehe auch Tipp), einen sehr weichen Pinsel, durchsichtiges Klebeband

Durchführung:
1. Streue etwas Fingerabdruckpulver auf den Abdruck.
2. Verteile das Fingerabdruckpulver mit dem Pinsel, und puste den Rest weg.
3. Klebe ein Stück Klebeband über den Abdruck, und drücke es vorsichtig an.
4. Ziehe den Klebestreifen ab, und klebe ihn auf ein Stück Papier.

Tipp: Kleine Mengen von Fingerabdruckpulver kannst du herstellen, indem du mit sehr feinem Schmirgelpapier Bleistiftminen oder Kohlestifte zerreibst

---

Teil die Klasse in Gruppen von jeweils drei Detektiven und drei Verbrechern. Die Verbrecher hinterlassen jeder einen Fingerabdruck ihres linken Zeigefingers auf der glatten Seite der gereinigten CD und kreisen die Stelle mit Folienstift ein. Die Detektive sichern zunächst die Fingerabdrücke auf den Gegenständen mit den oben beschriebenen Methoden und nehmen anschließend die Fingerabdrücke der Verbrecher mit einem Stempelkissen und Papier. Nun versuchen sie, die Fingerabdrücke auf den Gegenständen den Verbrechern zuzuordnen. Anschließend werden die Rollen getauscht.

© Verlag an der Ruhr | Postfach 10 22 51 | 45422 Mülheim an der Ruhr | www.verlagruhr.de | ISBN 978-3-8346-0640-2

Spuren am Tatort

› Eine Spur ist ein Hinweis, der für die Aufklärung eines Verbrechens wichtig ist. Wird ein Verbrechen entdeckt, so wird so schnell wie möglich der Tatort abgeriegelt, damit keine Spuren zerstört werden. Die Spurensicherung sorgt dann dafür, dass alle Spuren gesammelt und sichergestellt werden. Später werden sie dann im Labor ausgewertet. Um selbst keine Spuren zu hinterlassen, die später mit den „richtigen" Spuren des Täters verwechselt werden können, trägt die Spurensicherung dabei Schutzanzüge.

Eine kleine Spurengeschichte ...

Bei der Polizei geht ein Notruf von Zahra Zaster ein. Sie hatte morgens einen Fitnesskurs besucht und bei ihrer Rückkehr festgestellt, dass eine Schatulle mit Schmuck im Wert von 80 000 Euro von ihrem Nachttisch gestohlen wurde. Paul Penibel von der Spurensicherung findet im Garten vor der Terrasse Abdrücke von Gummistiefeln. An der Vorderseite des Hauses steht ein Fenster offen. Auf dem Fensterbrett liegt ein umgekippter Blumentopf. In Zahras Schlafzimmer, unter dem Nachttisch, auf dem die Schmuckschatulle gestanden hatte, liegt ein Feuerzeug mit dem eingravierten Namen Willi Wüstling. Im Bett ist noch eine leichte Kuhle zu sehen. Hier hat offensichtlich jemand gesessen. In der Kuhle findet Paul ein paar gelbe Fasern. Er lässt auch den Rasen vor dem Haus durchsuchen und stellt eine Zigarettenkippe sicher. Im Labor findet man heraus, dass auf dem Feuerzeug alle Fingerabdrücke abgewischt wurden. Die gelben Fasern, so zeigt das Mikroskop, stammen aus einem Seidenstoff. An der Zigarettenkippe wird Speichel gefunden, der von der bekannten Verbrecherin Berta Brecheisen stammt. Die Polizei stattet Berta einen Besuch ab und findet einen gelben Seidenrock. Schnell ist geklärt, dass es derselbe Rock ist, von dem auch die Fasern auf Zahras Bett stammen. Berta gibt zu, das Feuerzeug ihres Kollegen Willi Wüstling absichtlich dort hinterlassen zu haben, um den Verdacht von sich abzulenken. Ein paar Tage später meldet sich Zahras Nachbar, Hugo Hausfreund, bei der Polizei. Er war kurz vor dem Einbruch in Zahras Garten umhergestiefelt, um Unkraut zu jäten.

Es gibt verschiedene Arten von Spuren:

Gegenstandsspuren: Dinge, die Informationen zur Tat geben.
Formspuren: Abdrücke, Risse, Schleifspuren und andere Formveränderungen
Materialspuren: Rückstände, wie Lack, Fasern, Erde oder Späne
Situationsspuren: Bestimmte Anordnung von Spuren, z.B.: Tisch verschoben
Trugspuren: Spuren, die nichts mit der Tat zu tun haben
Fingierte Spuren: Spuren, die vom Täter gelegt wurden, um die Polizei auf die falsche Fährte zu bringen.

Abgesperrter Tatort

1. **Finde für jede der oben beschriebenen Spuren ein Beispiel aus der kleinen Spurengeschichte. Einige der beschriebenen Spuren lassen sich auch gleichzeitig mehreren Arten zuordnen.**
2. **Schreibe selbst eine kleine Spurengeschichte, in der alle möglichen Arten von Spuren vorkommen.**

© Verlag an der Ruhr | Postfach 10 22 51 | 45422 Mülheim an der Ruhr | www.verlagruhr.de | ISBN 978-3-8346-0640-2

Spuren finden

› Jeder Verbrecher hinterlässt etwas am Tatort und nimmt auch etwas davon mit – und sei es auch nur eine winzig kleine Faser o.Ä. Viele dieser Spuren sind so winzig, dass man sie ohne Hilfsmittel nicht auswerten kann. Der klassische Detektiv besitzt eine Lupe, die bis zu 15-fach vergrößern kann. Mit modernen Mikroskopen kann man Haare, Fasern und Stäube bis zu 100 000-fach vergrößern. So ist es z.B. möglich, festzustellen, von welcher Pflanze Blütenstaub und von welchem Auto ein Lacksplitter stammt. Mit modernen Methoden lassen sich Gifte, Drogen und andere Substanzen selbst dann nachweisen, wenn davon nur ein Billionstel (1: 1 000 000 000 000 000) in einer Flüssigkeit vorhanden ist. Das sind z.B. fünf Putzeimer voller Gift, die jemand in den Bodensee, den größten See Deutschlands, kippt.
Wenn etwas zerbricht, so entsteht ein zufälliges Bruchmuster. Dieses Muster ist einzigartig. Wenn zwei Bruchstücke zusammenpassen, weiß die Polizei also, dass sie auch wirklich zusammengehören. Im Mittelalter nutzte man das, um Verträge abzuschließen. Der Vertrag wurde in zwei Teile zerrissen und jeder bekam eine Hälfte. Nur zwei zusammenpassende Hälften waren ein gültiger Vertrag.

Spuren legen – Fallen stellen

Hast du den Verdacht, dass jemand heimlich dein Zimmer betritt, deine Süßigkeiten klaut oder dein Tagebuch liest? Das kannst du herausfinden, indem du selbst Spuren legst und dem Täter so eine Falle stellst. Klebe z.B. mit Spucke ein Haar über eine Schublade. Es wird herunterfallen, wenn jemand die Schublade öffnet.

---

1. **Laras Mutter arbeitet im Labor der Kriminalpolizei. Sie hat Dreck von Laras Hose unter dem Mikroskop untersucht und festgestellt: Lara war am Vortag bei ihrer Großmutter gewesen, hatte deren Hund im Birkenwäldchen ausgeführt und auf dem Sportplatz Fußball gespielt. Was könnte sie gefunden haben?**
2. **An einem Tatort wurden zwei Lacksplitter eines Autos gefunden. Sie zeigen mehrere Lackschichten und Bindematerialien unterschiedlicher Art. Ein Kriminaltechniker vergleicht sie unter dem Mikroskop mit den Lackprofilen der Autos von Tatverdächtigen. Zu welchem Auto gehört der Splitter?**
3. **Ein Stück Würfelzucker (2,5 cm³) fällt in ein 50-Meter-Schwimmbecken mit destilliertem Wasser (2 500 m³). Lässt sich das nachweisen?**
4. **Nehmt jeder ein DIN-A5-Blatt, ohne Aufdruck, und zerreißt es in zwei Hälften. Schreibt auf die Rückseite jeder Hälfte euren Namen. Legt dann alle Blätter mit der unbeschriebenen Seite nach oben auf den Tisch, und mischt sie. Sucht dann die passenden Hälften, und überprüft das anhand der Namen auf der Rückseite.**
5. **Entwickelt weitere Ideen für Fallen, wie sie oben beschrieben stehen.**

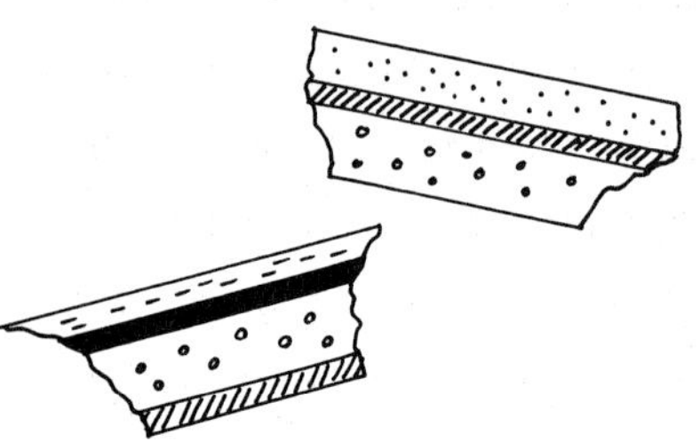

BO-ND 0007 RU-DI 0815 E-DE 4711 I-CH 8888 Y-AK 8848 HU-HN 1234

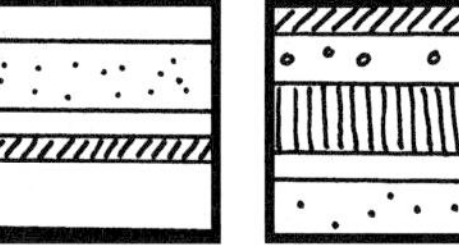
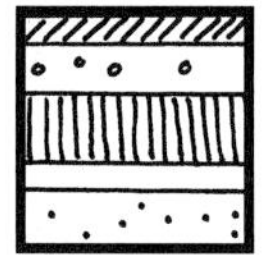

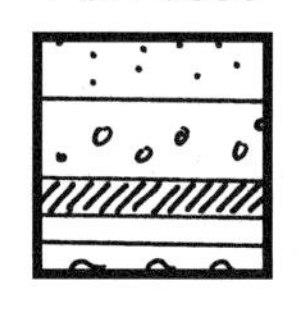
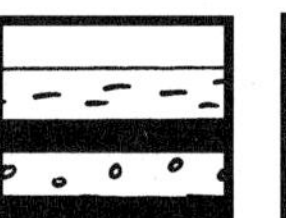
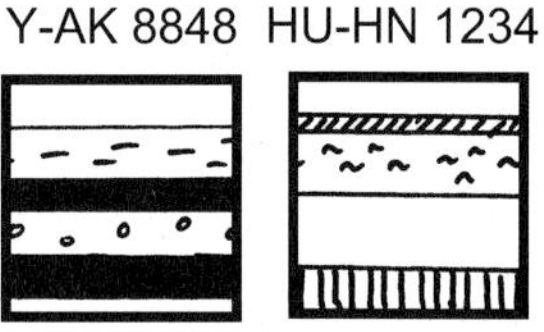

© Verlag an der Ruhr | Postfach 10 22 51 | 45422 Mülheim an der Ruhr | www.verlagruhr.de | ISBN 978-3-8346-0640-2

Fußabdrücke

Experiment:

Schuhabdrücke in Gips gießen

Das brauchst du:
feuchte Sandfläche oder lockere Erde ohne Bepflanzung, Schuhe oder Stiefel mit Profil, Gips, Gefäß zum Anrühren, alter Löffel, Pappstreifen (ca. 80 cm lang und 6 cm hoch), 2 Büroklammern, Fett (z.B. Creme oder Vaseline)

Durchführung:
1. Rühre den Gips entsprechend der Anleitung auf der Packung an.
2. Trete vorsichtig mit einem Fuß auf den Boden, und schaue, dass keine Blätter oder Steine in dem Abdruck liegen.
3. Fette den Pappstreifen ein, lege ihn mit der fettigen Seite nach innen um den Abdruck, und befestige ihn mit den Büroklammern.
4. Gieße etwa 3 cm hoch Gips in die Papp-Umrahmung, und lasse ihn 20 Minuten lang trocknen.
5. Löse die Pappe von dem Gips, und säubere ihn.

Nun hast du einen **Negativabdruck** deiner Schuhsohle. Auch die Polizei sichert Abdrücke mit Gips. Neben **Schuhabdrücken** sind das auch **Reifenabdrücke**. Sie zeigen neben der Art der Reifen und ihrer Abnutzung etwas über das Fahrzeug und die Art, wie gefahren wurde.

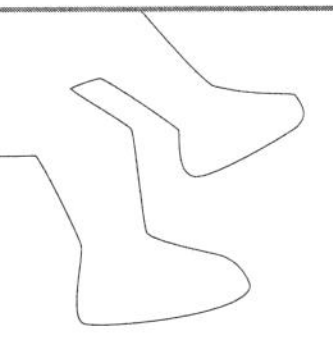

ÜBRIGENS:
Fußabdrücke auf Teppichen werden gesichert, indem die Kriminaltechniker eine Folie über Fußabdrücke legen, die sie mit einem Gerät dann elektrostatisch aufladen; die Schmutzteilchen aus dem Fußabdruck bleiben dann an der Folie haften. Das Prinzip kannst du nachvollziehen, wenn du ein Stück Papier in sehr kleine Papierschnipsel zerreißt und dir mit einem Kamm einige Male kräftig durch die Haare fährst. Wenn du den Kamm anschließend über die Papierschnipsel bewegst, werden sie von dem Kamm angezogen, weil er sich beim Kämmen elektrostatisch aufgeladen hat.

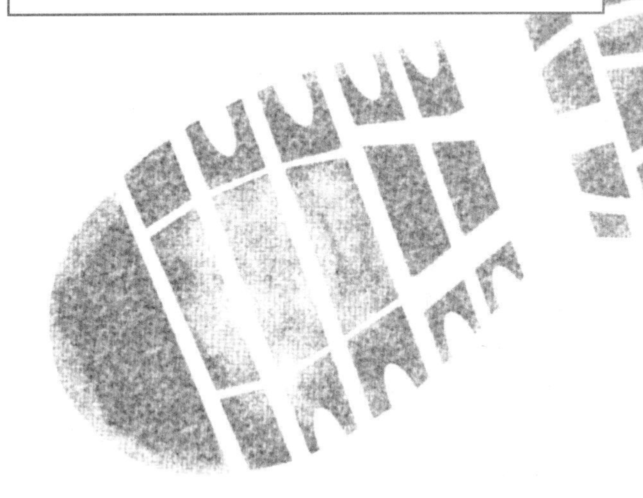

Führe das oben beschriebene Experiment durch. Schreibe deinen Namen auf den Negativabdruck deiner Schuhsohle, und vergleiche die Abdrücke mit denen deiner Mitschüler. Gibt es viele ähnliche Abdrücke, oder kann man sie gut unterscheiden?

© Verlag an der Ruhr | Postfach 10 22 51 | 45422 Mülheim an der Ruhr | www.verlagruhr.de | ISBN 978-3-8346-0640-2

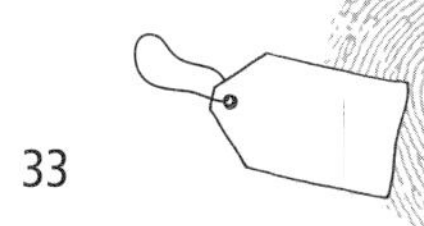

Herkömmliche und genetische Fingerabdrücke

› Fingerabdrücke entstehen durch die Linien auf der Innenseite unserer Hände. Ihr Muster ist einzigartig. Es gibt keine zwei Menschen auf der Erde mit den gleichen Fingerabdrücken, noch nicht einmal Zwillinge. Wer mit bloßen Fingern etwas berührt, hinterlässt einen Fingerabdruck aus Schweiß. Mit Fingerabdruckpulver, Chemikalien oder Laserstrahlen kann die Polizei diese Abdrücke sichtbar machen. Geschieht ein Verbrechen, werden am Tatort zahlreiche Fingerabdrücke sichergestellt, einige davon vielleicht vom Täter. Jeder, der von der Polizei festgenommen wird, muss dort seine Fingerabdrücke hinterlassen. Dazu wird jeder einzelne Finger in Farbe getaucht und auf Papier abgerollt. Alle Fingerabdrücke werden im Polizeicomputer gespeichert und können innerhalb von drei Minuten mit Millionen von anderen Abdrücken verglichen werden. So kann die Polizei herausfinden, ob eine Person schon einmal festgenommen wurde oder an einem anderen Tatort Fingerabdrücke hinterlassen hat.

ÜBRIGENS:

Bereits vor über 2000 Jahren wussten chinesische Töpfer, dass ihre Fingerabdrücke einzigartig sind und kennzeichneten ihre Krüge und Vasen damit. Der erste Mordfall, der auf Grund eines Fingerabdruckes gelöst wurde, hat sich 1892 in Argentinien zugetragen. Eine Mutter erschlug ihre eigenen Kinder und hinterließ einen blutigen Daumenabdruck an der Tür. Der Kommissar verglich ihn mit den Fingerabdrücken aller Dorfbewohner und konnte die Mörderin so überführen.

Genetischer Fingerabdruck: In unserer DNA befinden sich die Erbinformationen, in denen z.B. festgelegt ist, welche Augenfarbe wir haben und welche Form unser Mund hat. Die DNA jedes Menschen ist einzigartig, und sie kann daher zur Identifizierung genutzt werden. Das nennt man „genetischen Fingerabdruck". Weil jede einzelne Körperzelle DNA enthält, kann er aus einzelnen Hautschuppen, Haaren, Speichel, Sperma oder Blut erstellt werden. Er wird dann, ähnlich wie beim normalen Fingerabdruck, mit den genetischen Fingerabdrücken der polizeilichen Datenbank oder dem von verdächtigen Personen verglichen.

Schleife

Wirbel

Bogen

1. **Zeichne den Umriss deiner beiden Hände jeweils auf ein Blatt Papier, und beschrifte sie mit links und rechts. Schaue dir deine Fingerkuppen an, und zeichne auf dem entsprechenden Finger auf dem Papier den ungefähren Verlauf deiner Fingerabdrucklinien ein. Schreibe auch an jeden Finger, welche Grundform(en) du erkennen kannst. Nimm, wenn möglich, eine Lupe zu Hilfe.**
2. **Deutliche Fingerabdrücke findet man auf glatten Oberflächen. Überlege, wo in der Klasse solche Oberflächen sind, und schaue mit der Lupe nach, ob du dort etwas erkennen kannst, was ein Fingerabdruck sein könnte.**
3. **Was kann man tun, um keine Fingerabdrücke zu hinterlassen?**

© Verlag an der Ruhr | Postfach 10 22 51 | 45422 Mülheim an der Ruhr | www.verlagruhr.de | ISBN 978-3-8346-0640-2

Blutspuren und Spuren im Blut

› Viele Verbrechen sind mit Blutvergießen verbunden. Heutzutage lassen sich auch ohne Fliegen winzige Blutspuren nachweisen. Wenn die Polizei die Chemikalie Luminol auf verdächtige Stellen sprüht, beginnen die Blutspuren, bläulich zu leuchten.
Es gibt vier **Blutgruppen**: 0, A, B und AB. Darüber hinaus unterscheidet man Blutgruppen noch nach positivem und negativem Rhesusfaktor, sodass es insgesamt acht Möglichkeiten gibt. Sind verschiedene Blutgruppen am Tatort vertreten, so stammt das Blut auch von verschiedenen Menschen, z.B. Täter und Opfer.

Von 100 Menschen haben:
35 Blutgruppe 0+
37 Blutgruppe A+
9 Blutgruppe B+
4 Blutgruppe AB+
6 Blutgruppe 0–
6 Blutgruppe A–
2 Blutgruppe B–
1 Blutgruppe AB–

Fliegen auf Mördersuche

Aus dem alten China des 13. Jahrhunderts ist ein Fall überliefert, bei dem der Bürgermeister eines Dorfes sehr geschickt einen Mörder stellte. In einem kleinen Dorf war ein Mord begangen worden. Die Wunde des Opfers zeigte, dass sie von einer Sichel stammte, wie man sie für die Reisernte verwendete. Der Bürgermeister ließ alle Bauern des Dorfes antreten und ihre Sicheln vor sich ablegen. An keiner der Sicheln war Blut erkennbar, doch nach einer Weile kam ein ganzer Schwarm grüner Fliegen und versammelte sich auf einer einzigen Sichel. Die Fliegen hatten die winzigen Blutreste an der Klinge aufgespürt und so den verblüfften Mörder gestellt.

Informationen nach: www.fontaene.de/archiv/nr-34/insekten.htm

Regeln zur Form von Blutspritzern

1. **Kommissar Albert Aderlass hat am Tatort Blut des Opfers (Blutgruppe A +) und Blut des Täters (AB –) gefunden. Er hat 20 mögliche Täter im Verdacht. Kann er den Täter allein anhand der Blutgruppe ermitteln?**
2. **Mischt in einer Schüssel Wasser mit Lebensmittelfarbe, legt ein paar große Bögen Papier auf den Boden, nehmt euch einen kleinen Löffel, und überprüft die Regeln zur Form von Blutspritzern.**

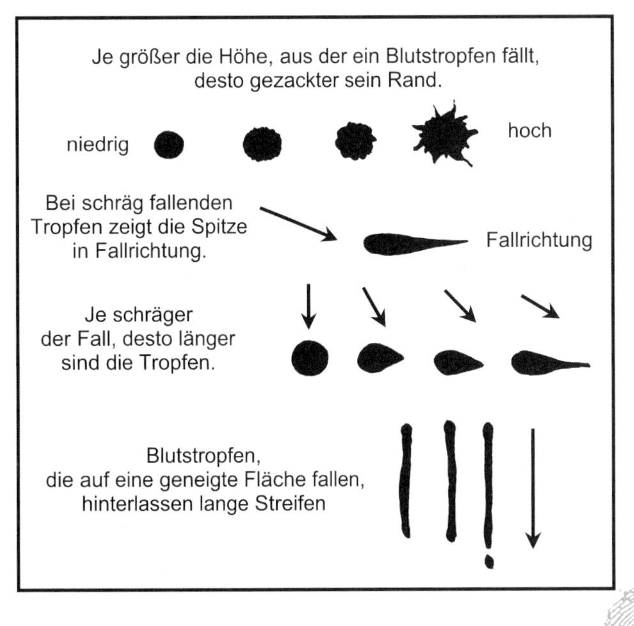

© Verlag an der Ruhr | Postfach 10 22 51 | 45422 Mülheim an der Ruhr | www.verlagruhr.de | ISBN 978-3-8346-0640-2

Leichen

› Der Fund einer Leiche bedeutet nicht unbedingt, dass ein Verbrechen stattgefunden hat. Auch ein Unfall oder Selbstmord können zum Tod des Opfers geführt haben. Manchmal wurde das Opfer auch ganz woanders umgebracht, als dort, wo es gefunden wurde. Wird es im Wasser gefunden, hat aber kein Wasser in der Lunge, so ist es nicht ertrunken, sondern wurde nachträglich ins Wasser hineingeworfen. Einige Zeit nach dem Tod fließt das Blut zu Totenflecken zusammen. Die Lage dieser Flecken verrät, ob die Leiche nach dem Tod bewegt wurde. Je schneller die Leiche gefunden wird, desto genauer kann man den Todeszeitpunkt bestimmen. Dazu wird noch vor Ort geprüft, wie stark die Leiche abgekühlt ist und ob die Totenstarre bereits voll ausgebildet oder möglicherweise schon wieder abgeklungen ist. In der Gerichtsmedizin wird die Leiche später dann von einem Rechtsmediziner untersucht. Dazu muss er die Leiche aufschneiden, damit er auch ihre inneren Organe untersuchen kann. Oft kann mit Hilfe von Zahnärzten, die eine genaue Beschreibung des Gebisses ihrer Patienten haben, festgestellt werden, um wen es sich handelt. Jede Verletzung wird vom Rechtsmediziner genau beschrieben. Welche davon hat zum Tod geführt? Welche Waffe wurde in welcher Weise verwendet? War es Selbstmord oder Mord? All diese Fragen versucht der Rechtsmediziner, zu klären. Blut und Gewebe werden im Labor auf Gift, Drogen und Medikamente untersucht. Auch ob das Opfer betrunken war, was es zuletzt gegessen hatte, ob es Geschlechtsverkehr hatte, schwanger war oder an einer Krankheit litt, interessiert den Rechtsmediziner. Es könnte schließlich mit der Tat etwas zu tun haben.

Von Erde bist du genommen, zu Erde sollst du werden …

Bakterien, Pilze, Würmer und Insekten sorgen dafür, dass Leichen zersetzt werden. Verwest eine Leiche unter freiem Himmel, so sind nach ein bis zwei Jahren nur noch Knochen übrig. In einem Sarg dauert das etwa 4-mal so lange. Je wärmer es ist, umso schneller verwest ein Körper. In Wasser oder sehr feuchtem Boden geht es langsamer, weil der **Sauerstoff** fehlt, den die Lebewesen zum Zersetzen der Leiche benötigen. Extrem haltbare Leichen nennt man **Mumien**. In Sibirien wurde die 39 000 Jahre alte Mumie des Wollhaarmammuts „Dima" gefunden. **Eis und Kälte** hatten die zersetzenden Lebewesen ferngehalten. Auch in **Wüsten** und großer Trockenheit können Mumien entstehen. Sehr gut erhaltene Leichen, die zum Teil über 2500 Jahre alt sind, findet man in Mooren. Zu Mumien wurden sie zum einen durch die Säuren aus dem **Moor**, zum anderen durch Sauerstoffmangel. Besonders viele Mumien stammen aus dem alten Ägypten, die künstlich durch **Einbalsamierung** haltbar gemacht wurden. Die älteste künstliche Mumie ist 5500 Jahre alt und wurde in Libyen gefunden.

© www.wikipedia.com

Der Tollund-Mann, eine fast 2000 Jahre alte Moorleiche

© Verlag an der Ruhr | Postfach 10 22 51 | 45422 Mülheim an der Ruhr | www.verlagruhr.de | ISBN 978-3-8346-0640-2

Leichen

Lies den Text auf der vorherigen Seite, und beantworte die folgenden Fragen. Die Buchstaben vor den richtigen Antworten ergeben das Lösungswort.

1) Was zeigt sicher an, dass ein Mensch tot ist?
- **A** geschlossene Augen und keine Reaktion
- **O** Leichenkälte und Totenflecken
- **S** Blässe und blaue Lippen
- **T** Mehrere Schusswunden und Opfer voller Blut

2) Bei einer bis zu drei Stunden alten Leiche kann man anhand der Körpertemperatur den Todeszeitpunkt bestimmen. Bei welchem dieser Fundorte ist das nicht möglich (Temperaturen in Klammern = Umgebungstemperatur)?
- **B** Dachboden (37 °C)
- **G** Wohnzimmer (25 °C)
- **V** Kühlschrank (4 °C)
- **H** Keller (10 °C)

3) Wer schneidet die Leiche auf, wenn der Verdacht auf ein Verbrechen besteht?
- **E** die Spurensicherung
- **I** der Kriminalkommissar
- **D** der Rechtsmediziner
- **J** der Hausarzt

4) Was fragt sich der Rechtsmediziner **nicht**?
- **W** wer das Opfer ist
- **C** ob es Mord oder Selbstmord war
- **Ö** woran das Opfer gestorben ist
- **U** ob das Opfer wirklich tot ist

5) Welche Untersuchung dient **nicht** der Identifizierung einer Leiche?
- **K** Untersuchung des Mageninhaltes
- **R** Erfassung von Narben und Tätowierungen
- **L** Aufnahme des Gebisses
- **M** Untersuchung der Kleidung

ÜBRIGENS:

Leichen, die bereits seit einigen Tagen oder Wochen tot sind, werden von Insektenkundlern untersucht. Anhand der Art der Insekten und der Entwicklung der Larven können sie feststellen, wann die Person gestorben ist. Erst kommen Schmeißfliegen, dann Käfer, Wespen, Ameisen und Motten.

6) Was kann anhand einer Messerstichwunde nicht herausgefunden werden?
- **U** ob der Täter Rechts- oder Linkshänder war
- **P** ob sich das Opfer selbst erstochen hat
- **N** mit welcher Art von Messer die Wunde zugefügt wurde
- **T** ob dem Täter das Messer auch wirklich gehörte

7) Was darf bei der Verwesung nicht fehlen?
- **Z** Sonnenschein
- **I** Sauerstoff
- **Y** Schnee
- **Q** Erde

8) Welche Art von Mumien gibt es nicht?
- **H** Moormumien
- **Ä** Trockenmumien
- **O** Tropenmumien
- **Ü** Kältemumien

9) Welches dieser Insekten sagt dem Insektenkundler etwas über den Todeszeitpunkt?
- **M** ein Schmetterling auf einer Moorleiche
- **R** eine Raupe auf einem Skelett
- **N** eine Schmeißfliegenlarve auf einer vier Tage alten Leiche
- **D** eine Wespe auf einer soeben verstorbenen Person

Lösungswort:

___ ___ ___ ___ ___ ___ ___ ___ ___

© Verlag an der Ruhr | Postfach 10 22 51 | 45422 Mülheim an der Ruhr | www.verlagruhr.de | ISBN 978-3-8346-0640-2

Giftmord

› Giftmorde waren Jahrhunderte lang beliebt. Das liegt daran, dass es früher nicht möglich war, festzustellen, ob jemand tatsächlich an Gift oder an einer Krankheit gestorben war. Häufig verwendet wurde das Schädlingsbekämpfungsmittel Arsen. Es kommt in zahlreichen Krimis als „Mordmittel" vor. Heutzutage können fast alle Gifte innerhalb und außerhalb des Körpers nachgewiesen werden. Es wird daher nur noch selten mit Gift gemordet.

Mit Supergift und Regenschirm

Am 7. September 1978 wartet der bulgarische Journalist Georgi Markov in London auf seinen Bus. Plötzlich spürt er an der Rückseite seines Beins einen Stich. Ein Mann, der hinter ihm steht, hebt einen Regenschirm auf, entschuldigt sich und verschwindet mit einem Taxi. Auf der Arbeit entdeckt Markov eine kleine Wunde an seinem Oberschenkel. Nach ein paar Stunden bekommt er hohes Fieber und wird schwer krank. Drei Tage später stirbt er. In der Wunde in seinem Bein findet man ein winziges, nur etwa 1,5 Millimeter großes Metallkügelchen. Es war mit dem Pflanzengift Rizin gefüllt, einem der stärksten Gifte, die es gibt. Der Regenschirm, mit dem Markov gestochen wurde, war umgebaut worden, damit der Mann ihm damit das Kügelchen ins Bein schießen konnte. Markov wurde vermutlich vom bulgarischen Geheimdienst ermordet, weil er den bulgarischen Diktator und die Regierung kritisiert hatte.

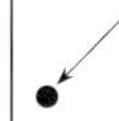
Nur so groß war das Platinkügelchen mit dem Rizin.

Haaranalyse

Wenn ein Mensch Gift zu sich nimmt, so lagert sich der Stoff in seinen Haaren ab. Allerdings nur an der Stelle kurz unter der Hautoberfläche, an der das Haar zu wachsen beginnt. Hat ein Mensch mehrmals Gift zu sich genommen, so kann die Kriminalpolizei an verschiedenen Stellen Gift in seinem Haar nachweisen. Weil man weiß, **dass Haare etwa 1,25 cm pro Monat wachsen**, lässt sich auch feststellen, wann die Vergiftung erfolgt ist.

1. **Schreibe eine Zeitungsmeldung über den spektakulären Mord an Markov, und überlege, wie du am besten das Interesse der Leser wecken kannst.**
2. **Überlege, ob Giftmord wohl eher bei Männern oder eher bei Frauen beliebt war. Begründe deine Ansicht.**
3. **Dieses Haar gehört einer Frau, die am 15. Juni 2009 an einer Arsenvergiftung starb. Eine Kriminaltechnikerin findet heraus, dass es vor dem Mord bereits drei Versuche gegeben hat, die Dame zu vergiften (Pfeile = Arsenspuren). In welchen Monaten ist das gewesen?**

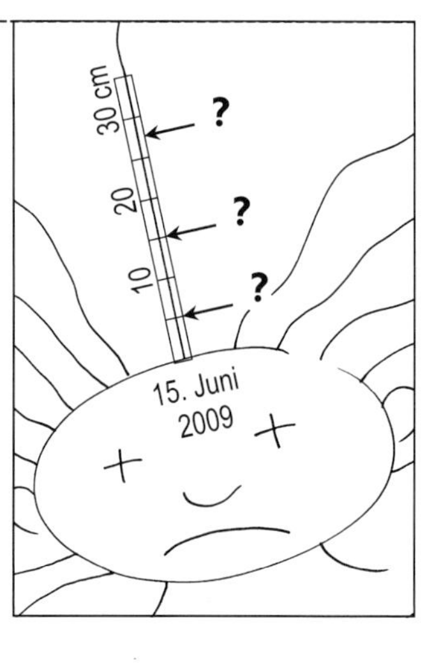

© Verlag an der Ruhr | Postfach 10 22 51 | 45422 Mülheim an der Ruhr | www.verlagruhr.de | ISBN 978-3-8346-0640-2

Spuren von Schusswaffen

Aus welcher Waffe wurde geschossen?

Wenn eine Pistole oder ein Gewehr abgefeuert wird, explodiert das Schießpulver und schleudert ein Geschoss aus dem Lauf der Waffe heraus. Nach jedem Schuss wird eine leere Patronenhülse ausgeworfen. Die Geschosse und Hülsen werden häufig am Tatort gefunden. Die Kriminalpolizei vergleicht sie mit Geschossen und Hülsen aus anderen Waffen und kann so herausfinden, zu welcher Art von Waffe sie gehören. Dazu gibt es im Bundeskriminalamt eine riesige Waffensammlung. Findet die Polizei die Tatwaffe, so kann sie beweisen, dass ein Geschoss aus genau dieser Waffe abgefeuert wurde. Dazu vergleicht sie das Geschoss vom Tatort mit dem Geschoss aus der verdächtigen Waffe. Im Lauf einer Waffe bilden sich nämlich auf jedem Geschoss charakteristische Kratzspuren. Zeigen die Geschosse unter dem Mikroskop dasselbe Kratzspurenmuster, so stammen sie auch aus derselben Waffe.

Kugelsichere Westen tragen Polizisten bei gefährlichen Einsätzen. Die Geschosse bleiben in den Westen stecken, sodass es zu keiner Schusswunde kommt. Stattdessen sind jedoch Prellungen und Knochenbrüche möglich.

Wer hat geschossen?

Bei einem Schuss entstehen an der Mündung der Schusswaffe ein Feuer und Rauch. Spuren dieses Mündungsfeuers nennt man Schmauchspuren. Wenn jemand geschossen hat, kann die Polizei noch längere Zeit danach Schmauchspuren an seinen Händen nachweisen. In Krimis kommt es vor, dass der Ermittler an der Mündung der Pistole riecht, um festzustellen, ob ein Schuss damit abgefeuert wurde. In Wirklichkeit funktioniert das allenfalls bis wenige Minuten nach dem Schuss.

© Tobias Kaltenbach/fotolia.com

Geschoss

Im Wilden Westen der USA, Ende des 19. Jahrhunderts, verwendeten viele einen **Revolver**. Revolver sind mit einer drehbaren Trommel ausgestattet, in der sich mehrere Kammern mit Patronen befinden. Den Cowboys stand also nur eine bestimmte Anzahl von Schüssen zur Verfügung. In einigen Westernfilmen wissen die Helden das und zählen die Schüsse, die vom Bösewicht abgegeben werden, um ihn dann, wenn die Trommel leer ist, zu überwältigen. In anderen Filmen wird so munter drauflos geballert, als würden die Cowboys über Maschinenpistolen verfügen.

1. **Ein Geschoss verhält sich im Grunde nicht anders als ein Ball, den man gerade von sich wegschleudert. Zeichne die Flugbahn eines Geschosses auf, das auf kein Hindernis trifft. Warum fliegt es nicht weiter als 100 Meter bis wenige Kilometer? Warum richtet es größeren Schaden an als ein Ball?**
2. **An einem Tatort werden drei Geschosse gefunden. Sie weisen unterschiedliche Kratzspuren auf. Taucher finden im benachbarten Teich einen alten Revolver mit sechs Kammern. Wie sollte die Polizei weiter vorgehen?**

© Verlag an der Ruhr | Postfach 10 22 51 | 45422 Mülheim an der Ruhr | www.verlagruhr.de | ISBN 978-3-8346-0640-2

Dokumenten- und Kunstfälschung

› Wenn alte Schriftstücke gefälscht werden, verraten häufig Papier oder Tinte den Fälscher. Die Chemikalien, die zur Herstellung verwendet wurden, haben sich nämlich im Laufe der Jahrhunderte verändert. Das bekam **Konrad Kujau** (1938–2000) zu spüren, der die geheimen Tagebücher des Diktators Adolf Hitler gefälscht hatte. Die Zeitschrift „Stern" wollte sie 1983 veröffentlichen. Experten fanden jedoch Stoffe in dem Papier, die zurzeit Adolf Hitlers noch gar nicht verwendet wurden.

Konrad Kujau malte auch berühmte Gemälde ab und verkaufte sie, ohne zu verheimlichen, dass es sich um Fälschungen handelte. Durch die Geschichte mit den Hitler-Tagebüchern wurde er nämlich so berühmt, dass viele Leute diese Bilder für viel Geld kaufen wollten. Das führte dazu, dass andere Maler wiederum Kujaus Fälschungen fälschten und als echte Kujau-Fälschungen verkauften.

Ein besonders genialer Kunstfälscher war **Han van Meegeren** (1889–1947). Er war wütend, weil die Leute seine eigenen Bilder nicht mochten. Deshalb fälschte er Bilder des berühmten Malers Jan Vermeer, der 250 Jahre vor ihm gelebt hatte. Damit man ihm nicht auf die Schliche kam, besorgte er sich echte, aber unbekannte Bilder aus dieser Zeit. Von denen kratzte er die Farbe ab und malte darauf seine Fälschungen. Er wusste, wie Vermeer seine Farben hergestellt hatte, und besorgte sich die Original-Zutaten.

© Tobias Kaltenbach/fotolia.com

Schwer zu fälschen: Altes Papier

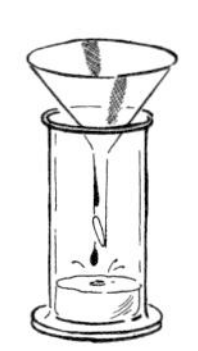

Experiment:

Unterschiedliche Stifte entlarven

Ein beliebter Trick ist es, bei Dokumenten eine Null an die Summe anzuhängen und so z.B. aus 100 Euro 1 000 Euro zu machen. Wird die Null jedoch mit einem anderen Stift geschrieben, so lässt sich das nachweisen, auch wenn man es auf den ersten Blick nicht sieht.

Das brauchst du:
Löschpapier, 2 Filzstifte unterschiedlicher Marken, aber gleicher Farbe oder einen Füller und einen anderen Stift, z.B. die Rückseite von einem Tintenkiller, Schüssel mit Wasser

Durchführung:

1. Schreibe auf das Löschpapier mit dem einen Stift eine 100.
2. Schreibe mit dem anderen Stift noch eine 0 hinten dran.
3. Hänge das Löschpapier so ins Wasser, dass die Unterkante die Wasseroberfläche berührt.

Das Wasser steigt in dem Löschpapier auf und nimmt die chemischen Bestandteile des Filzstiftes mit. Dadurch entsteht ein Schlierenmuster, welches bei der letzten 0 deutlich anders ausfallen sollte als bei den anderen beiden.

Ganove Bruno Beutelschneider behauptet, im Besitz eines Einkaufszettels des verstorbenen Popstars Michael Jackson zu sein, und versucht, ihn für viel Geld über das Internet an Fans zu verkaufen. Die Polizei kommt ihm jedoch auf die Spur und stellt fest, dass der Zettel von seiner nach Amerika ausgewanderten Tante Hilde stammt. Schreibe darüber eine Geschichte.

© Verlag an der Ruhr | Postfach 10 22 51 | 45422 Mülheim an der Ruhr | www.verlagruhr.de | ISBN 978-3-8346-0640-2

Falschgeld

› Schon bevor es Papiergeld gab, wurden Goldmünzen gefälscht, indem man billiges Metall mit einer dünnen Goldschicht überzog. Papiergeld mit einem Farbkopierer oder einem Scanner zu fälschen, wäre sehr einfach, gäbe es da nicht eine ganze Reihe von Sicherheitszeichen auf den Geldscheinen. Viele Fälscher imitieren die Sicherheitsmerkmale, sodass die Fälschung auf den ersten Blick nicht erkennbar ist. Bei genauer Untersuchung kann jedoch jede Fälschung deutlich von einem echten Geldschein unterschieden werden.

Esens, 18.06.2008: Drei 16-und 17-jährige Schüler haben mit ihrem neuen Farbdrucker insgesamt 80 Zehn-Euro-Scheine auf normalem Druckerpapier hergestellt und teilweise an ihre Mitschüler verteilt. Auch wenn die Schüler beteuern, dass sie das Ganze nur getan hätten, um ihren Drucker zu testen, werden sie dafür vor Gericht gestellt und möglicherweise zu einer Strafe verurteilt.

Informationen nach: www.spiegel.de/schulspiegel/0,1518,560538,00.html

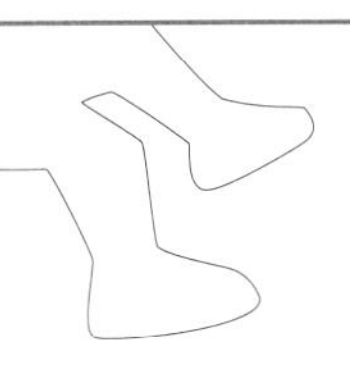

ÜBRIGENS:
Wem ein falscher Geldschein untergeschoben wird, der muss ihn bei der Polizei abgeben und bekommt dafür keinen Ersatz.

© Thommy Weiss/pixelio.de

Diese Sicherheitsmerkmale kannst du selbst erkennen:

a) eine silberne Spezialfolie mit Hologramm
b) eine Stelle mit Perlmuttglanz, die je nach Lichteinfall in unterschiedlichen Farben schimmert

Wenn man den Schein gegen das Licht hält:

c) zieht sich ein dunkler Faden durch den Schein
d) erscheint das Gebäude von der Vorderseite des Scheins noch einmal
e) wird eine unvollständige Zahl zum Wert des Scheins ergänzt

Die zwölfstellige Seriennummer ist kein Sicherheitsmerkmal, aber auch wichtig, weil über sie erpresstes Lösegeld wiedergefunden werden kann.

© Thommy Weiss/pixelio.de

1. **Stelle dir vor, plötzlich könnte jeder sein Geld selbst herstellen, ohne dafür bestraft zu werden. Wie würden die Händler reagieren? Was würde mit Löhnen und Preisen geschehen? Wie würde das Ganze wohl ausgehen?**
2. **Findet ihr es richtig, dass die Schüler aus Esens vor Gericht gestellt werden oder nicht? Diskutiert darüber in der Klasse.**

© Verlag an der Ruhr | Postfach 10 22 51 | 45422 Mülheim an der Ruhr | www.verlagruhr.de | ISBN 978-3-8346-0640-2

© Thommy Weiss/pixelio.de

Kriminalistische Spuren

Locard'sches Austauschprinzip: „Jede Berührung hinterlässt eine Spur."

Der Direktor des französischen Polizeilabors in Lyon, **Edmond Locard** (1877–1966), formulierte im Jahre 1910 die folgende Regel: Wenn sich zwei Objekte, das können Personen oder auch Gegenstände sein, berühren, so findet ein Materialaustausch statt. In der Kriminalistik bedeutet das, dass sowohl **jeder Täter Spuren vom Tatort mitnimmt als auch an jedem Tatort Spuren des Täters zu finden sind**. Eine Faser von der Jacke des Täters unter den Fingernägeln der Leiche oder ein Krümel Erde vom Tatort an den Schuhen eines Verdächtigen sind heutzutage, so winzig sie auch sind, Beweismittel. Weil die technischen Möglichkeiten sich mit der Zeit verbessert haben, ist das Problem heutzutage weniger, Spuren zu finden, sondern aus der Fülle der Spuren, diejenigen herauszufiltern, die für die Tat von Bedeutung sind.

Kriminalistische Berufe:

KRIMINALTECHNIKER

Kriminaltechniker sind die Leute, die bei der Polizei für die Suche und die Auswertung von Spuren zuständig sind. Es gibt keine einheitliche Berufsausbildung zum Kriminaltechniker. Sie haben z.B. eine handwerkliche Grundausbildung oder ein naturwissenschaftliches Studium absolviert und wurden dann innerhalb der Polizei weiter ausgebildet. Andere gehen zunächst zur Polizei und spezialisieren sich von dort aus weiter. Sehr viele Kriminaltechniker arbeiten im Bundeskriminalamt (BKA) und den Landeskriminalämtern (LKA). Auch die Leute von der Spurensicherung sind Kriminaltechniker. Sie sind dafür zuständig, dass Spuren am Tatort nicht vernichtet, sondern für die Auswertung sichergestellt werden. Um selbst keine Spuren zu hinterlassen, tragen sie Schutzanzüge mit Überschuhen, Handschuhen und Kapuzen.

Verräterische Spur?

1. **Im wissenschaftlichen Bereich der Kriminaltechnik arbeiten z.B. Biologen, Physiker und Chemiker. Überlege dir für jede Art von Wissenschaftler eine passende Tätigkeit bei der Spurensuche.**
2. **Was kann alles passieren, wenn ein Kriminaltechniker der Spurensicherung nicht sorgfältig arbeitet?**

Dumme Verbrecher:

Manchmal sind Verbrecher so freundlich, ihren Verfolgern mit offensichtlichen Spuren den direkten Weg zu weisen. In Mainz hinterließ ein Taxiräuber im frisch gefallenen Schnee Fußspuren, die bis zu der Wohnung führten, in der er gerade zu Besuch war.

© Verlag an der Ruhr | Postfach 10 22 51 | 45422 Mülheim an der Ruhr | www.verlagruhr.de | ISBN 978-3-8346-0640-2

Kriminaltechnische Methoden

› Die Kriminalpolizei wendet eine Vielzahl von wissenschaftlichen Methoden an, um Tätern auf die Spur zu kommen. Bei der Interpretation der Laborergebnisse helfen Vergleichssammlungen und im Computer gespeicherte Daten.

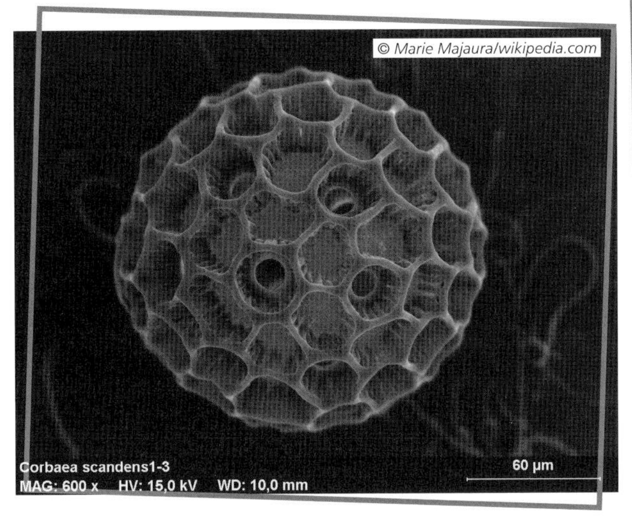

Pollen unter dem Rasterelektronenmikroskop

Einblick in den Mikrokosmos:
Das klassische Hilfsmittel des Detektivs ist die **Lupe**. Damit ist eine 5- bis 15-fache Vergrößerung möglich. Die meisten Spuren werden jedoch unter dem Mikroskop ausgewertet. **Lichtmikroskope**, wie du sie aus der Schule kennst, vergrößern bis zu 2 000-fach mit Licht und Linsen. Ein **Rasterelektronenmikroskop** arbeitet mit einem Elektronenstrahl. So können Proben bis zu 100 000-fach vergrößert werden. Das ermöglicht z.B., Fasern bestimmten Stoffen zuzuordnen, kleinste Bruchstellen zu analysieren, zu erkennen, von welcher Pflanze ein Blütenpollen stammt oder welcher Tierart ein Haar zuzuordnen ist. Wenn der Elektronenstrahl auf eine Probe auftrifft, entstehen Röntgenstrahlen, und mit diesen kann die Probe auch chemisch analysiert werden. Mit der so genannten **Röntgenfluoreszenzanalyse** kann die Polizei anhand eines Lacksplitters Marke, Typ und Baujahr des dazugehörigen Autos herausfinden.

Einleuchtende Beweise:
Kennst du Knicklichter, mit Flüssigkeit gefüllte Stäbe, die für eine Weile zu leuchten beginnen, wenn du sie einknickst? Wenn ein Stoff durch einen chemischen oder physikalischen Vorgang für eine gewisse Zeit zum Leuchten angeregt wird, so nennt man das **Lumineszenz**. Kriminaltechniker nutzen sie, um allerkleinste Blutspuren sichtbar zu machen. Die leuchten nämlich blau auf, wenn man sie mit den Chemikalien **Luminol** und **Wasserstoffperoxid** besprüht. Da hilft kein noch so gründliches Putzen. Undeutliche Fingerabdrücke können mit **Laserlicht** zum Leuchten gebracht werden. Staub leuchtet auf, wenn er mit **ultraviolettem Licht** bestrahlt wird.

Der Wettlauf der Substanzen:
Stelle dir einen Fluss vor, in den ein Gemisch aus Kieselsteinen, Sand und Staub geschüttet wird. Der Staub wird am schnellsten transportiert, weil er am leichtesten ist und die Kieselsteine am langsamsten. Nach einer halben Minute hat es der Staub am weitesten geschafft, dahinter befindet sich der Sand und am Ende die Kieselsteine. Nach dem gleichen Prinzip funktioniert eine **Chromatografie**, bei der ein Stoffgemisch in seine Bestandteile getrennt wird. Das ist z.B. erforderlich, um Gifte, Drogen und Medikamente in Körperflüssigkeiten nachzuweisen, zu ermitteln, ob bei einem Brand ein Brandbeschleuniger (z.B. Benzin) im Spiel war oder um die Tinte von mutmaßlichen Fälschungen zu analysieren. Bei einer **Dünnschicht-Chromatografie** findet der Wettlauf in Flüssigkeit, bei der **Gas-Chromatografie** in einem Gasstrom statt. Wird der Gasstrom anschließend zu einem **Massenspektrometer** weitergeleitet, so lassen sich sogar Stoffe nachweisen, von denen weniger als ein Billionstel Gramm in der Probe enthalten ist. In dem Massenspektrometer werden die Moleküle der Substanzen in elektrisch geladene Teilchen zerlegt und durch ein elektrisches Feld beschleunigt und aufgetrennt.

© Verlag an der Ruhr | Postfach 10 22 51 | 45422 Mülheim an der Ruhr | www.verlagruhr.de | ISBN 978-3-8346-0640-2

Kriminaltechnische Methoden

Bruchteile und Brechungsindex:
Wenn etwas zu Bruch geht, so sind die entstandenen Einzelteile in ihrer Form einzigartig. Passen zwei Bruchstücke, so klein sie auch sind, zusammen, so besteht kein Zweifel, dass sie ursprünglich auch zusammengehört haben. Bei Glasscherben kann der **Brechungsindex** verraten, woher sie stammen. Legt man eine durchsichtige Glasscherbe in ein Gefäß mit Wasser, so kann man sie erkennen, obwohl sowohl Wasser als auch die Scherbe durchsichtig sind. Das liegt daran, dass der Brechungsindex, also die **Richtungsänderung der Lichtstrahlen** in Wasser und Glas unterschiedlich ist. Läge die Glasscherbe in einer durchsichtigen Flüssigkeit mit demselben Brechungsindex, so wäre sie unsichtbar. Bei Unfällen gehen häufig Scheinwerfer zu Bruch. Kriminaltechniker messen den Brechungsindex der Glassplitter und finden so heraus, von welcher Art von Scheinwerfer das Glas stammt, was wiederum ein Hinweis auf das Modell des Fahrzeugs ist. Das ist dann wichtig, wenn ein Täter Fahrerflucht begangen hat.

Verräterische Abdrücke:
Spuren von Schuhen oder Reifen im Boden werden gesichert, indem ein Gipsabdruck davon hergestellt wird. Ein Reifenabdruck ist ein Hinweis auf die Art des Reifens und das Fahrzeug. Schuhabdrücke verraten, neben der Art des Schuhs, auch etwas über den Gang desjenigen, der ihn hinterlassen hat. Kleine Fehler oder Abnutzungsspuren sind von besonderer Beweiskraft. Auch auf Teppichen in Innenräumen können Fußabdrücke gesichert werden. Eine Folie wird über den Abdruck gelegt und mit einem Gerät elektrisch aufgeladen. So bleibt der Schmutz des Abdrucks an der Folie hängen. Auch Kratzer, Werkzeugspuren oder Abdrücke einer Handschrift auf einem Block werden gesichert und untersucht.

---

1. **Lies beide Seiten über die kriminaltechnischen Methoden. Mit welchen Methoden würdest du die folgenden Fragen lösen?**
   - **A** Neben dem Abschiedsbrief einer Selbstmörderin liegt eine abgebrochene Bleistiftspitze. Ihr Mann trägt einen Bleistift mit abgebrochener Spitze in seiner Hemdtasche. Ist der Brief damit geschrieben worden?
   - **B** In einer Badewanne wird eine vergiftete Leiche gefunden. Ein Glas, aus dem das Opfer möglicherweise getrunken hat, ist in die Wanne gefallen. Befand sich darin das Gift?
   - **C** In der Garage eines Mordverdächtigen befinden sich kleine Glassplitter und bräunliche Flecken. Ist hier, wie der Verdächtige behauptet, eine Rotweinflasche zu Bruch gegangen, oder handelt es sich um Brillenglassplitter und Blutflecken des Mordopfers?
2. **Denke dir selbst einen Fall aus, den man mit den oben beschriebenen Methoden lösen kann.**
3. **Suche dir eine Methode aus, finde mehr darüber im Internet heraus, und halte darüber ein kurzes Referat vor der Klasse.**
4. **Sammelt möglichst viele verschiedene Haare (Tier- und Menschenhaare und Haare von verschiedenen Stellen des Körpers) und Fasern aus bekannten Materialien. Legt sie einzeln unter das Mikroskop, und zeichnet die Struktur auf. Schreibt dazu, um was es sich handelt, und hängt die Bilder in der Klasse auf. Nun habt ihr eine Vergleichssammlung. Untersucht die staubigen Ecken in eurer Schule nach unbekannten Haaren und Fasern, und findet mit Hilfe des Mikroskops und anhand der Vergleichssammlung heraus, um welche Art es sich dabei handelt.**

© Verlag an der Ruhr | Postfach 10 22 51 | 45422 Mülheim an der Ruhr | www.verlagruhr.de | ISBN 978-3-8346-0640-2

Die Einmaligkeit der Finger

Was ist das Besondere an Fingerabdrücken?

Unter Dactyloskopie versteht man die Lehre von den Papillarleisten (Fingerabdruckverfahren). Papillarleisten sind die Linien der Haut an der Hand- und Fußinnenseite. Sie bilden sich im Mutterleib und bleiben ein ganzes Leben lang bestehen. Wenn wir uns verletzen, wachsen sie in gleicher Art und Weise nach. Wie die Papillarleisten verlaufen, wird teilweise von den Erbanlagen und zum anderen Teil vom Zufall bedingt. So kommt es, dass es auf der ganzen Erde keine zwei Menschen mit exakt den gleichen Fingerabdrücken gibt. Selbst eineiige Zwillinge, deren Erbanlagen völlig gleich sind, haben unterschiedliche Fingerabdrücke.

Schleife

Wirbel

Bogen

Grundformen nach Häufigkeit:
Schleife: 60 %, Wirbel: 35 %, Bogen: 5 %

Wie geht die Polizei mit Fingerabdrücken um?

Wer einer Tat verdächtigt und von der Polizei festgenommen wird, muss seine Fingerabdrücke dort hinterlassen. Mit einer Rolle wird eine dünne schwarze Farbschicht auf eine Metallplatte aufgetragen, jeder Finger einzeln in der Farbe und anschließend auf weißem Papier abgerollt. Dann werden die Fingerabdrücke über ein Computerprogramm codiert und in das AFIS (Automatisiertes Fingerabdruckidentifikationssystem) des Bundeskriminalamtes in Wiesbaden aufgenommen. Das System enthält über drei Millionen Blätter von Fingerabdrücken, und es dauert nicht länger als drei Minuten, ein neues Blatt damit zu vergleichen. Auch Spuren, also Fingerabdrücke, die an Tatorten sichergestellt wurden, können über AFIS mit den gespeicherten Fingerabdrücken verglichen werden.

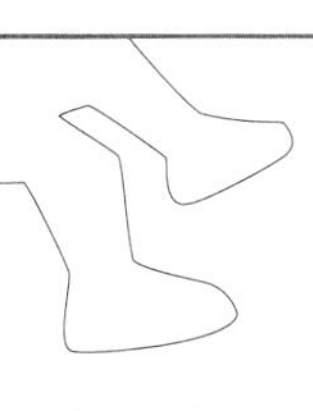

ÜBRIGENS:

Der US-amerikanische Gewohnheitsverbrecher Robert Pitts hatte sich bei einer Operation die Haut seiner Fingerspitzen durch Haut von seinem Schenkel ersetzen lassen. Er wurde gerade deshalb im Jahr 1950 überführt.

1. **Schaut euch eure Fingerkuppen mit einer Lupe an. Schreibt für jeden Finger auf, welche Grundform erkennbar ist. Sammelt die Ergebnisse, und rechnet für die gesamte Klasse aus, welche prozentuale Verteilung der Grundformen sich ergibt. Stimmt sie in etwa mit den oben angegebenen Häufigkeiten überein?**
2. **Was ist erst möglich, seitdem Fingerabdrücke in kurzer Zeit durch den Computer verglichen werden können?**

© Verlag an der Ruhr | Postfach 10 22 51 | 45422 Mülheim an der Ruhr | www.verlagruhr.de | ISBN 978-3-8346-0640-2

Latente Fingerabdrücke

› Fingerabdruckspuren, so genannte „latente Fingerabdrücke", entstehen bei Kontakt eines Fingers mit einer Oberfläche. Sie bestehen aus winzigen Schweißtröpfchen und sind meist auf den ersten Blick nicht erkennbar. Um sie sichtbar zu machen, wird ein Spurensicherungspulver auf den Abdruck gestreut. Dann kann er fotografiert und mit Klebefolie abgezogen mitgenommen werden. Das funktioniert allerdings nur bei frischen Abdrücken auf glatten Oberflächen. Auf anderen Oberflächen, wie z.B. Papier, wird mit chemischen Dämpfen, Lösungen oder Laserstrahlen gearbeitet. Mit der Zeit werden Fingerabdrücke undeutlicher und verschwinden schließlich. Weil sich das genaue Alter eines Abdrucks nicht bestimmen lässt, ist oft fraglich, ob der Fingerabdruck mit der Straftat etwas zu tun hat.

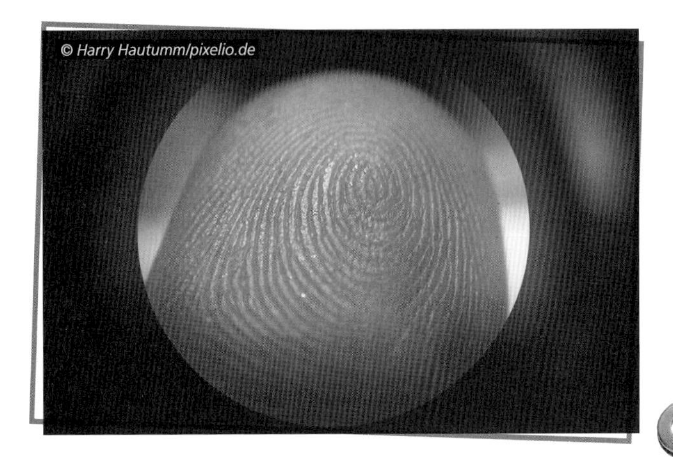
© Harry Hautumm/pixelio.de

Fingerabdrücke sind umso deutlicher ...

... je jünger sie sind.
... je glatter die Oberfläche ist.
... je stärker der Verursacher geschwitzt hat.
... je fettiger die Hände des Verursachers waren.
... je länger die Finger die Oberfläche berührt haben.

Kann man Fingerabdrücke fälschen?

Ja, es gibt im Internet ein Video des Chaos-Computerclubs, das zeigt, wie man sich in weniger als einer Stunde mit einem latenten Fingerabdruck eine Fingerabdruckattrappe basteln kann, die man dann auf seinen eigenen Finger aufkleben kann. ARD-Reportern gelang es auf diese Weise, ein Fingerabdrucksystem zu überlisten, mit dem man in einem Supermarkt ohne Bargeld einkaufen kann.

Dumme Verbrecher:

Wer keine Fingerabdrücke hinterlassen möchte, trägt Handschuhe. Doch damit ist man als Ganove nicht unbedingt auf der sicheren Seite. Mit modernen Verfahren lassen sich nämlich auch Abdrücke von Handschuhen am Tatort sicherstellen. Findet man bei einem Verdächtigen Handschuhe, die am Tatort getragen wurden, so kann das eindeutig bewiesen werden. Also, bloß weg damit, dachte sich wohl der 28-jährige John P. Wutchko aus Minnesota in den USA. Nach einem Raubüberfall ließ er seine Gummihandschuhe in der Nähe des Tatorts zurück. Die Polizei fand sie und verhaftete ihn auf Grund der Abdrücke an der Innenseite der Handschuhfinger.

1. **Wann schafft es die Polizei nicht, einen Einbrecher auf Grund seiner Finger- oder Handschuhabdrücke zu überführen?**
2. **Der Chaos-Computerclub möchte seine Idee weder dazu nutzen, eine Straftat zu begehen, noch andere dazu anstiften. Warum hat er dann wohl die Anleitung, wie man einen Fingerabdruck fälscht, ins Internet gestellt?**
3. **Was bei Reisepässen Pflicht ist, ist bei Personalausweisen freiwillig: die Speicherung von zwei Fingerabdrücken auf einem Chip. Was sind wohl die Vor- und Nachteile dieser Datenspeicherung? Würdest du dich dafür oder dagegen entscheiden, wenn du einen neuen Ausweis beantragst? Begründe deine Entscheidung.**

© Verlag an der Ruhr | Postfach 10 22 51 | 45422 Mülheim an der Ruhr | www.verlagruhr.de | ISBN 978-3-8346-0640-2

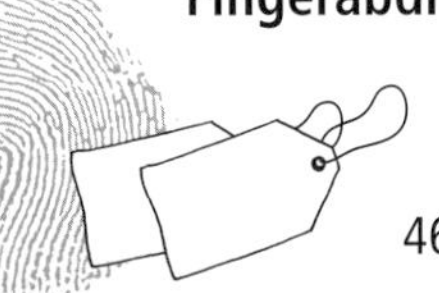

Genetischer Fingerabdruck

› Beim genetischen Fingerabdruck werden bestimmte Abschnitte der DNA, dem Träger der Erbinformation, untersucht, um Personen zu identifizieren. Der genetische Fingerabdruck kann aus Haaren, Hautzellen, Blut, Speichel oder Sperma gewonnen werden. Vergleicht man zwei genetische Fingerabdrücke, so lässt sich zweifelsfrei bestimmen, ob sie von demselben Menschen stammen oder nicht. Nur bei eineiigen Zwillingen ist auch der genetische Fingerabdruck gleich. Vorsicht ist bei Menschen geboten, die eine Knochenmarkstransplantation bekommen haben, denn bei ihnen findet man, neben der eigenen, auch die DNA des Knochenmarkspenders. Der genetische Fingerabdruck sagt, abgesehen vom Geschlecht, nichts über die Eigenschaften einer Person aus. Beim Bundeskriminalamt gibt es seit 1998 eine Datenbank, in der genetische Fingerabdrücke gespeichert und mit Spuren vom Tatort verglichen werden können. Vermutet die Polizei bei einer schweren Straftat den Täter innerhalb einer bestimmten Bevölkerungsgruppe, z.B. einer Dorfgemeinschaft, so kann sie mit der gesamten Gruppe einen DNA-Massentest durchführen. Die Teilnahme an diesem Test ist freiwillig. Auch alte Kriminalfälle konnten nachträglich noch mit Hilfe des genetischen Fingerabdrucks aufgeklärt werden.

Peinlich, peinlich: Die Jagd nach der UwP (unbekannte weibliche Person)

Am 18.03.2009 veröffentlichte der „Spiegel“ einen Artikel über die meistgesuchte Frau Deutschlands. Die brutale Killerin, die unter anderem in Heilbronn ohne Grund eine 22-jährige Polizistin erschoss, war darüber hinaus an zwei tatsächlichen und zwei versuchten Morden, einem Raubüberfall, 16 Einbrüchen und zahlreichen Diebstählen beteiligt. Ihre Taten waren teilweise gut organisiert und teilweise völlig planlos. Nie gab es Zeugen, aber jedes Mal fand die Polizei ihren genetischen Fingerabdruck am Tatort. 16 Jahre lang hielt sie die Polizei zum Narren, doch am 26.03.2009 wurde das Geheimnis gelüftet. Alle Spuren stammten von einer 71-jährigen Polin. Sie hatte vor Jahren im bayrischen Tettau Wattestäbchen verpackt, die die Polizei zur Spurensicherung verwendet. An den Tatorten war sie selbstverständlich nie gewesen und hatte mit den Verbrechen rein gar nichts zu tun.

1. **Vergleiche die DNA, die am Tatort gefunden wurde, mit dem genetischen Fingerabdruck des Opfers und der möglichen Täter. Wer ist außer dem Opfer am Tatort gewesen?**

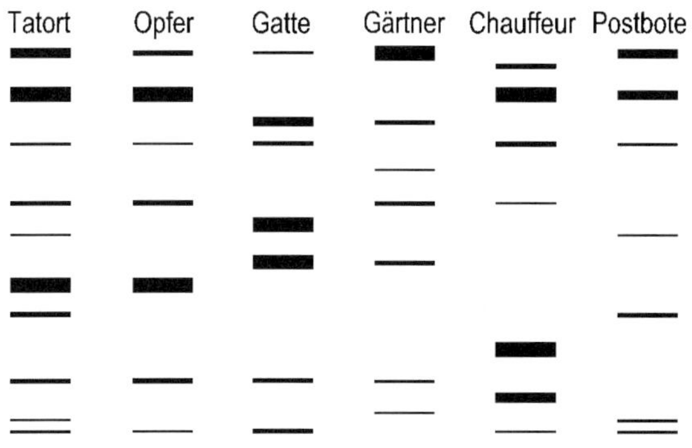

Tatort | Opfer | Gatte | Gärtner | Chauffeur | Postbote

2. **Was könnte man tun, um peinliche Pannen, wie die Jagd nach UwP, in Zukunft zu verhindern?**
3. **An einer weiblichen Leiche wird ein Haar gefunden, das nicht dem Opfer gehört. In einem Massentest wurde ein junger Mann ermittelt, der denselben genetischen Fingerabdruck aufweist wie das Haar. Es handelt sich jedoch nicht um den Täter. Überlege dir dazu eine Geschichte.**

© Verlag an der Ruhr | Postfach 10 22 51 | 45422 Mülheim an der Ruhr | www.verlagruhr.de | ISBN 978-3-8346-0640-2

Leichenschau und Rechtsmedizin

› Besteht der Verdacht auf ein Verbrechen, so wird vom Gericht eine **Leichenschau** durch einen **Rechtsmediziner** angeordnet. Auch eine **Exhumierung** ist möglich, bei der ein bereits bestatteter Leichnam zwecks Untersuchung wieder ausgegraben wird. **Pathologen** öffnen Leichen nur, um etwas über die Krankheit herauszufinden, an der ein Mensch litt, der Begriff wird jedoch fälschlicherweise auch häufig für Rechtsmediziner verwendet.

The Body Farm

Die Autorin Patricia Cornwall wollte für einen Kriminalroman wissen, ob man auf einer Leiche, die sechs Tage in einem Keller auf einem Geldstück gelegen hat, Spuren davon sehen kann. Dazu gab sie bei der „Body Farm" eine Studie in Auftrag. Das ist ein Gelände der University of Tennessee in den USA, auf dem für die Wissenschaft und kriminalistische Zwecke die Verwesung von Leichen studiert wird. In den Dienst der Literatur stellten sich die Wissenschaftler nur ausnahmsweise und fanden heraus: Die Leiche verriet, dass sie auf einer Münze gelegen hatte. Sogar das Bild hatte sich von dem Geldstück auf die Leiche übertragen und war schwach erkennbar. In Cornwalls Roman „The Body Farm" kann man nicht nur das Ergebnis nachlesen, sondern erfährt auch eine Menge über das makabere Institut.

Informationen nach: NZZ Folio 09/05: www.nzzfolio.ch/www/d80bd71b-b264-4db4-afd0-277884b93470/showarticle/62a77bf7-140d-4b3c-99a5-5e92b142c3e3.aspx

Kriminalistische Berufe:

RECHTSMEDIZINER

Wenn eine Leiche im Spiel ist, so wird nichts von den Ermittlern so sehnsüchtig erwartet wie der Bericht des Rechtsmediziners. Er untersucht die Leiche von außen, führt die Obduktion durch, bei der Schädel, Brust und Bauch der Leiche geöffnet werden, und nimmt Proben von Geweben und Körperflüssigkeiten, die später im Labor untersucht werden. Rechtsmediziner sind auch auf anderen Gebieten tätig, in denen sich Recht und Medizin überschneiden, wie z.B. Drogentests, psychologische Gutachten oder DNA-Analysen. In bekannten Fernsehserien, wie Quincy oder Crossing Jordan, ermitteln sie manchmal auch selbstständig. Ein echter Rechtsmediziner würde das nie tun. Bei der Ausbildung muss, zusätzlich zu einem Medizinstudium, noch eine 60-monatige Facharztausbildung absolviert werden. Alles zusammen dauert mindestens 11 Jahre. Anstellungsmöglichkeiten gibt es an den rechtsmedizinischen Instituten der Universitäten und in den Kriminalämtern.

© Verlag an der Ruhr | Postfach 10 22 51 | 45422 Mülheim an der Ruhr | www.verlagruhr.de | ISBN 978-3-8346-0640-2

Leichenschau und Rechtsmedizin

© Verlag an der Ruhr | Postfach 10 22 51 | 45422 Mülheim an der Ruhr | www.verlagruhr.de | ISBN 978-3-8346-0640-2

1. Was gefällt dir am Beruf des Rechtsmediziners, was schreckt dich ab?
2. Es wird vermutet, dass Ärzte, die einen Totenschein ausstellen (bei jedem Mensch, der stirbt, muss ein Arzt seinen Tod mit dem Totenschein bescheinigen), häufig eine unnatürliche Todesursache übersehen. Diskutiert, ob man bei jedem Toten die 500–2000 Euro teure Obduktion durchführen sollte, um Verbrechen auszuschließen?
3. In der Vergangenheit ist es vorgekommen, dass auf der Body Farm neben Menschen, die sich vor ihrem Tod dafür bereiterklärt hatten, auch Leichen abgegeben wurden, auf die niemand einen Anspruch erhob, z.B. Obdachlose. Diskutiert, ob es ethisch vertretbar ist, im Dienste der Wissenschaft und Verbrechensbekämpfung (oder gar im Dienste der Literatur) die Totenruhe zu stören, und welche Regeln eingehalten werden sollten, wenn es um die Beschaffung der Leichen geht.

Der Todeszeitpunkt

› Je schneller die Leiche nach ihrem Tod gefunden wird, desto genauer lässt sich der Todeszeitpunkt bestimmen. Dabei helfen die folgenden Zeichen:

Leichenkälte: Die Körpertemperatur eines Menschen beträgt 37°C und nimmt nach dem Tod ab. Bei Zimmertemperatur um etwa 0,8°C pro Stunde, bis die Raumtemperatur erreicht ist. Bei kalter Umgebung fällt die Temperatur schneller, bei warmer Umgebung langsamer. Außerdem hat Einfluss, welche Kleidung das Opfer trägt und wie dick es ist.

Totenflecken: Nach dem Tod trennen sich die roten Blutkörperchen vom farblosen Blutwasser. Dadurch treten etwa eine halbe Stunde nach dem Tod im unteren Bereich der Leiche die ersten lila Totenflecken auf, und die Leiche bekommt eine wächserne Farbe. Später fließen die Totenflecken zusammen. In den ersten sechs bis zwölf Stunden verändern sich die Flecken, wenn die Leiche bewegt wird. Danach bleiben sie so, wie sie sind.

Totenstarre: Nach dem Tod eines Menschen beginnen seine Muskeln, zu erstarren. Bei Zimmertemperatur beginnt die Totenstarre, etwa ein bis zwei Stunden nach dem Tod, am Kopf und breitet sich im Verlauf von etwa 16 Stunden auf den ganzen Körper aus. Verwesungsvorgänge beginnen, die Totenstarre nach zwei bis drei Tagen wieder aufzulösen. Bei Hitze erfolgt das schneller, bei Kälte langsamer.

Insekten: Wird eine Leiche erst nach längerer Zeit gefunden, so ist sie ein Fall für Entomologen (Insektenkundler). Sie schließen anhand der Arten von Insekten, die auf der Leiche siedeln, und ihrer Entwicklung, wie lange die Leiche bereits am Fundort gelegen hat.

Bakterien, Pilze, Würmer und Insekten sorgen dafür, dass Körper verwesen, zunächst das Fleisch, zuletzt die Knochen. Kälte, Trockenheit, Sauerstoffmangel und Säuren, wie sie im Moor zu finden sind, hemmen die Verwesung. Im Extremfall können Leichen zu Mumien werden, die Tausende von Jahren haltbar sind.

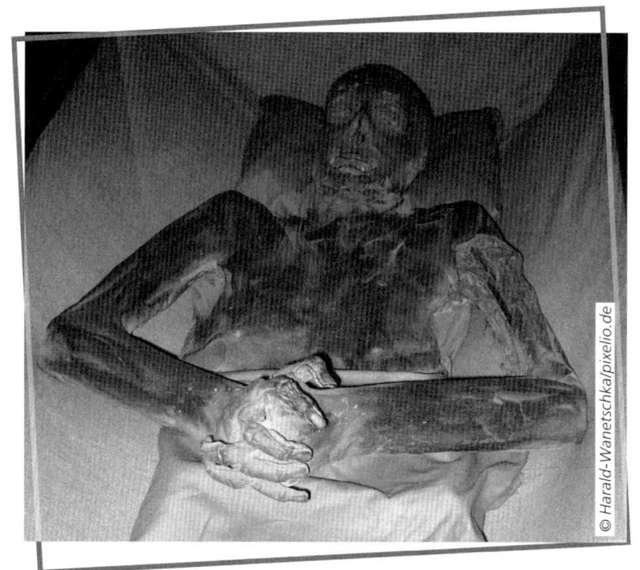
© Harald-Wanetschka/pixelio.de

Mumie aus dem Bremer Bleikeller

Was kannst du in den folgenden Fällen über die ungefähre Todeszeit sagen? Was ist darüber hinaus auffällig?

A In einem 21 °C warmen Raum liegt eine 35,8 °C warme Leiche. Sie zeigt vereinzelt Totenflecken, aber keinerlei Totenstarre.

B Die Leiche liegt im Freien auf dem Bauch. Leichen- und Außentemperatur betragen 12 °C. Auf dem Rücken befinden sich Totenflecken, die bereits zusammengeflossen sind. Die Totenstarre ist voll ausgebildet.

C Auf einem 30 °C heißen Dachboden wird eine 28 °C warme Leiche gefunden. Die Totenstarre ist zu drei viertel ausgebildet.

Reden ist Silber, Schweigen ist Gold

Als im Jahre 1983 im englischen Torfmoor Lindow Moss ein Totenschädel gefunden wurde, gestand Peter Rheyn-Bardt bestürzt den Mord an seiner Frau vor 23 Jahren. Wissenschaftler untersuchten den Frauenkopf mit der Radiokarbonmethode und stellten erstaunt fest: Er lag schon seit über 1700 Jahren dort!

© Verlag an der Ruhr | Postfach 10 22 51 | 45422 Mülheim an der Ruhr | www.verlagruhr.de | ISBN 978-3-8346-0640-2

Spuren an der Leiche

› Schwere Verletzungen der Leiche stehen meist in direktem Zusammenhang zur Tat. Sie zeigen, welche Waffe benutzt wurde und wie damit umgegangen wurde und geben darüber hinaus etwas über den Täter preis. War er kräftig? War es ein Rechts- oder ein Linkshänder? Hat er planvoll oder in plötzlicher Wut gehandelt? Können ein Unfall und Selbstmord ausgeschlossen werden?
Hat eine Leiche, die im Wasser gefunden wird, z.B. kein Wasser in der Lunge, so ist sie nicht ertrunken, sondern wurde nachträglich hineingeworfen. Wenn die Lage der Totenflecken nicht mit der Lage der Leiche übereinstimmt oder die Totenstarre gewaltsam gelöst wurde, ist die Leiche noch nach ihrem Tod verlagert worden. Pollen, Staub oder Fasern weisen auf frühere Aufenthaltsorte hin. Die Analyse der Körperflüssigkeiten, wie Urin, Blut und Mageninhalt, zeigt, ob Gifte, Betäubungsmittel oder Alkohol im Spiel waren. Was hat das Opfer gegessen? Hatte es Geschlechtsverkehr? War es schwanger? Hatte es eine Krankheit?

Wer ist die Leiche?

Wenn eine unbekannte Person tot aufgefunden wird, wird zunächst im Polizeicomputer überprüft, ob sie vermisst wird. Eine genaue Beschreibung der Leiche und die bei ihr gefundenen Dinge geben Anhaltspunkte, wo mit der Suche nach der Identität des Toten begonnen werden kann. Dem Gebiss des Toten kommt dabei besondere Bedeutung zu, denn in den Unterlagen von Zahnärzten befindet sich von jedem Patient ein Zahnschema, in dem notiert ist, welche Zähne fehlen und welche wie behandelt wurden. Damit lässt sich häufig die Identität der Leiche feststellen.

Der Fall Karen Price: Im Jahr 1989 fanden Bauarbeiter in einem Garten in Cardiff, Großbritannien, das Skelett einer jungen Frau. Insekten verrieten, dass sie seit etwa zehn Jahren dort lag. Auf Grundlage des Schädels, wurde mit Ton ein Gesicht rekonstruiert und veröffentlicht. Dies gelang so gut, dass die 1981 verschwundene und damals 15-jährige Karen Price erkannt wurde. Eine DNA-Analyse und Gebissvergleiche bestätigten das. Im Zuge weiterer Ermittlungen konnte auch Karens Mörder festgenommen werden.

Informationen nach: www.south-wales.police.uk/fe/textonly.asp?n1=8&n2=253&n3=1028

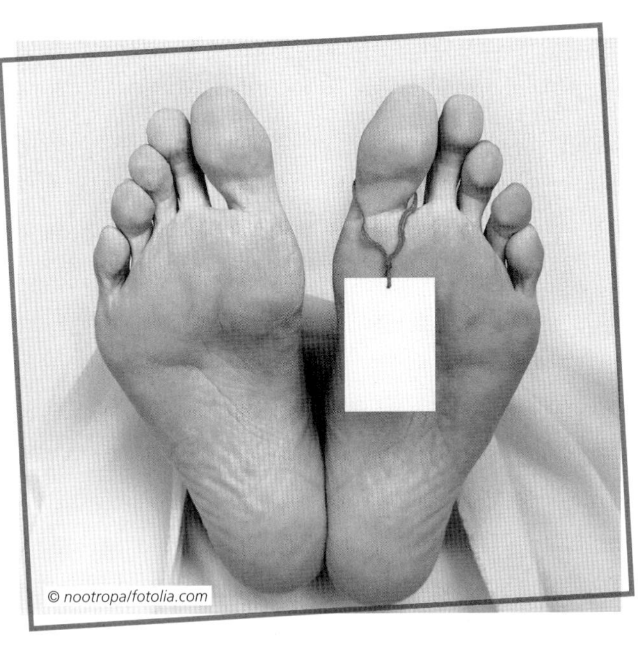
© nootropa/fotolia.com

Leichen haben zu dem, was zu ihrem Tod geführt hat, immer eine Menge zu „sagen".

1. **Überlege dir ein Beispiel, bei dem der Rechtsmediziner nach der Untersuchung der Leiche Selbstmord weitestgehend ausschließen kann.**
2. **Welche Merkmale eines Gesichtes müssen bei einer Gesichtsrekonstruktion entweder offen gelassen oder geraten werden?**

© Verlag an der Ruhr | Postfach 10 22 51 | 45422 Mülheim an der Ruhr | www.verlagruhr.de | ISBN 978-3-8346-0640-2

Gift ist „out"

› Warum viel Blut vergießen oder sich mit einem körperlich starken Gegner anlegen, wo er sich doch einfach und diskret mit Gift beseitigen lässt? – So dachten viele Reiche und Mächtige vergangener Jahrhunderte. Unter den vielen Krankheiten, über die man fast nichts wusste, fiel ein Giftmord nicht auf und konnte, selbst bei Verdacht, nicht nachgewiesen werden. Üblich waren daher Vorkoster, die die Speisen und Getränke zu probieren hatten, bevor der Machthaber selbst zugriff. Ihre Lebensversicherung war darüber hinaus, in der Küche peinlich genau darauf zu achten, dass sich niemand an den Lebensmitteln zu schaffen machte. Giftmord war besonders bei Frauen beliebt. Das Schädlingsbekämpfungsmittel Arsen galt jahrhundertelang als regelrechtes Modegift. Man nannte es auch „Erbschaftspulver", weil damit Konkurrenten in der Erbfolge beseitigt wurden. Auch nachdem 1836 der Nachweis möglich war, wurde es noch häufig verwendet. Heutzutage ist Giftmord „out", denn die Gefahr, ungestraft davonzukommen, ist gering, weil sich fast jedes Gift überall nachweisen lässt. Eine Haaranalyse zeigt sogar genau, wann und wie oft dem Opfer Gift oder auch Drogen zugeführt wurden. Wo (potenzielles) Gift im Alltag freiwillig eingenommen wird, ist es jedoch nicht einfach, einen Mord von einem Unfall zu unterscheiden, z.B. wenn ein Drogentoter an einer Überdosis gestorben ist oder ein Zuckerkranker an zu viel Insulin.

© Verlag an der Ruhr | Postfach 10 22 51 | 45422 Mülheim an der Ruhr | www.verlagruhr.de | ISBN 978-3-8346-0640-2

Gift ist „out"

ÜBRIGENS:
Der französische Kaiser Napoleon Bonaparte starb 1821 durch Arsen, wie anhand seiner Haare nachgewiesen werden konnte. Ob jedoch ein Widersacher oder die arsenhaltige Farbe seiner Tapeten schuld war, lässt sich nicht mehr feststellen.

Dosis sola venenum facit
(deutsch: „Allein die Menge macht das Gift")

(Paracelsus, 1493–1541, Arzt, Alchemist, Astrologe, Mystiker und Philosoph)

ÜBRIGENS:
Das stärkste bekannte Gift ist das Bakteriengift Botulinumtoxin, das sich manche Menschen in entsprechender Verdünnung gegen Falten spritzen lassen. Die tödliche Dosis liegt bei etwa 150 Nanogramm (Millionstel Milligramm).
Wasser würde wohl jeder als ungiftig bezeichnen, aber wer zehn Liter auf einmal trinkt, kann ebenfalls daran sterben.

© Herbert Berends/fotolia.com

Gift war früher ein beliebtes Mordmittel

1. **Ein Mordopfer wird gefunden, zeigt keinerlei Verletzungen und wurde möglicherweise vergiftet. Welche Schritte würdest du als Ermittler einleiten?**
2. **In dem Roman „Starkes Gift" der Autorin Dorothy Sayers essen der Mörder und sein Opfer gemeinsam ein mit Arsen vergiftetes Omelett. Der Mörder stirbt dabei nicht, weil er regelmäßig geringe Dosen des Giftes zu sich genommen hat und daher immun dagegen geworden ist. Funktioniert das wirklich? Versuche, etwas darüber im Internet herauszufinden.**
3. **Überlege, wo man überall hochgiftige Substanzen findet.**
4. **Wo werden im Alltag Gifte eingenommen, die in höherer Dosis tödlich sind?**

© Verlag an der Ruhr | Postfach 10 22 51 | 45422 Mülheim an der Ruhr | www.verlagruhr.de | ISBN 978-3-8346-0640-2

Ballistiker und Schusswaffen

› Bei Schusswaffen wird, entweder durch explodierendes Schießpulver oder durch Druckluft, ein Geschoss beschleunigt und aus dem Lauf der Waffe herausgetrieben. Je länger der Lauf, desto stärker die Beschleunigung und desto weiter der Flug. Geschosse aus Gewehren können bis zu fünf Kilometer weit fliegen. Für jeden Schuss benötigt man eine neue Patrone. Sie enthält, neben dem Schießpulver, das Geschoss und eine Hülse, die nach dem Schuss ausgeworfen wird.

Mit welcher Waffe wurde geschossen?

Findet die Polizei am Tatort ein Geschoss oder eine leere Patronenhülse, kann sie anhand von Vergleichssammlungen ermitteln, aus welchem Waffentyp es stammt. Wenn ein Geschoss durch den engen Lauf einer Waffe rast, bilden sich Kratzspuren. Stimmen die Kratzspuren eines Geschosses vom Tatort und eines Geschosses aus einer verdächtigen Waffe überein, so ist das der Beweis, dass das Geschoss vom Tatort auch aus dieser Waffe abgefeuert wurde. Um ein Vergleichsgeschoss aus der verdächtigen Waffe zu bekommen, feuert die Polizei damit einen Schuss auf eine weiche Masse ab, in der das Geschoss stecken bleibt und nicht beschädigt wird. Danach untersucht sie das Geschoss zusammen mit dem vom Tatort unter einem Vergleichsmikroskop.

Schmauchspuren

Wenn eine Schusswaffe abgefeuert wird, entsteht an der Mündung eine Flamme und Rauch. Rückstände davon, so genannter Schmauch, kann an den Händen der Person, die geschossen hat, nachgewiesen werden. Am 26.11.2008 berichtete die Zeitschrift „New Scientist", dass Schmauchspuren auch bei Automechanikern nachgewiesen wurden, die regelmäßig Bremsbeläge wechseln. Als Beweis ist die Methode daher umstritten.

1. **Welche Fähigkeiten muss ein Ballistiker haben? Was würde dir an diesem Beruf gefallen, was nicht?**
2. **Was gibt der Polizei Hinweise, dass das Opfer einer tödlichen Schussverletzung möglicherweise Selbstmord begangen hat.**

Kriminalistische Berufe:

BALLISTIKER

Ballistik ist die Lehre von sich durch den Raum bewegenden Körpern. Es ist ein Teilgebiet der Physik. Der Witz: „Sie sind also Ballistiker, dann kennen Sie sich doch in Fußball aus", ist gar nicht so abwegig, wenn es darum geht, auf welcher Flugbahn der Ball ins Tor gerät oder welche Deformierungen er auf den Schädeln von Kopfballspielern hinterlässt. Bei der Polizei beschäftigen sich Ballistiker mit den Spuren von Schusswaffen. Es geht darum, Rückschlüsse über Richtung und Entfernung, aus der geschossen wurde, zu ziehen und die Tatwaffe zu identifizieren. Aufschluss darüber geben einerseits Geschosse und Hülsen, die am Tatort gefunden wurden, aber auch Schusswunden an Opfern und andere Einschusslöcher.

© Verlag an der Ruhr | Postfach 10 22 51 | 45422 Mülheim an der Ruhr | www.verlagruhr.de | ISBN 978-3-8346-0640-2

Sprache, Schrift und Stimme

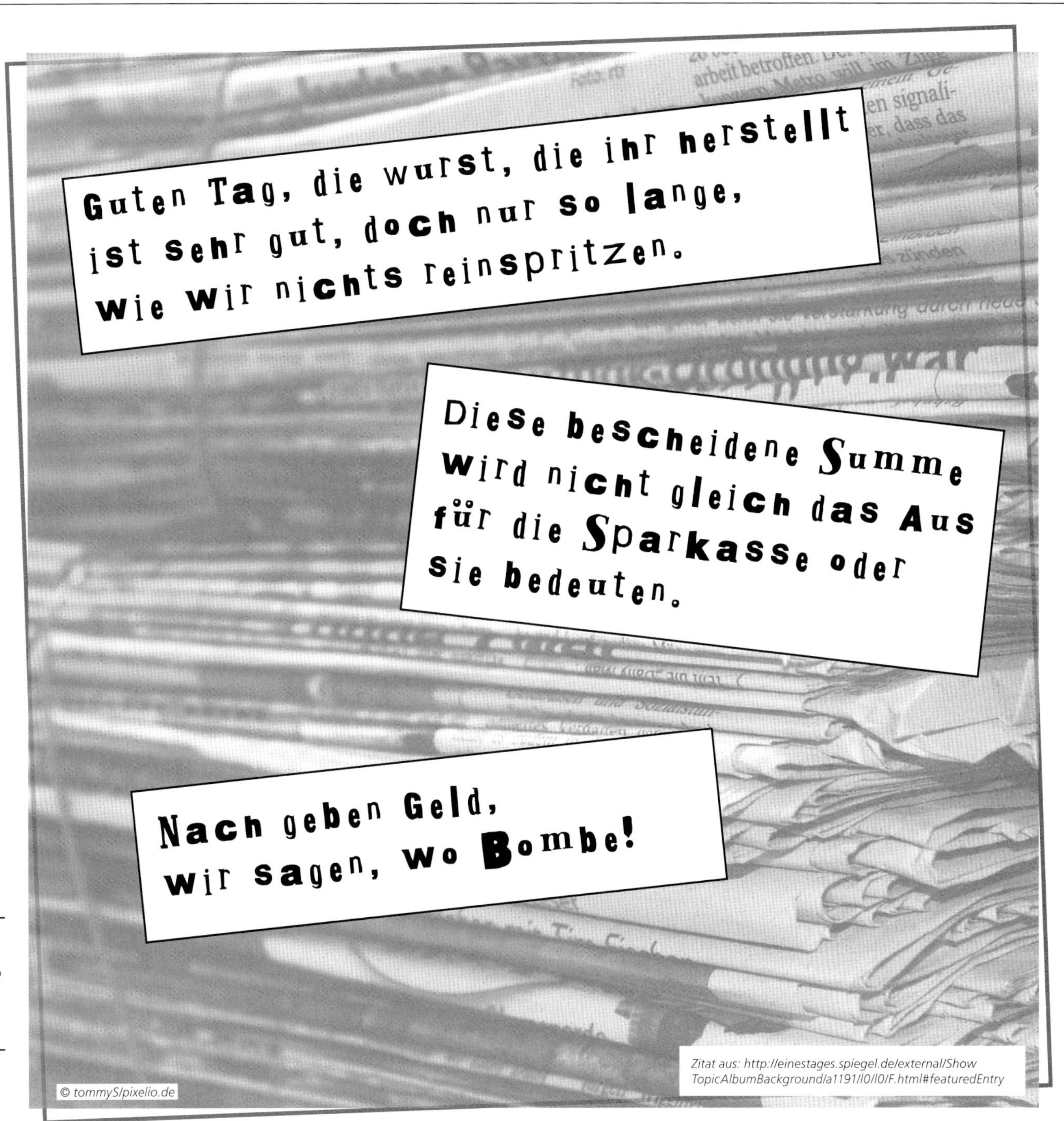

© tommyS/pixelio.de

Zitat aus: http://einestages.spiegel.de/external/ShowTopicAlbumBackground/a1191/l0/l0/F.html#featuredEntry

Das sind einige Formulierungen aus Erpresserbriefen, wie sie alljährlich in Deutschland zu Hunderten, meist auf dem Computer, verfasst werden. **Forensische Linguisten** versuchen, über die Sprache den Verfassern auf die Schliche zu kommen. Je länger der Brief, umso besser. Dialekte, Fachausdrücke, Rechtschreibung, Grammatik und Interpunktion werden genau untersucht. Ist der Brief in kühlem Amtsdeutsch verfasst, erklärt ein Kontrollfreak langatmig, wie er all seine Spuren verwischt, oder versucht der Schreiber, durch Sprachklischees einen Ausländer vorzutäuschen? So erhält die Polizei Hinweise auf regionale Herkunft, soziale Schicht, Berufsgruppe oder allgemeine Verfassung des Täters.

© Verlag an der Ruhr | Postfach 10 22 51 | 45422 Mülheim an der Ruhr | www.verlagruhr.de | ISBN 978-3-8346-0640-2

Sprache, Schrift und Stimme

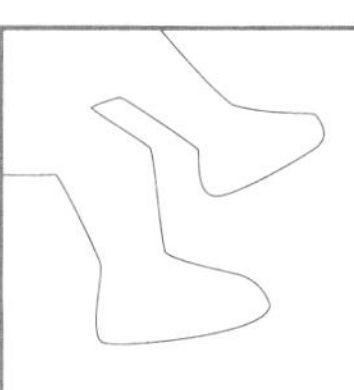

ÜBRIGENS:

Ein mit dem bloßen Auge nicht sichtbarer Code aus Punkten gibt bei einigen Druckern an, zu welchem Datum, zu welcher Uhrzeit und von welchem Drucker aus ein Dokument gedruckt wurde.

Telefonanrufe

Entführer und Erpresser melden sich auch telefonisch. Wenn möglich, werden diese Anrufe aufgezeichnet. Dialekt und Akzent verraten Experten, wo jemand gelebt hat. Beim Vergleich von Stimmen hilft der Computer. Dazu werden die Sprachfrequenzen als Kurve (Spektrogramm) abgebildet.

Handschriften

Bei der forensischen Handschriftenuntersuchung geht es darum, herauszufinden, ob eine Handschrift gefälscht ist. Grafologie, bei der von der Handschrift des Schreibers auf seine Persönlichkeit geschlossen wird, gilt als unseriös und wird von der Polizei nicht betrieben. Mit dem Forensischen Informationssystem Handschriften (FISH) des Bundeskriminalamtes kann eine Handschrift mit anderen gespeicherten Handschriften verglichen werden.

© Michael Grabscheit/pixelio.de

1. **Tut euch zu zweit zusammen, und schreibt jeder einen Erpresserbrief. Überlegt euch, um was für einen Menschen es sich handelt, und versucht, das im Brief zum Ausdruck zu bringen. Lest dann den Brief des Partners, und sagt ihm, welche Eigenschaften des Schreibers ihr aus dem Brief herauslesen könnt.**
2. **Du brauchst:**
   Transparent- oder Butterbrotpapier.
   Schreibt jeder mit Füller einen beliebigen Satz auf ein Blatt Papier, und tauscht die Zettel mit dem Nachbarn. Schreibt den Satz ein zweites Mal auf das Blatt, und versucht dabei, so gut wie möglich die Handschrift des anderen zu kopieren. Geht weiter nach der Anleitung unten vor. Der unterschiedliche Verlauf der Linie spiegelt den Abstand und das Größenverhältnis von Buchstaben wieder und entlarvt auch gute Fälschungen.
3. **Manchmal verraten Hintergrundgeräusche der Polizei, woher ein Anruf kommt. Was könnte das sein?**

	Wort schreiben und Transparentpapier auflegen	Punkte auf die höchsten Stellen der Buchstaben schreiben	Punkte mit Linie verbinden	Transparentpapier abnehmen und Linienverlauf betrachten
Original	Gurkensalat	Gurkensalat	Gurkensalat	
Fälschung	Gurkensalat	Gurkensalat	Gurkensalat	

© Verlag an der Ruhr | Postfach 10 22 51 | 45422 Mülheim an der Ruhr | www.verlagruhr.de | ISBN 978-3-8346-0640-2

Spürhunde

› Etwa 6000 Polizeihunde in Deutschland helfen ihren zweibeinigen Kollegen bei der Verbrecherjagd. Die beliebtesten Rassen sind: Deutscher Schäferhund, Belgischer Schäferhund, Rottweiler, Boxer, Dobermann und Riesenschnauzer. Polizeihunde müssen zuverlässig sein. Ihr Urteil hat vor Gericht Beweiskraft. Ein Täter kann auf Grund von Geruchsspuren verurteilt werden, wenn drei Hunde, unabhängig voneinander, zu demselben Ergebnis kommen.

Kriminalistische Berufe:

HUNDEFÜHRER

(und Polizeihund)

Wer bei der Polizei mit Hunden arbeiten will, absolviert zunächst die 3-jährige Polizei-Grundausbildung. Anschließend bekommt er eine 6-monatige Zusatzausbildung zum Hundeführer. Jedem Führer wird ein bestimmter Hund zugeteilt, der auch bei ihm zu Hause lebt. Der Hund bekommt von seinem Hundeführer eine 3-monatige Ausbildung zum **Schutzhund** unter Anleitung eines Abrichtelehrers. Dabei lernt er, seinen Führer zu verteidigen, flüchtende Täter festzuhalten, Personen und Beweismittel aufzuspüren und Fährten zu verfolgen. In jährlichen Abständen wird geprüft, ob der Hund noch alles kann. **Spürhunde** bekommen eine Zusatzausbildung. Je nachdem, auf was sie spezialisiert wurden, können sie Rauschgift, Sprengstoff, Munition, Brandbeschleuniger, Waffen, Tabak, Geld oder Spuren von Leichen erschnüffeln. Das lernt der Hund mit Hilfe eines Spielzeugs. Es wird ihm zusammen mit dem Geruch des Stoffes, den er suchen soll, präsentiert. Der Hund geht dem Geruch nach, weil er das Spielzeug sucht. Findet er den Geruch bzw. den Stoff, bekommt er sein Spielzeug als Belohnung.

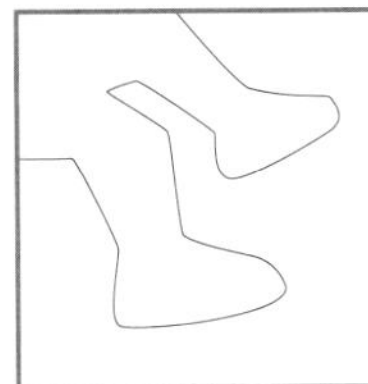

ÜBRIGENS:
In den 1980er-Jahren war auch ein Spürschwein, die Wildsau Luise, im Polizeidienst.

1. **Die Welpen, die eine Ausbildung zum Polizeihund bekommen, werden sehr sorgfältig ausgewählt. Überlege, welche Wesensarten erwünscht und welche eher unerwünscht sind?**
2. **Legt gemeinsam den Rahmen für eine neue Fernsehserie mit einem Polizeihund fest, und schreibt die Antwort auf diese Fragen an die Tafel. Um was für einen Hund handelt sich? Worauf ist er spezialisiert? Was sind seine Vorlieben? Wer ist sein Führer? Mit welchen Personen hat er noch zu tun? Wo soll die Serie spielen? Überlegt euch anschließend, einzeln oder in Kleingruppen, die Handlung für jeweils eine Folge dieser Fernsehserie.**

Supernase

Hunde haben, im Vergleich zum Menschen, eine viel größere Nasenschleimhaut, erheblich mehr Riechzellen, und ein größerer Teil des Gehirns ist für das Riechen zuständig. Deshalb gelingt es Hunden, einen Duft gedanklich in seine Bestandteile zu zerlegen und sich später an die einzelnen Teile zu erinnern. Menschen blenden Gerüche nach einer Gewöhnungszeit meist einfach aus. Wenn ein Hund eine Fährte verfolgt, so orientiert er sich entweder an dem Geruch, den die Bodenverletzungen der Fußspuren hinterlassen oder am Geruch des Menschen selbst.

© Verlag an der Ruhr | Postfach 10 22 51 | 45422 Mülheim an der Ruhr | www.verlagruhr.de | ISBN 978-3-8346-0640-2

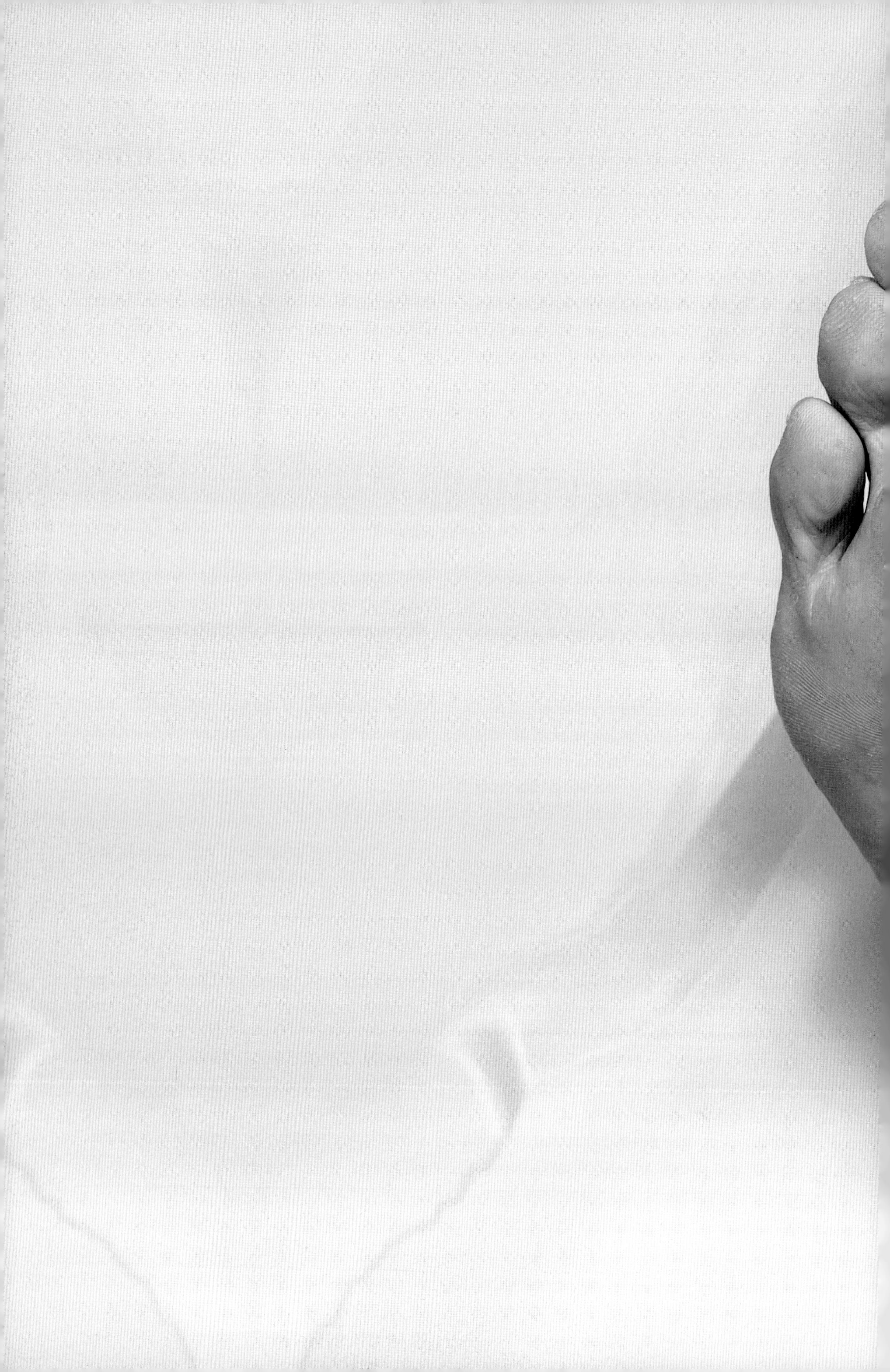

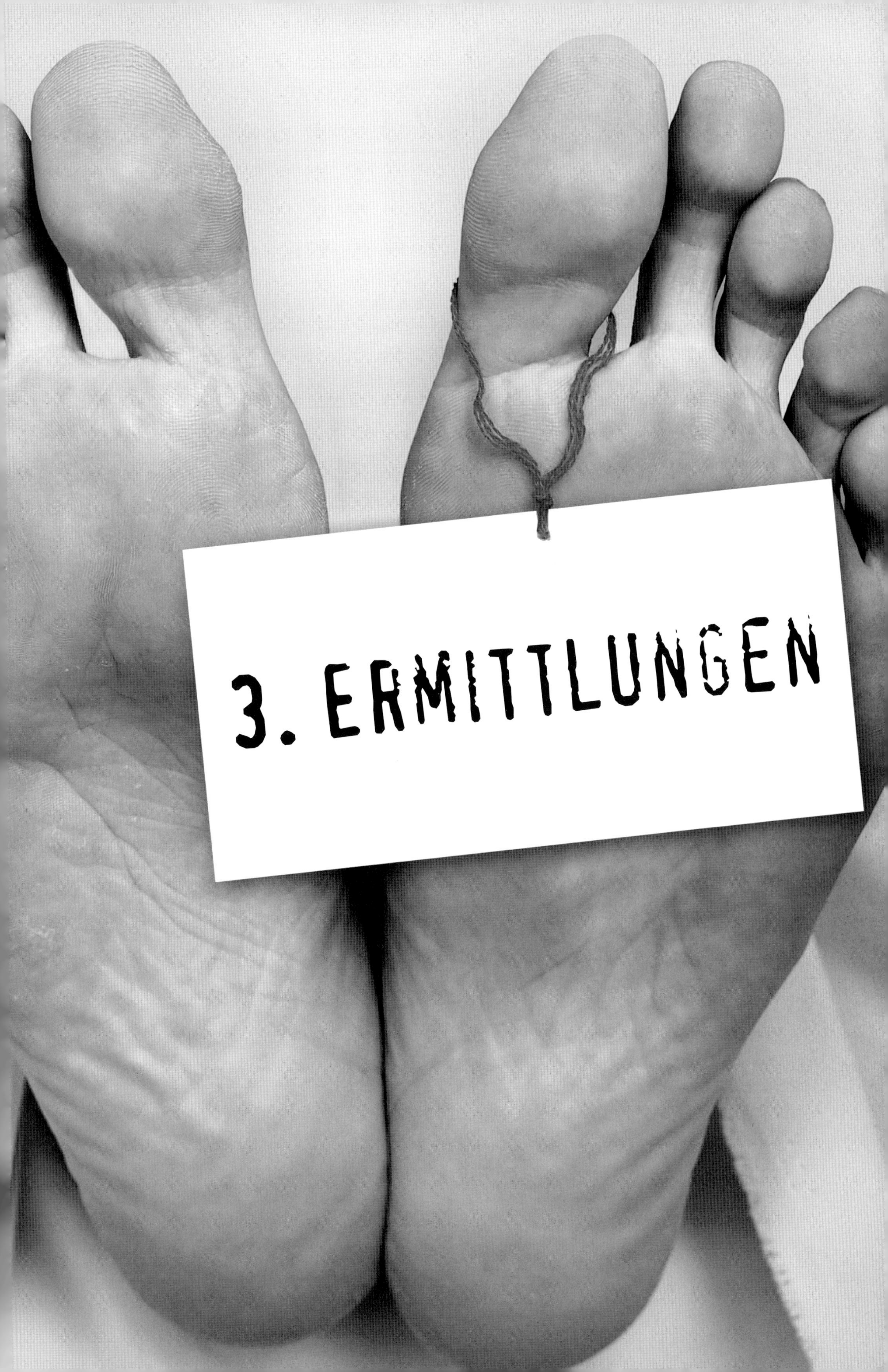
3. ERMITTLUNGEN

Rekonstruktion von Fällen und Laterales Denken

› Bei Kriminalfällen geht es nicht nur darum, den Täter zu finden, sondern auch darum, den gesamten Tathergang möglichst genau zu rekonstruieren. Das geschieht durch das logische Folgern von Tatsachen. Weil jedoch immer auch andere Möglichkeiten in Betracht gezogen werden müssen, sind auch Querdenken und Kreativität gefragt, so genanntes **Laterales Denken**.

© Stihl024/photocase.com

Richtungsänderung?

Bei einem Lateralrätsel geht es darum, Fälle und andere Geschichten zu rekonstruieren. Dazu braucht man zwei Leute. Einer denkt sich einen Fall aus und gibt dazu einen Hinweis. Anhand des Hinweises soll der andere nun herausfinden, was geschehen ist. Dazu muss er Fragen stellen. Der andere darf die Fragen nur mit „Ja", „Nein" oder „Für den Fall nicht von Bedeutung" beantworten. Hier ein Beispiel:

Hinweis: Ein Mann liegt mit gebrochenem Genick, aber ansonsten unverwundet, neben einem Stuhl und einer Zeitung. An der Schlafzimmerdecke und an der Zeitung klebt Blut.

Erklärung: Der Mann ist auf den Stuhl geklettert und hat mit der Zeitung eine mit Blut vollgesaugte Mücke erschlagen, die an der Decke saß. Dabei verlor er das Gleichgewicht, fiel vom Stuhl und brach sich das Genick.

1. **Verteilt an jeden in der Klasse eine leere Postkarte. Jeder denkt sich nun ein Lateralrätsel aus und schreibt auf die eine Seite in rot den Hinweis, und auf die andere Seite in schwarz die Erklärung. Mischt die Karten mit den Rätseln, zieht jeder ein neues Rätsel, und lest sowohl den Hinweis als auch die Erklärung. Tut euch zu zweit zusammen, und lasst den jeweils anderen nach der oben beschriebenen Methode das Rätsel lösen.**
2. **Hier ein Fall, der sich wirklich zugetragen hat. Versucht, ihn ebenfalls wie ein Lateral-Rätsel zu lösen. Die Erklärung findet ihr, wenn ihr das Blatt umdreht.**

Hinweis: Um sechs Uhr morgens knallt es in Palm Beach, in einem Ort in Florida, USA. Vor einer Garage liegt eine männliche Leiche. Die Leiche ist außen gefroren, obwohl es an diesem Tag etwa 25 °C warm ist. Kleinere Leichenteile liegen versprengt in der Gegend herum. Nähere Untersuchungen ergeben, dass die Leiche von innen noch relativ warm und offensichtlich noch nicht allzu lange tot ist. Kleidung und Tätowierung weisen auf die Herkunft aus einem südamerikanischen Land hin.

Informationen nach: Benecke, Mark: Mordspuren, Lübbe, 2007, S. 415 ff.

Erklärung: *Ein Südamerikaner ist in die Räderkammer eines Flugzeuges gestiegen, um auf diese Art und Weise in die USA zu kommen. Das konnte er jedoch unmöglich überleben. In Flughöhe herrschen Temperaturen von –45 °C und extreme Sauerstoffknappheit. Als er starb, fiel er zu Boden.*

Der Kopf ist rund, damit das Denken die Richtung ändern kann.
(Francis Picabia, 1879–1953, französischer Schriftsteller, Maler und Grafiker)

© Verlag an der Ruhr | Postfach 10 22 51 | 45422 Mülheim an der Ruhr | www.verlagruhr.de | ISBN 978-3-8346-0640-2

Die sieben „W" der Verbrechensaufklärung

› Um einen Kriminalfall aufzuklären, muss die Kriminalpolizei sieben Fragen beantworten, die alle mit W beginnen.

WAS?

Welche **Art von Verbrechen oder Vergehen** wurde begangen? Wurde gegen Gesetze verstoßen, und wenn ja, gegen welche?

WO?

Wo war der **Tatort** des Verbrechens? Bei einem Banküberfall ist die Sache klar, bei einem Mord ist die Stelle, an der die Leiche gefunden wurde, nicht immer derselbe Ort, an dem sich der Mord zugetragen hat.

WANN?

Wann genau ein Verbrechen stattgefunden hat, also die **Tatzeit**, ist wichtig, um am Ende zu entscheiden, ob ein Verdächtiger als Täter in Frage kommt. Wer zur Tatzeit woanders war und von Zeugen gesehen wurde, hat ein Alibi und kommt als Täter nicht in Frage.

WER?

Wer ist der **Täter**? Das ist natürlich die wichtigste Frage, die am Ende beantwortet werden muss. Wird eine Leiche gefunden, so stellt sich oft zunächst die Frage, wer das **Opfer** ist. Darüber hinaus muss entschieden werden, wer etwas über den Fall wissen könnte und als Zeuge befragt werden sollte.

WIE?

Wie ist der Täter bei der Tat vorgegangen? Der genaue **Tathergang** muss in jedem Fall geklärt werden. Ob ein Täter einen Mord lange vorher geplant hat oder sein Opfer in einem plötzlichen Anfall von Wut umgebracht hat, spielt bei seiner Bestrafung eine wichtige Rolle.

WOMIT?

Mit welchen Methoden und Hilfsmitteln arbeitete der Täter? Das **Tatwerkzeug**, z.B. eine Schusswaffe, ist oft eine wichtige Spur, die zum Täter führt.

WARUM?

Der Grund, aus dem ein Täter ein Verbrechen begangen haben könnte, nennt man **Motiv**. Nur wer ein Motiv hat, ist verdächtig, denn niemand begeht ein Verbrechen ohne Grund. Oft ist das Motiv jedoch am Anfang der Ermittlungen noch nicht erkennbar.

Spieltipp: Kennt ihr das Gesellschaftsspiel Cluedo? Auch hier müssen W-Fragen beantwortet werden, um einen Mordfall aufzuklären. (Verlag: Parker, Spieler: 3–6, Zeit: 45–60 Minuten, Alter: ab 8 Jahre)

1. **Geht die W-Fragen gemeinsam mit der Klasse durch, und überlegt bei jeder Frage: Wie könnte mir die Antwort auf diese Frage helfen, den Täter zu finden? Und: Ist die Antwort auf diese Frage wichtig, um zu entscheiden, wie der Täter bestraft wird?**
2. **Tut euch zu siebt zusammen. Schreibt die sieben W-Wörter auf sieben Zettel. Faltet die Zettel, mischt sie, und verteilt sie unter euch. Jeder schreibt nun zu dem W-Wort, das er gezogen hat, eine passende Antwort auf den Zettel, z.B.: „Wann?" Am Rosenmontag um 17 Uhr, oder „Warum?" Aus Liebeskummer. Legt anschließend alle Zettel in die Mitte. Überlegt euch aus den Antworten gemeinsam eine Kriminalgeschichte, und schreibt sie auf.**

© Verlag an der Ruhr | Postfach 10 22 51 | 45422 Mülheim an der Ruhr | www.verlagruhr.de | ISBN 978-3-8346-0640-2

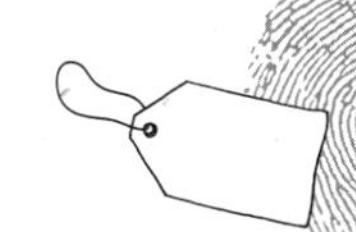

Wann, wo und anderswo

› Als Tatorte bezeichnet man die Stellen, an denen ein Verbrechen geschehen ist. Bei einem Verbrechen sind mehrere Tatorte möglich. So kann an einem **Tatort** eine Waffe gestohlen, am nächsten damit ein Banküberfall begangen und am dritten eine Geisel ermordet worden sein. Der **Fundort**, z.B. einer Leiche oder einer Waffe, kann identisch mit dem Tatort sein, muss es aber nicht. Gibt es Zeugen, so ist die Tatzeit meist bekannt, z.B. bei einem Bankraub. Bei einem Mordfall muss häufig anhand des Zustands der Leiche ermittelt werden, wann die Tat begangen wurde. Die Tatzeit möglichst genau einzugrenzen, ist wichtig, denn nur, wenn sie bekannt ist, hat man die Möglichkeit, Tatverdächtige auf Grund ihres **Alibis** auszuschließen.

Alibi

Das Wort Alibi kommt aus dem Lateinischen und bedeutet „**anderswo**". Wer zur Tatzeit nicht am Tatort gewesen ist (also „anderswo" war), kommt als Täter nicht in Frage. Kann er das nachweisen, hat er ein Alibi. Meist geschieht das durch Alibizeugen, andere Menschen, die ihn zur Tatzeit an dem Ort, wo er behauptet, gewesen zu sein, wirklich gesehen haben. Die Polizei überprüft genau, ob die Zeugen womöglich gelogen haben, um den Verdächtigen zu schützen, und ob der Verdächtige es vielleicht trotzdem geschafft haben könnte, die Tat zu begehen. Nur wenn beides nicht zutrifft, ist ein Alibi wirklich „wasserdicht".

© Verlag an der Ruhr | Postfach 10 22 51 | 45422 Mülheim an der Ruhr | www.verlagruhr.de | ISBN 978-3-8346-0640-2

Wann, wo und anderswo

An einem Sommermorgen im Jahr 1676 raubte **William Nevison** in der Nähe von Rochester, im Süden Englands, einen Seemann aus, der ihn jedoch erkannte. William flüchtete mit seinem Pferd in das etwa 300 Kilometer weit entfernte York. Gegen Sonnenuntergang kam er an und verwickelte den Bürgermeister, der sich gerade auf dem Marktplatz befand, in ein Gespräch. Dabei stellte er sicher, dass auch über den Tag und die Uhrzeit geredet wurde. Als Nevison des Raubes an dem Seemann angeklagt wurde, konnte ihm der Bürgermeister ein Alibi geben, und Nevison wurde für unschuldig erklärt. Niemand konnte sich vorstellen, wie Nevison die Strecke, für die eine Kutsche damals mehrere Wochen brauchte, in einem Tag geschafft haben konnte. Der Trick war, dass Nevison keine Kutsche, sondern neben seinem Pferd auch eine Fähre nutzte.

1. **Erstellt gemeinsam ein Poster, auf dem ihr absolut wasserdichte Alibis notiert.**
2. **Tut euch zu zweit zusammen. Schreibt jeder eine Liste, auf der steht, wann er gestern wo gewesen ist, wer ihn dabei gesehen hat und ob es dafür Beweise, wie Fahrkarten, Eintrittskarten oder Quittungen, gibt. Tauscht die Liste untereinander aus. Versetzt euch in die Rolle der Polizei, und markiert die Zeiten, für die der Partner ein Alibi hat, grün, und die Zeiten, für die der Partner kein Alibi hat, rot. Überlegt auch, wie ihr bei den einzelnen Tätigkeiten überprüfen könnt, ob er die Wahrheit sagt (z.B. Zeugen befragen).**

© Verlag an der Ruhr | Postfach 10 22 51 | 45422 Mülheim an der Ruhr | www.verlagruhr.de | ISBN 978-3-8346-0640-2

Beweisführung

› Auf einem Schulhof wurde am Mittwoch, dem 24.06.2009, zwischen 8:00 und 13:00 Uhr ein Fahrradschloss aufgebrochen und ein Fahrrad gestohlen. Kira F. wird verdächtigt, die Tat begangen zu haben, weil sie schon einmal Mitschülern Geld gestohlen hat.

Die Polizei kann sie mit folgender Beweisführung entlasten:

1. (Prämisse 1) Nach Aussage der Direktorin haben alle Schüler der sechsten Klassen am 24.06.2009 an einem ganztägigen Ausflug teilgenommen und sind erst um 17:00 Uhr mit dem Bus zurückgekommen.
2. (Prämisse 2) Kira F. geht in die Klasse 6c.
3. (Konklusion) Kira F. war beim Schulausflug und ist deshalb nicht die Diebin.

Wenn die ersten beiden Bemerkungen (sie heißen auch Prämissen) wahr sind, so stimmt auch die Schlussfolgerung (Konklusion), und Kiras Unschuld ist bewiesen. Alle Schlüsse, die nach diesem Schema aufgebaut sind, funktionieren gleich, egal, was der Inhalt der Schlüsse ist. Hier ein Beispiel:

1. (Prämisse 1) Alle Menschen sind sterblich.
2. (Prämisse 2) Sokrates ist ein Mensch.
3. (Konklusion) Sokrates ist sterblich.

Der Schluss funktioniert genauso, wenn der Inhalt völlig „unsinnig" ist.

1. (Prämisse 1) Alle Katzen sind Mäuse.
2. (Prämisse 2) Alle Mäuse sind Fische.
3. (Konklusion) Alle Katzen sind Fische.

Wenn also alle Katzen Mäuse sind und alle Mäuse Fische wären, so wären zwangsläufig auch alle Katzen Fische.

© Peter von Bechen/pixelio.de

Zurück zu unserem Fall: Angenommen, es waren einige Schüler krankgemeldet und haben nicht am Ausflug teilgenommen: Die Aussage der Direktorin stimmt damit nicht mehr, und nun muss die Polizei genau überprüfen, wer genau beim Ausflug war und ob nicht auch Kira unter den krankgemeldeten Schülern war. Wenn Kira in der 7c anstatt in der 6c ist, stimmt die ganze Beweisführung nicht mehr. Wenn Kira jedoch in der 6a anstatt in der 6c ist, so ist die zweite Prämisse zwar falsch, die Schlussfolgerung (Konklusion), dass Kira beim Schulausflug war, wäre jedoch immer noch richtig. Dennoch könnte ein solcher Fehler dazu führen, dass der Polizei Schlamperei vorgeworfen wird und deshalb der Beweis vor Gericht nicht mehr zugelassen wird.

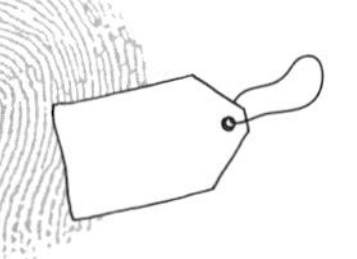

© Verlag an der Ruhr | Postfach 10 22 51 | 45422 Mülheim an der Ruhr | www.verlagruhr.de | ISBN 978-3-8346-0640-2

Beweisführung

Am nächsten Tag entdeckt Philipp C. aus der 5b im Rucksack seines Mitschülers Lennart M. Werkzeug und teilt das der Polizei mit.

Hier könnte die Beweisführung wie folgt beginnen:

1. (Prämisse 1) Um ein Fahrradschloss aufzubrechen, braucht man geeignetes Werkzeug.
2. (Prämisse 2) Lennart M. verfügte über ein geeignetes Werkzeug, um das Schloss aufzubrechen.

Der Schluss, dass Lennart das Fahrrad gestohlen hat, wäre falsch, denn der Besitz des Werkzeuges beweist nicht, dass Lennart es eingesetzt hat, um das Rad zu stehlen. Es ist nur ein Hinweis, dass Lennart die Möglichkeit gehabt hätte, das Schloss aufzubrechen. Derartige Hinweise nennt man **Indizien**. Ein Indiz alleine reicht nicht aus, um jemanden zu beschuldigen. Je mehr Schüler solches Werkzeug besitzen, desto unwahrscheinlicher ist es, dass Lennart der Täter ist.

Nun stellt sich heraus, dass Lackspuren zeigen, dass es sich bei dem Werkzeug tatsächlich um das Werkzeug handelt, mit dem das Schloss des gestohlenen Fahrrads aufgebrochen wurde.

Jetzt liegt die Vermutung, dass Lennart der Täter ist, wirklich nahe. Es ist zwar die wahrscheinlichste Lösung des Falls, jedoch nicht die einzig mögliche, und die Polizei muss immer **alle** Möglichkeiten in Betracht ziehen. Bewiesen ist mit den Lackspuren lediglich, dass es sich bei dem Werkzeug um das Tatwerkzeug handelt.

Am Ende war übrigens alles ganz anders. Philipp C. war der Fahrraddieb. Er hatte Lennart das passende Werkzeug aus dem Ranzen gestohlen und danach heimlich wieder hineingesteckt.

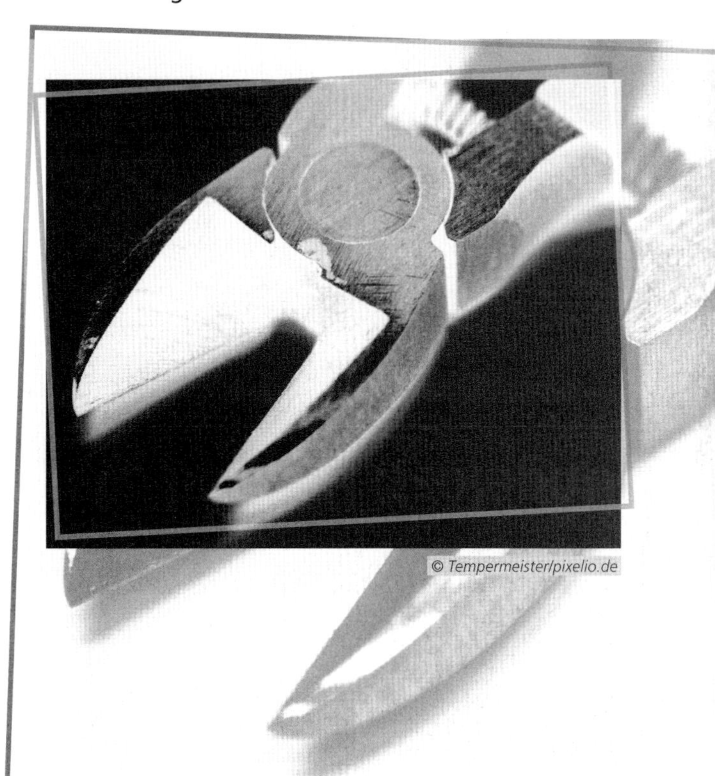

© Tempermeister/pixelio.de

1. **Schreibe eine Geschichte darüber, wie die Polizei Philipp C. auf die Spur kommt.**
2. **Bei diesem Beispiel kann man aus zwei Tatsachen zweifelsfrei auf eine dritte schließen:**
   P1: Alle Wale atmen Luft.
   P2: Der Beluga ist ein Wal.
   K: Der Beluga atmet Luft.
   Überlege dir noch drei weitere Beispiele, wo das möglich ist, und nimm mindestens ein Beispiel mit „unsinnigem" Inhalt.
3. **Welcher Fehler wurde bei dieser Beweisführung gemacht?**
   P1: Alle Wale atmen Luft.
   P2: Unsere Lehrerin atmet Luft.
   K: Unsere Lehrerin ist ein Wal.

© Verlag an der Ruhr | Postfach 10 22 51 | 45422 Mülheim an der Ruhr | www.verlagruhr.de | ISBN 978-3-8346-0640-2

Zeugen und Erinnerung

© atrom/photocase.com

› Zeugen sind Menschen, die im Zusammenhang mit einer Straftat etwas gesehen oder gehört haben und dazu von der Polizei befragt werden. Gute Zeugen nehmen viele Dinge wahr und erinnern sich auch daran. Sie schildern die Dinge sachlich und beschränken sich nur auf das, was sie wirklich gesehen haben. Dass sich Zeugen schlecht erinnern können liegt vor allem daran, dass ein Zeuge meist in der jeweiligen Situation, in der er Zeuge wird, gar nicht weiß, dass dies so ist. Wenn er sich dann im Nachhinein an bestimmte Details genau erinnern soll, wird ihm das vermutlich schwerfallen. Oder könntest du genau sagen, welche Farbe die Gardine in dem Klassenzimmer hatte, in dem du gestern in der sechsten Stunde warst? Oder weißt du, wie viele Bilder an der Wohnzimmerwand deiner Oma hängen? Meist kann man sich Dinge nur dann genau merken, wenn man weiß, dass man auf bestimmte Details achten soll (und selbst dann ist es schwer) – und das weiß man als Zeuge nun mal meist nicht vorher. Mit den Übungen auf dieser Seite kannst du testen, wie gut du dir Dinge merken kannst.

Unwillige Zeugen

Im 18. Jahrhundert stellten sich die Menschen an der englischen Südküste mit dem Gesicht zu ihren Hauswänden, wenn Schmuggler ihre Ware vom Schiff ins Dorf trugen. So konnten sie der Polizei glaubhaft versichern, sie hätten nichts gesehen und vermieden Ärger mit den Schmugglern.

1. **Schaue dir das Bild fünf Minuten lang genau an. Drehe dann das Blatt um, decke das Bild ab, und beantworte die auf dem Kopf stehenden Fragen.**
2. **Wie war der Lehrer, der euch in der letzten Stunde unterrichtet hat, gekleidet? Versucht, euch gemeinsam mit der Klasse möglichst an jedes Detail zu erinnern. Ist es möglich, oder hat niemand die Kleidung des Lehrers wirklich wahrgenommen?**

a) *Ist das Bild im Sommer oder im Winter aufgenommen worden?*
b) *Sind mehr Musiker oder mehr Instrumente auf dem Bild zu sehen?*
c) *Welches Instrument spielt der Musiker in der hellen Hose?*
d) *Wo sitzt der Musiker, der raucht?*
e) *Wie viele der Musiker stehen?*
f) *Tragen alle Musiker eine Kopfbedeckung?*
g) *Welches dieser Kleidungsstücke trägt keiner der Musiker: Krawatte, Weste, Pullover?*

© Verlag an der Ruhr | Postfach 10 22 51 | 45422 Mülheim an der Ruhr | www.verlagruhr.de | ISBN 978-3-8346-0640-2

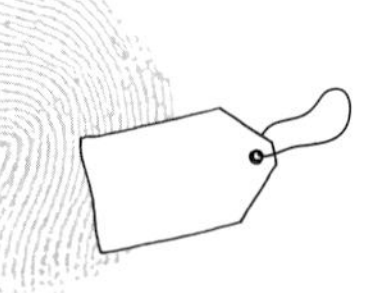

So fragt man richtig

› Eine **Vernehmung** ist eine Befragung, die durch die Polizei durchgeführt wird. Sowohl die Zeugen als auch Beschuldigte werden von der Polizei vernommen. Hier ein fiktiver Fall: Schüler eines Gymnasiums behaupten, Dennis habe mehrere Schülerinnen mit dem Messer bedroht. Die Polizei befragt Lehrer Lehmann, der an diesem Tag die Pausenaufsicht hatte. Dabei stellt sie viele verschiedene Arten von Fragen. Hier siehst du, wie die Polizei vorgeht:

➲ *Was hat sich am Montag in der großen Pause auf dem Schulhof abgespielt?*
Offene Fragen erfordern eine längere Antwort und bringen den Befragten zum Reden.

➲ *Handelte es sich bei dem Messer von Dennis um ein Taschenmesser?*
Geschlossene Fragen kann man mit nur einem oder zwei Wörtern beantworten. Sie sparen Zeit und lenken die Befragung auf das Wesentliche.

➲ *Sie haben also Dennis das Taschenmesser abgenommen?*
Suggestivfragen sind keine Fragen, sondern Feststellungen. Suggestivfragen sollten nicht gestellt werden, stattdessen sollte eine echte Frage gestellt werden, z.B.: Haben Sie Dennis das Taschenmesser abgenommen?

➲ *Hat Dennis gedroht, jemanden mit seinem Messer abzustechen, und wen hat er damit gemeint?*
Hier **erfordern** die **Fragen zwei verschiedene Antworten**. Besser sollten zwei einzelne Fragen gestellt werden, z.B.: Hat Dennis gedroht, jemanden abzustechen? Wem hat Dennis angedroht, ihn abzustechen?

Ebenso gibt es **Fragen, auf die der Zeuge möglicherweise keine Antwort wissen kann**. Auch solche Fragen sollten vermieden werden. Also nicht: Besitzt Dennis noch mehr als ein Messer?
Sondern: Haben Sie bei Dennis schon einmal ein anderes Messer gesehen? Oder: Wissen Sie, ob Dennis noch mehr als ein Messer besitzt?

➲ *Können Sie das, was Dennis gesagt hat, noch einmal wiederholen?*
Lenkungsfragen (in diesem Fall eine Aufforderung) bringen die Befragung wieder zum Wichtigsten zurück. Mit solchen Wiederholungen kann auch überprüft werden, ob der Zeuge zuverlässig ist. Treten Widersprüche auf, so ist er es nicht.

➲ *Können Sie mir sagen, wie viele Meter es von hier bis zum Regal sind?*
Testfragen prüfen, ob die Aussage des Zeugen zuverlässig ist (Der Lehrer hat behauptet, er habe den Vorfall aus etwa zehn Metern Entfernung beobachtet. (Der Polizeibeamte möchte nun wissen, ob er eine solche Entfernung auch wirklich einschätzen kann.)

➲ *Kennen Sie die neue Referendarin Anna Meyer?*
Fangfragen werden gestellt, um den Befragten der Lüge zu überführen. (Schüler behaupten, der Lehrer habe während der Pause mit Meyer geflirtet und überhaupt nicht mitbekommen, was auf dem Schulhof passiert sei. Behauptet er jetzt, er würde Anna Meyer nicht oder nur flüchtig kennen, so weiß die Polizei, dass er lügt.)

---

1. **Tut euch zu zweit zusammen, und denkt euch einen Fall aus, zu dem ein Zeuge befragt werden soll. Einer ist der Polizeibeamte und stellt die Fragen, der Zeuge antwortet ihm. Schreibt alle Fragen, die gestellt werden, auf, und überlegt, um welche Art von Fragen es sich handelt.**
2. **Welche Fragen eignen sich, um herauszufinden, ob ein Zeuge lügt?**

© Verlag an der Ruhr | Postfach 10 22 51 | 45422 Mülheim an der Ruhr | www.verlagruhr.de | ISBN 978-3-8346-0640-2

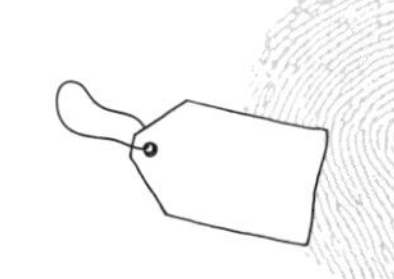

Tatmotiv

› Das Tatmotiv ist der Grund, aus dem jemand ein Verbrechen begeht. Ist das Motiv bekannt, so kann es bei der Suche nach dem Täter behilflich sein. Fehlen z.B. bei einem Mordopfer viele Gegenstände aus dem Besitz des Opfers, so wurde es vermutlich im Zuge eines Raubes in seinem eigenen Haus umgebracht. Der Täter ist dann eher in Verbrecherkreisen zu suchen. Wurde nichts gestohlen, so ist es wahrscheinlicher, dass das Opfer von einem Menschen aus seinem Bekanntenkreis getötet wurde. Natürlich könnte der Täter auch eine falsche Fährte gelegt haben, damit die Tat wie ein Raubmord aussieht. Das Motiv ist darüber hinaus wichtig, um Schuld und Strafe zu ermitteln. Wer aus Habgier mordet, wird härter bestraft als jemand, der vorher von dem Opfer gequält oder unter Druck gesetzt wurde und es deshalb umgebracht hat. Ebenso werden die Taten von psychisch kranken Menschen milder bewertet als Taten von Leuten, die aus Neid oder Rache heraus gehandelt haben.

Aus diesen Gründen begehen Menschen Verbrechen:

Das häufigste Motiv für ein Verbrechen ist **Habgier**. Meist geht es dabei um Geld, oft auch um Drogen oder andere verbotene oder wertvolle Dinge. Bei **Sexualdelikten** nutzen Menschen ihre Opfer gegen deren Willen für sexuelle Handlungen. Sie nehmen sich mit Gewalt etwas, das sie freiwillig vom Opfer nicht bekommen können. Der erste Mord in der Bibel ist der, bei dem Kain seinen Bruder Abel aus Neid umbringt. Bei Verbrechen aus **Neid, Eifersucht, Hass und Rache** geht es darum, dem Opfer zu schaden. Der Täter kennt das Opfer meist und steht ihm häufig auch nahe. Terroristen und andere Täter, die aus **politischer oder religiöser Überzeugung** handeln, möchten die Welt verändern, allen, die sie daran hindern, schaden und außerdem möglichst viel Aufmerksamkeit erregen, um so für ihre Botschaft zu „werben". Zu ihren Opfern gehören jedoch nicht nur die Feinde ihrer Überzeugung, sondern häufig auch völlig unbeteiligte Menschen. Manchmal bekennen sich Terroristen auch zu Verbrechen, die sie gar nicht begangen haben.
Es gibt Fälle, in denen der Täter behauptet, Stimmen hätten ihm befohlen, das Opfer umzubringen. Wenn er psychisch krank ist, wird er das auch wirklich glauben. **Psychische Krankheiten** spielen bei Verbrechen oft eine zusätzliche Rolle. Amokläufer, die scheinbar ohne Motiv durch die Gegend schießen, Mütter, die aus **Überforderung** ihre kleinen Kinder umbringen, oder Menschen, die aus **Langeweile** oder **Grausamkeit** Verbrechen begehen, sind ebenfalls psychisch gestört. Manche Leute werden zu Verbrechern, weil sie sich gegen eine Straftat, z.B. eine Erpressung, **zur Wehr setzen**. Andere versuchen, ein bereits begangenes Verbrechen, z.B. eine Vergewaltigung, mit einem weiteren Verbrechen, wie z.B. einem Mord, zu **vertuschen**.

1. **Fällt dir ein Film oder eine Geschichte ein, in denen es um ein Verbrechen geht? Was ist das Tatmotiv?**
2. **In dem Suchsel sind zehn Verbrechen versteckt, die aus Habgier begangen werden. Finde sie!**

A E R P R E S S U N G F A X E
F L M R A I I N Q D E Ä E W N
B P N L U S H J N D D L I I T
E D I E B S T A H L A S P U F
T E T K M T I L E E G C T O Ü
R I W N O A K N H N O H E B H
U N T E R S C H L A G U N G R
G U X U D L N L E R F N M M U
E I N B R U C H R C I G E N N
S A R A U B Ü B E R F A L L G
T T D I N M Y Z I S E T A U V

© Verlag an der Ruhr | Postfach 10 22 51 | 45422 Mülheim an der Ruhr | www.verlagruhr.de | ISBN 978-3-8346-0640-2

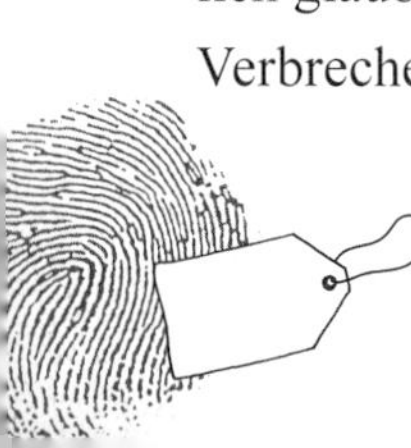

Fahndungsplakate

› Fahndung ist die Suche der Polizei nach bestimmten Personen oder Sachen. Neben mutmaßlichen Straftätern wird z.B. auch nach vermissten Menschen, der Beute eines Bankraubes oder gestohlenen Gemälden gefahndet. Wenn sie es für sinnvoll hält, informiert die Polizei die Öffentlichkeit oder bestimmte Personengruppen durch Lautsprecheransagen, Zeitungsmeldungen, Briefe oder Fahndungsplakate. Um anderen Menschen das Bild eines Täters präsentieren zu können, nutzt die Polizei **Phantombilder**. Dazu setzen Zeugen, die den Täter gesehen haben, am Computer aus verschiedenen Gesichtsteilen das Tätergesicht zusammen.

© Stephanie Hofschlaeger/pixelio.de

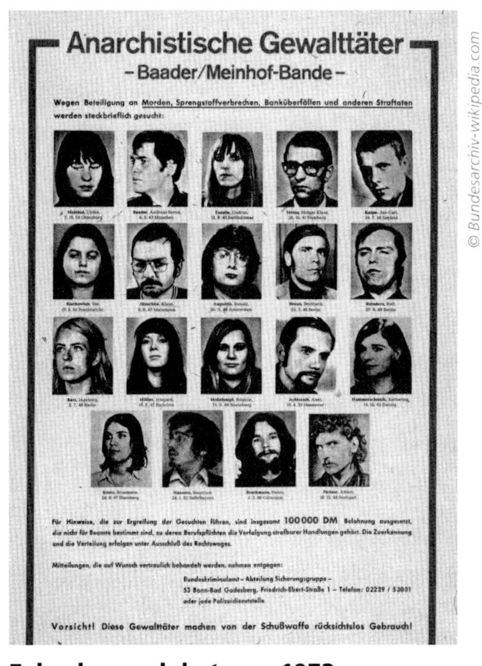

Anarchistische Gewalttäter

– Baader/Meinhof-Bande –

Wegen Beteiligung an Morden, Sprengstoffverbrechen, Banküberfällen und anderen Straftaten werden steckbrieflich gesucht:

Für Hinweise, die zur Ergreifung der Gesuchten führen, sind insgesamt 100000 DM Belohnung ausgesetzt, die nicht für Beamte bestimmt sind, zu deren Berufspflichten die Verfolgung strafbarer Handlungen gehört. Die Zuerkennung und die Verteilung erfolgen unter Ausschluß des Rechtsweges.

Mitteilungen, die auf Wunsch vertraulich behandelt werden, nehmen entgegen:

Bundeskriminalamt – Abteilung Sicherungsgruppe –
53 Bonn-Bad Godesberg, Friedrich-Ebert-Straße 1 – Telefon: 02229 / 53001
oder jede Polizeidienststelle

Vorsicht! Diese Gewalttäter machen von der Schußwaffe rücksichtslos Gebrauch!

© Bundesarchiv-wikipedia.com

Fahndungsplakat von 1972 zur Suche nach Terroristen

Dummer Verbrecher:

Ein Handtaschenräuber beschloss, den Moment zu nutzen, in dem eine 83-Jährige in einer Kabine Passfotos machen ließ. Er steckte seinen Kopf aber in genau dem Moment in die Kabine in Bonn, als der Automat sein erstes Bild schoss. So konnte die Rentnerin der Polizei ein einwandfreies Fahndungsfoto überreichen.

ÜBRIGENS:

In früheren Zeiten wurden die Kopfgeldjäger auf Fahndungsplakaten aufgefordert, gegen Belohnungen den Täter tot oder lebendig zu bringen. Noch im Jahre 1927 bot die Bankenvereinigung von Texas 5000 $ für tote Bankräuber. Für die Erfassung der lebendigen Täter gab es nichts.

1. **Denke dir selbst ein Verbrechen aus, und gestalte dazu ein Fahndungsplakat. Das Phantombild kannst du entweder zeichnen oder unter http://flashface.ctapt.de im Internet erstellen.**
2. **Probiere es selbst aus, unter http://flashface.ctapt.de ein Phantombild zu erstellen. Auch wenn die Polizei natürlich bessere Programme zur Erstellung von Phantombildern hat, wirst du sehen, dass es nicht so leicht ist, eine Person genau nachzubilden. Was glaubst du, woran das liegt?**
3. **In der Schule hat dir jemand ein Paar Turnschuhe gestohlen. Welche Schritte könntest du einleiten, um nach Täter oder Beute zu fahnden?**

© Verlag an der Ruhr | Postfach 10 22 51 | 45422 Mülheim an der Ruhr | www.verlagruhr.de | ISBN 978-3-8346-0640-2

Erkennungsdienstliche Behandlung

› Tatverdächtige werden bei der Polizei erkennungsdienstlich behandelt. Das bedeutet, die Person wird fotografiert, ihre Fingerabdrücke werden genommen und alles zusammen mit Name, Wohnort, Geburtsdatum, Größe, Gewicht, besonderen Kennzeichen und anderen Daten aus dem Personalausweis im Computer des Bundeskriminalamtes gespeichert. Bei rückfälligen Tätern kann so immer zweifelsfrei festgestellt werden, um wen es sich handelt. Schon in der Mitte des 19. Jahrhunderts gab es Verbrecheralben mit Fotos. Ab 1880 wurden Verbrecher darüber hinaus vermessen. Die Idee stammte von dem Franzosen **Alphonse Bertillon** (1853–1914), der der Meinung war, dass es keine zwei Menschen mit exakt denselben Körpermaßen gibt. Kurz nach Bertillons Tod ging man jedoch zum Fingerabdruckverfahren über, weil es weniger Zeit kostete und mit Spuren am Tatort verbunden war.

Die Vermessung des Menschen

Experiment:

Bertillonage im Selbstversuch

Das braucht ihr:
Zollstock oder Maßband und Lineal, (Millimeter-)Papier, Stifte, Kreppklebeband

Tut euch zu zweit zusammen, und vermesst euch gegenseitig nach dem Prinzip der Bertillonage. Schreibt die Maße millimetergenau jeweils auf ein Blatt, und schreibt den Namen desjenigen, der vermessen wurde, auf die Rückseite. Klebt die Zettel nebeneinander mit Klebeband an die Wand.

Maße bei der Bertillonage:
1. Körperlänge
2. Armspannweite
3. Sitzhöhe (immer auf demselben Stuhl)
4. Kopflänge
5. Kopfbreite
6. Länge des rechten Ohres
7. Breite des rechten Ohres
8. Länge des linken Fußes
9. Länge des linken Mittelfingers
10. Länge des linken Kleinfingers
11. Länge des linken Unterarmes

Sucht euch nun jeder einen neuen Partner, vermesst euch erneut gegenseitig, und schreibt die Maße auf. Danach versucht jeder Schüler, die Maße desjenigen, den er vermessen hat, auf den Blättern an der Wand wiederzufinden. Wer glaubt, den richtigen Schüler gefunden zu haben, darf das Blatt umdrehen und nachschauen.

1. **Führt den Selbstversuch zur Körpervermessung durch. Ist es möglich, die Schüler deiner Klasse anhand der elf Maße eindeutig zu identifizieren, oder gibt es Schüler mit sehr ähnlichen Maßen?**
2. **Jeder Schüler vergleicht nun die beiden Ergebnisse seiner eigenen Vermessung. Bei welchen Maßen treten große Unterschiede auf? Welche Maße konnten dagegen relativ genau gemessen werden?**

© Verlag an der Ruhr | Postfach 10 22 51 | 45422 Mülheim an der Ruhr | www.verlagruhr.de | ISBN 978-3-8346-0640-2

Was darf die Polizei?

1. ... EINE WOHNUNG DURCHSUCHEN UND SACHEN MITNEHMEN?
2. ... JEMANDEN FESTNEHMEN?
3. ... EINEN VERDÄCHTIGEN DAZU ZWINGEN, AUSZUSAGEN?
4. ... EINEM VERDÄCHTIGEN GEGENÜBER GEWALT ANWENDEN?
5. ... VON JEMANDEM VERLANGEN, DASS MAN SAGT, WER MAN IST?
6. ... SELBST STRAFTATEN BEGEHEN

1. Ja: Allerdings benötigt sie dazu den Beschluss eines Ermittlungsrichters. Beweisstücke und Dinge, von denen eine Gefahr ausgeht, darf die Polizei mitnehmen. Sie werden in der so genannten Asservatenkammer der Polizei aufbewahrt, bis sie als Beweis nicht gebraucht werden bzw. keine Gefahr mehr von ihnen ausgeht.

2. Ja: Wenn es Gründe dafür gibt. Um jemanden jedoch länger als 24 Stunden festzuhalten, ist der Haftbefehl eines Ermittlungsrichters erforderlich. Den gibt es, wenn jemand dringend einer Tat verdächtigt wird und es sich zusätzlich entweder um eine schwere Straftat, wie Mord, handelt oder aber die Gefahr besteht, dass der Täter flüchtet, Beweise vernichtet oder weitere Straftaten begeht.

3. Nein: Jeder hat das Schweigerecht, das bedeutet, er muss sich überhaupt nicht zu der Tat äußern. Die Polizei ist sogar verpflichtet, den Beschuldigten über diese Möglichkeit aufzuklären.

4. Ja und nein: Um zu verhindern, dass jemand flüchtet, darf die Polizei Gewalt anwenden. Hier muss jedoch die Verhältnismäßigkeit beachtet werden. Das bedeutet z.B.: Auf einen gefährlichen Geiselnehmer darf auch geschossen werden, eine verbotene Demonstration auf diese Art und Weise aufzulösen, ist aber nicht erlaubt. Verboten ist auch, Gewalt bei einer Vernehmung anzuwenden, um so zu erreichen, dass der Verdächtige ein Geständnis ablegt. Polizisten, die in Deutschland so etwas tun, müssen selbst ins Gefängnis.

5. Ja: Es besteht die Pflicht, seine Identität zu nennen. Wer dazu nicht bereit ist, kann festgenommen werden. Auch wer bei einer Vernehmung nicht aussagen möchte, muss der Polizei zumindest Name, Wohnort usw. verraten.

6. Nein: Die Polizei darf zwar Dinge, die andere Menschen nicht dürfen, z.B. eine Waffe tragen, wenn sie jedoch Straftaten begehen, werden sie bestraft wie jeder andere Mensch auch. Selbst wenn Polizisten unter falschem Namen einer kriminellen Organisation beitreten, um dort zu ermitteln, müssen sie sich an das Gesetz halten.

1. Rate bei jeder Frage, ob die Polizei das wohl darf. Drehe dann das Blatt um, und lies die Antworten auf die Fragen. Gab es etwas, das dich überrascht hat?

2. Online-Durchsuchungen sind bisher eine in Deutschland gesetzlich nicht ausdrücklich geregelte Methode. Dabei geht es darum, heimlich in private Computer von Menschen einzudringen, um Verbrechern auf die Spur zu kommen. Sollten deiner Meinung nach solche Online-Durchsuchungen erlaubt sein oder nicht? Begründe deine Meinung.

© Verlag an der Ruhr | Postfach 10 22 51 | 45422 Mülheim an der Ruhr | www.verlagruhr.de | ISBN 978-3-8346-0640-2

Ungelöst: Der Fall „Jack the Ripper"

› Von 100 Mordfällen werden derzeit in Deutschland nur etwa drei nicht aufgeklärt. Die unaufgeklärten Fälle der Vergangenheit beschäftigen jedoch immer wieder aufs Neue Wissenschaftler und Schriftsteller und geben Anlass zu Theorien und Spekulationen. So kam es, dass der Unbekannte Jack the Ripper zum vermutlich berühmtesten Serienmörder aller Zeiten wurde.

Das ist geschehen: Zwischen August und November 1888 wurde in den Elendsvierteln von London fünf Prostituierten die Kehle durchgeschnitten. Vier der fünf Frauen wurden verstümmelt, einigen wurden Organe entnommen. Man nimmt an, dass der Mörder sich in der Anatomie eines Menschen und mit dem Umgang von Messern gut auskannte. Weil die Morde mit einer Welle von sehr vielen Gewaltverbrechen an Frauen einhergingen, hatte die Polizei Mühe, die Taten des „Rippers" von anderen zu unterscheiden. Möglichweise gab es noch mehr Opfer, vielleicht handelt es sich bei dem Mörder der fünf Frauen aber auch nicht um dieselbe Person. Die Morde erregten großes Aufsehen. Polizei und Zeitung erhielten Tausende von Zuschriften zu dem Thema, darunter Hunderte von Schreiben, in denen Leute von sich behaupteten, der Täter zu sein. In einem davon wurde angedroht „der Dame die Ohren abzuschneiden". Weil kurz darauf tatsächlich ein Opfer mit abgeschnittenem Ohr gefunden wurde, hatte die Polizei das Schreiben ernst genommen und in der Zeitung veröffentlicht. Da in diesem Brief die Bezeichnung „Jack the Ripper" (übersetzt: Jack der Schlitzer) verwendet wurde, kennt ihn seitdem alle Welt unter diesem Namen. Die Polizeiakten der damaligen Zeit sind sehr lückenhaft, und es sind nur vier Tatverdächtige bekannt, von denen jedoch keiner angeklagt wurde. Später wurden jedoch von Geschichtsforschern, Schriftstellern und anderen Leuten über 70 Menschen der Morde verdächtigt. Eine ganze Reihe von Romanen, Sachbüchern, Filmen, Liedern und sogar eine Oper beschäftigt sich bis heute mit dem legendären Unbekannten. Insgesamt sind 250 Bücher darüber geschrieben worden.

Internetseite zu Jack the Ripper:
www.jacktheripper.de

Mit diesem Cartoon machte man sich damals über die Unfähigkeit der Polizei, Jack the Ripper zu finden, lustig.

1. **Es gibt wohl kaum einen Erwachsenen, dem der Name Jack the Ripper nichts sagt. Bitte drei verschiedene Leute, unabhängig voneinander, dir eine Antwort auf die folgenden Fragen zu geben oder zu raten. Notiere dir die Antworten. Gibt es Fragen, bei denen die Vorstellung der Leute stark von dem abweichen, was tatsächlich passiert ist? Vergleiche das Ergebnis deiner Befragung mit dem deiner Klassenkameraden.**
   - Aus welcher Zeit stammt Jack the Ripper?
   - Wie viele Menschen hat er umgebracht?
   - Wer waren die Opfer?
   - Wie hat er seine Opfer umgebracht?
   - Wie lange hielt die Mordserie an?
   - Wurde der Fall aufgeklärt?
2. **Dass Jack the Ripper sich mit dem Innenleben von Menschen und der Handhabung von Messern so gut auskannte, mag an seinem Beruf gelegen haben. Überlege, welche Berufe das sein könnten.**
3. **Was wäre eine mögliche Erklärung dafür, dass in der damaligen Zeit nicht nur die Taten von Jack the Ripper, sondern auch sehr viele ähnliche Gewalttaten von der Polizei registriert wurden?**

© Verlag an der Ruhr | Postfach 10 22 51 | 45422 Mülheim an der Ruhr | www.verlagruhr.de | ISBN 978-3-8346-0640-2

So kommt die Polizei Verbrechen auf die Spur

› So manche Straftat entdeckt die Polizei bei ihrer täglichen Arbeit. Sie ermittelt jedoch auch gezielt in Kreisen, in denen sie Verbrechen vermutet. Auch die Auswertung von Akten, Zeitungen und Internetinhalten gibt der Polizei Hinweise auf Verbrechen. Jeder, der weiß oder auch nur glaubt, dass ein Verbrechen geschehen ist, kann bei der Polizei mündlich oder schriftlich **Strafanzeige** erstatten. Reicht der Verdacht aus, so wird die Polizei dem Fall nachgehen. Einige Straftaten, wie z.B. Beleidigung, werden nur dann verfolgt, wenn der Geschädigte fordert, dass der Täter bestraft wird. Dazu muss er bei der Polizei einen **Strafantrag** stellen. Ein Strafantrag kann im Nachhinein wieder zurückgezogen werden.

Schwerere Straftaten sind stets **Offizialdelikte**. Das bedeutet, die Polizei wird sich in jedem Fall darum kümmern, auch wenn derjenige, der die Tat angezeigt hat, das im Nachhinein vielleicht gar nicht mehr möchte.

Der Fall Dr. Crippen

Im Januar 1910 bestellte der Arzt Dr. Hawley Crippen in einer Apotheke Gift. Ein paar Tage später vergiftete er seine Frau Cora, zerstückelte die Leiche und vergrub sie unter den Fliesen seines Hauses. Die Abwesenheit von Cora erklärte er damit, dass sie nach Amerika verreist sei. Einige Tage später verkaufte er Coras Schmuck. In den folgenden Wochen wurde er immer häufiger in Begleitung seiner Sekretärin Ethel le Neve gesehen. Bekannten teilte er mit, Cora sei auf der Reise verstorben. Einem befreundeten Ehepaar erschien das verdächtig, und es schaltete Scotland Yard ein. Die Polizei befragte Crippen, und er gab an, den Tod seiner Frau nur vorgetäuscht zu haben. Seine Frau habe ihn wegen eines anderen Mannes verlassen, und er habe einen Skandal vermeiden wollen. Die Polizei war zunächst zufrieden, schöpfte jedoch erneut Verdacht, als Crippen und Ethel le Neve überstürzt abreisten. Die Polizei durchsuchte nun gründlich Crippens Haus, und sie fanden die Überreste seiner Frau unter ein paar losen Fliesen. Über Funk erging ein Fahndungsaufruf. Der Kapitän des Schiffes „SS Monrose" hörte den Spruch und erkannte die beiden, obwohl Ethel als Junge verkleidet war und beide unter dem Namen Mr. Robinson und Sohn auf dem Schiff verkehrten. Dem Kapitän war aufgefallen, wie ungewöhnlich liebevoll die beiden miteinander umgingen. Dr. Crippen wurde zum Tode verurteilt und gehängt. Ethel, seine Geliebte, wurde freigesprochen.

Informationen nach: http://freepages.genealogy.rootsweb.ancestry.com/~crippen/Metpolice.htm

1. **Die Polizei erwischt einen Autofahrer dabei, wie er einem anderen Autofahrer den „Stinkefinger" zeigt. Wie wird sie in diesem Fall verfahren?**
2. **Wie hat Dr. Crippen die Polizei auf seine Spur gebracht, und was hätte er besser nicht getan?**

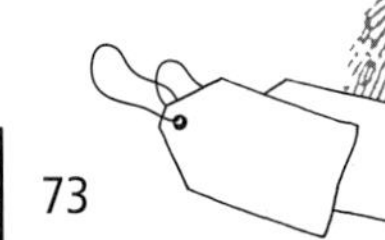

© Verlag an der Ruhr | Postfach 10 22 51 | 45422 Mülheim an der Ruhr | www.verlagruhr.de | ISBN 978-3-8346-0640-2

Untersuchung des Tatortes

› Man unterscheidet **Tatorte**, an denen der Täter gehandelt hat (z.B. Opfer getötet, Bombe gebastelt) und Fundorte, an denen er etwas hinterlassen hat (z.B. Leiche, Waffe). Bei ein und demselben Verbrechen kann es mehrere Tat- und Fundorte geben. Sie können identisch sein, müssen es aber nicht. Zustand und Lage von Tat- und Fundorten helfen der Polizei bei der Lösung des Falls. Der Tatort wird vermessen und skizziert. **Beobachtungen** werden diktiert oder notiert und in einem **Tatortbericht** zusammengefasst. Die Spuren werden mit nummerierten Tafeln versehen und fotografiert. Alle Fundstücke werden einzeln in Plastiktüten verpackt und beschriftet. Körpertemperatur, Totenstarre und sichtbare Verwundungen der Leiche werden ermittelt und notiert. Bevor die Leiche abtransportiert wird, wird ihr Umriss auf den Boden gemalt. Wenn sie sich Erfolg verspricht, sucht die Polizei das Gebiet rund um den Tatort mit Spezialeinheiten, wie Tauchern, einem Hubschrauber oder einem Bodenradar (für vergrabene Gegenstände) ab. Manchmal führen dabei auch ungewöhnliche Methoden zum Ziel. Bei der Suche nach einer Patronenhülse auf einer Wiese wurde den Polizisten der Befehl erteilt, barfuß zu laufen. Die Hülse wurde tatsächlich gefunden.

Der erste Angriff ist die Tätigkeit der Polizei unmittelbar nach einer Tat bzw. einer Katastrophe. Einerseits geht es darum, Gefahren abzuwehren, andererseits darum, alles, was für die spätere Aufklärung wichtig ist, einzuleiten. Das menschliche Leben geht dabei stets vor. Zunächst handelt die Schutzpolizei. Sie informiert gegebenenfalls Hilfsdienste, wie z.B. die Feuerwehr, sowie Spurensicherung und Kriminalpolizei. Der erste Angriff umfasst:

- Hilfeleistung von Verletzten und Evakuierungen
- Eindämmung der Brand-, Explosions- und Einsturzgefahr
- Absperrung des Tatortes und der Zufahrtswege
- Spurensicherung
- Genaue Beschreibung des Tatortes
- Aufnahme von Personalien und erste Zeugenbefragungen
- Dokumentation der von der Polizei durchgeführten Veränderungen am Tatort.

---

1. **Eine alte Krimiweisheit lautet: „Der Täter kehrt immer an den Tatort zurück." Nach Aussagen der Polizei trifft das meist nicht zu. Was könnte den Täter jedoch dazu bewegen, tatsächlich noch einmal an den Tatort zurückzukommen?**
2. **Denke dir einen verzwickten Fall mit möglichst vielen verschiedenen Tat- und Fundorten aus.**
3. **Denke dir einen Fall aus, und zeichne dazu eine Tatortskizze mit Leiche, Spuren, Tatwaffe, Gegenständen etc. Du kannst dazu den abgebildeten, aufgeklappten Raum als Grundlage nehmen oder eine andere Grundlage zeichnen.**

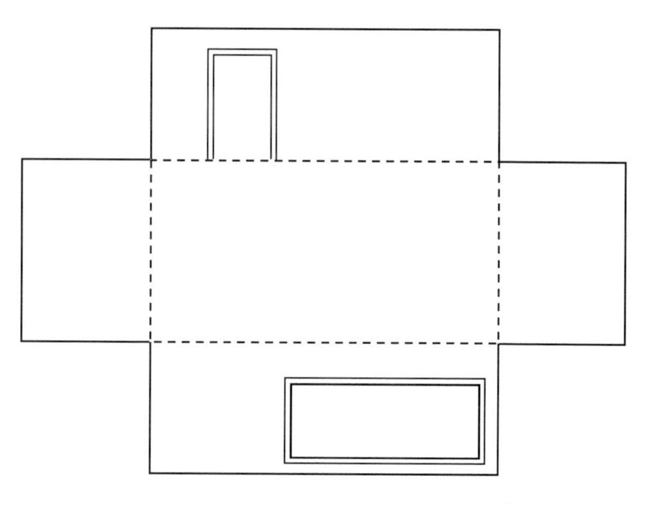

© Verlag an der Ruhr | Postfach 10 22 51 | 45422 Mülheim an der Ruhr | www.verlagruhr.de | ISBN 978-3-8346-0640-2

Alibiüberprüfung

› Ein Alibi (lateinisch = anderswo) zu haben, bedeutet, zur Tatzeit woanders als am Tatort gewesen zu sein und das auch nachweisen zu können. Der Nachweis erfolgt meist durch Alibizeugen, die den Tatverdächtigen gesehen haben. Sie werden auch nach den näheren Umständen, wie z.B. dem Wetter, gefragt, um festzustellen, ob sie sich bezüglich der Tatzeit auch nicht irren. Fahrkarten, Eintrittskarten, Parkausweise und Ähnliches können zur Bestätigung eines Alibis herangezogen werden. Durch Wegzeitberechnungen ermittelt die Polizei, ob der Verdächtige, trotz Alibi, genug Zeit hatte, die Tat zu begehen. Nachweisbar falsche Angaben weisen daraufhin, dass der Verdächtige etwas zu verbergen hat. Das kann die Tat, aber auch etwas anderes, wie z.B. ein Ehebruch, sein.

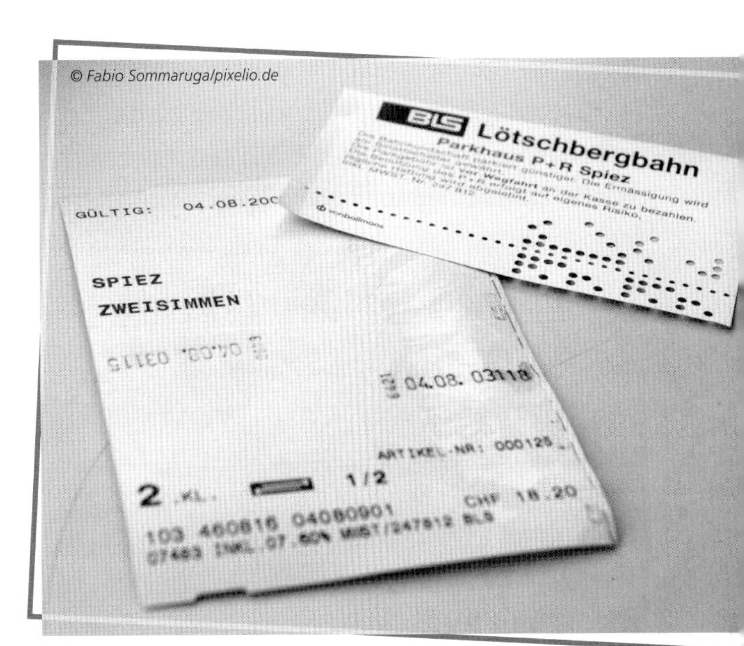

Alibi?

Eine Frau wurde am Donnerstag, dem 10. September 2009, zwischen 16:30 und 17:00 Uhr umgebracht und tot in ihrer Wohnung aufgefunden. Ihr Nachbar, der sie laut Aussagen der anderen Mieter häufig belästigt hatte, kann folgendes Alibi vorweisen: Er ist mit dem Bus um 16:10 Uhr in die Innenstadt gefahren, um 16:29 dort angekommen und war zwischen 16:40 und 17:00 Uhr in einem Geschäft, wo er einen MP3-Player gekauft hat. Er kann die Quittung vorweisen, und die Verkäuferin erinnert sich an ihn. Dann hat er noch ein Eis gegessen, ist um 17:15 Uhr in den Bus gestiegen und um 17:34 Uhr wieder an der Bushaltestelle vor seiner Haustür (Lilienstraße) angekommen. Die Busfahrkarten hat er weggeworfen. Der Bus fährt alle 30 Minuten ab Lilienstraße, jeweils um 10 und 40 Minuten nach der vollen Stunde in Richtung Innenstadt. Umgekehrt fährt er alle 30 Minuten, jeweils um 15 und 45 Minuten nach der vollen Stunde in Richtung Lilienstraße. Für die Strecke benötigt er 19 Minuten.

1. **Überlegt, wie wasserdicht das Alibi des Mannes ist. Was könnte die Polizei noch tun, um es zu überprüfen?**

2. **Am 21. Juni 2008 wurde um 21:30 in der Innenstadt einer norddeutschen Kleinstadt ein Raubüberfall verübt. Ein paar Monate später überprüft die Polizei die Alibis von drei Verdächtigen. Eines davon ist wasserdicht, eines löchrig und eines ganz offensichtlich falsch. Entscheide:**

   Der Tatverdächtige 1 hat von 20:00–22:00 Uhr in der Innenstadt ein Konzert besucht und kann die Konzertkarte nachweisen. Gesehen haben ihn nur die Taxifahrer auf der Hin- und Rückfahrt, gegen 19:30 und 22:15 Uhr.

   Der Tatverdächtige 2 hat sich den Fuß gebrochen und wurde um 21:25 Uhr auf der Unfallstation des Universitätsklinikums am Rande der Stadt aufgenommen und ärztlich untersucht.

   Der Tatverdächtige 3 war mit zwei Freunden auf einem Straßenfest in einem nahe gelegenen Dorf. Sie haben sich zur Tatzeit ein Feuerwerk angeschaut. Anschließend sind sie in die Innenstadt gefahren und gegen 22:00 Uhr in eine Disko gegangen, was der Türsteher bezeugen kann.

© Verlag an der Ruhr | Postfach 10 22 51 | 45422 Mülheim an der Ruhr | www.verlagruhr.de | ISBN 978-3-8346-0640-2

Kriminalistisches Denken

› Wenn die Polizei einen Fall löst, so hat sie eine ganze Reihe von **Hinweisen**, die nach und nach zu einem vollständigen Bild des Verbrechens zusammengesetzt werden. **Vermutungen** und **bewiesene Tatsachen** müssen dabei streng getrennt werden. Wenn eine Vermutung sich als unwahr erweist, stellt sich nämlich plötzlich alles ganz anders dar, und die Polizei muss wieder von vorne anfangen.

Das Krokodil in der Galgenvogelgasse

In der Galgenvogelgasse stehen fünf Häuser nebeneinander. Die Häuser haben fünf verschiedene Farben, und in jedem wohnt ein Verbrecher. Jeder der Verbrecher hat bereits eine Straftat begangen, und jeder besitzt ein Tatwerkzeug und ein gefährliches Tier. Die einzelnen Straftaten, Tatwerkzeuge und Tiere kommen jeweils nur bei einem der Verbrecher vor. Eines Tages entdeckt die Polizei, im Zusammenhang mit einem Raubüberfall, Biss-Spuren eines Krokodils. Sie weiß, dass einer der Verbrecher in der Galgenvogelgasse ein Krokodil besitzt, hat jedoch keine Ahnung, um wen es sich dabei handelt. Abgesehen davon, verfügt sie über 15 Hinweise aus der Bevölkerung:

1. Kurre wohnt in dem roten Haus.
2. Bolle besitzt einen Piranha.
3. Rudi hat einen Bankraub verübt.
4. Das grüne Haus befindet sich links von dem weißen Haus.
5. Der Verbrecher im grünen Haus hat einen Betrug begangen.
6. Das Messer gehört dem Verbrecher mit dem Kampfhund.
7. Der Verbrecher im gelben Haus besitzt ein Gewehr.
8. Der Verbrecher in dem mittleren Haus hat einen Ladendiebstahl begangen.
9. Ede wohnt im ersten Haus.
10. Der Verbrecher mit der Pistole wohnt neben dem Besitzer der Giftschlange.
11. Der Verbrecher mit der Vogelspinne wohnt neben dem Besitzer des Gewehrs.
12. Der Verbrecher mit dem Brecheisen hat Drogenhandel betrieben.
13. Otto besitzt einen Dietrich.
14. Ede wohnt neben dem blauen Haus.
15. Der Besitzer der Pistole wohnt neben dem Verbrecher, der eine Fälschung begangen hat.

Wem gehört das Krokodil? Gehe die Hinweise durch. Überlege bei jedem Hinweis, ob du ihn bei dem Stand der Information in die Tabelle eintragen kannst. Wenn ja, trage den Hinweis ein, und streiche ihn anschließend durch. Ist das nicht der Fall, gehe weiter zum nächsten Hinweis. Du darfst an keiner einzigen Stelle raten, sondern musst streng logisch vorgehen. Gehe die noch nicht durchgestrichenen Hinweise immer wieder von Neuem durch. An zwei Stellen wird es kniffelig, weil du mehrere Hinweise gleichzeitig betrachten und zueinander in Beziehung setzen musst.

Wenn du die Seite umdrehst, steht dort, welche Hinweise das jeweils sind.

	Haus 1	Haus 2	Haus 3	Haus 4	Haus 5
Farbe					
Verbrecher					
Straftat					
Tatwerkzeug					
Tier					

Setze die Hinweise Nr. 4 und Nr. 5 zueinander in Beziehung. Setze die Hinweise Nr. 15, Nr. 12 und Nr. 3 zueinander in Beziehung.

© Verlag an der Ruhr | Postfach 10 22 51 | 45422 Mülheim an der Ruhr | www.verlagruhr.de | ISBN 978-3-8346-0640-2

Identifizierung des Täters

› Zeugenaussagen können sehr unzuverlässig sein. Das liegt meist nicht daran, dass der Zeuge bewusst lügt, sondern daran, dass viele Dinge vom Zeugen gar nicht erst wahrgenommen und Erinnerungslücken häufig unbewusst geschlossen werden. Die Polizei sorgt dafür, dass Zeugen möglichst keine Gelegenheit haben, miteinander über den Fall zu reden, weil sie sich sonst gegenseitig beeinflussen.
Bei einer Gegenüberstellung muss der Zeuge unter sechs bis acht ähnlich aussehenden Personen diejenige identifizieren, die seiner Meinung nach der Täter ist. Jede Person trägt eine Nummer. Das Ganze wird mindestens einmal mit veränderter Reihenfolge wiederholt. Zeuge und Tatverdächtiger sind durch eine Scheibe getrennt, die auf der Seite des Tatverdächtigen verspiegelt ist, damit dieser den Zeugen nicht sehen kann. Eine Gegenüberstellung kann auch anhand von Fotografien erfolgen. Wird nur ein möglicher Täter präsentiert, so hat eine Gegenüberstellung kaum Beweiskraft.

Der Fall Adolph Beck

Im Winter des Jahres 1895 wurde der Geschäftsmann Adolph Beck in London von einer fremden Frau angesprochen. Sie behauptete, Beck sei derjenige, der sich ihr vor ein paar Wochen als Lord Willoughby vorgestellt und ihr später Schmuck gestohlen habe. Beck fühlte sich belästigt und beschwerte sich bei der Polizei. Die glaubte jedoch der Frau und verhaftete Beck. Im Zuge weiterer Ermittlungen meldeten sich bei der Polizei 22 Frauen, die alle von Lord Willoughby bestohlen worden waren. Eine Gegenüberstellung wurde organisiert, indem man wahllos einige Männer von der Straße holte. Keiner von ihnen ähnelte Beck. So identifizierten alle Frauen Beck als Dieb, und er wurde zu sieben Jahren Haft verurteilt. Nach seiner Entlassung kam es wieder zu Diebstählen, und wieder wurde Beck durch einen von mehreren Zeugen beschuldigt und kam in Haft. Als man schließlich den wahren Täter John Smith bei einer Routineuntersuchung fasste, änderten alle Zeugen ihre Meinung und beschuldigten Smith. Beck wurde begnadigt und bekam eine Entschädigung von 5000 Englischen Pfund.

Informationen nach: http://de.wikipedia.org/wiki/Adolph_Beck

© G. Häusler/digitalstock.com

Bei einer Gegenüberstellung sollten alle Personen dem Täter ähnlich sehen.

1. **Welche Fehler hat die Polizei im Fall Beck gemacht?**
2. **Wie gut ist eure Wahrnehmung? Beschreibt jeder das Aussehen (Kleidung, Make-up, Schmuck, Frisur etc. ...) des Lehrers, den ihr in der vorletzten Stunde hattet, so genau wie möglich. Vergleicht die Beschreibungen miteinander, und überprüft anschließend, wie er tatsächlich aussieht.**

© Verlag an der Ruhr | Postfach 10 22 51 | 45422 Mülheim an der Ruhr | www.verlagruhr.de | ISBN 978-3-8346-0640-2

Fallanalytiker und Täterprofile

› Der Mythos „Profiler“ begründet sich auf den US-amerikanischen Psychologen Dr. James A. Brussel. Im Fall eines Bombenlegers beschrieb er den Täter als einen alleinstehenden, ordnungsliebenden Menschen, mit ausländischem Hintergrund, der mit einer älteren Verwandten zusammenlebt. Wohl eher im Scherz prophezeite er, dass der Täter bei seiner Festnahme einen bestimmten Anzug, nämlich einen Zweireiher, tragen würde. Selbst damit traf er ins Schwarze. Das klappt aber nicht immer so gut. Bei den „Beltway Sniper Attacks“, bei denen im Oktober 2002 in den USA mindestens zehn Menschen wahllos auf offener Straße erschossen wurden, ging man von einem weißen Täter zwischen 30 und 40 Jahren aus. Es handelte sich jedoch um zwei Täter schwarzer Hautfarbe, 17 und 41 Jahre alt.

Kriminalistische Berufe:

POLIZEILICHER FALLANALYTIKER (Profiler)

Fallanalytiker werden eingesetzt, wenn die regulären Ermittlungen der Kriminalpolizei bei schweren Verbrechen zu keinem eindeutigen Ergebnis kommen. Sie arbeiten kriminalistisch, bewerten Fakten neu und stellen Hypothesen über den Hintergrund der Tat auf. Dabei werden unter anderem auch Täterprofile erstellt, also aus den Tatumständen auf Eigenschaften des Täters geschlossen. Entgegen der verbreiteten Meinung spielt Psychologie dabei eine untergeordnete Rolle. Persönlichkeitsmerkmale, wie sadistische Fantasien, sind meist kein Merkmal, anhand derer ein Täter gesucht und gefunden werden könnte. Fallanalytiker arbeiten in den OFA (Operative Fallanalyse)-Dienststellen der Landeskriminalämter und des Bundeskriminalamtes. In der Regel handelt es sich um Kriminalbeamte, die nach einer Berufspraxis von 3 – 20 Jahren an einem Auswahlverfahren teilnehmen und sich in einem 5-jährigen Lehrgang zum Polizeilichen Fallanalytiker weiterbilden lassen. Die Zahl der Psychologen, die im Bereich der operativen Fallanalyse arbeitet, ist äußerst gering. Da nur 50 – 80 Fallanalysen pro Jahr in Deutschland durchgeführt werden und entsprechend wenig Bedarf an polizeilichen Fallanalytikern besteht, sollte man sich auf diesen Berufswunsch nicht allzu sehr versteifen.

Informationen nach: www.bka.de/lageberichte/weitere/profiler.pdf

ViCLAS (Violent Crime Linkage Analysis System): In Deutschland und anderen Ländern arbeiten Fallanalytiker mit der ViCLAS-Datenbank. Hier werden (meist sexuelle) Gewaltdelikte gespeichert, verglichen und analysiert. Erfasst werden Informationen über Täter, Täter-Opfer-Beziehung, Tatort, Verletzungen, Todesursache, Verhalten und Vorgehensweise des Täters (modus operandi), verwendete Fahrzuge, Waffen und andere Gegenstände.

Informationen nach: www.kriminologie.uni-hamburg.de/wiki/index.php/Hauptseite

1. **Würde dich der Job eines Profilers reizen? Warum ist der Beruf wohl so beliebt, obwohl die Berufsaussichten sehr schlecht sind?**
2. **Der FBI-Beamte John Douglas hat ein Buch über seine Arbeit als Profiler geschrieben. Warum war die Kriminalpolizei entsetzt, als sie es in den Bücherregalen zahlreicher überführter Straftäter fand?**

© Verlag an der Ruhr | Postfach 10 22 51 | 45422 Mülheim an der Ruhr | www.verlagruhr.de | ISBN 978-3-8346-0640-2

Gewöhnliche und ungewöhnliche Tatmotive

› Das Tatmotiv ist der Grund, aus dem ein Mensch ein Verbrechen begeht. Wer ein starkes Motiv hat, ist auch in besonderem Maße verdächtig. Ist das Motiv bekannt, nicht jedoch der Täter, so kann sich daraus ein Anhaltspunkt für die Suche ergeben. Vor Gericht ist das Motiv für die Schuld des Täters und die Höhe des Strafmaßes von Bedeutung.

HABGIER, SEXUELLE BEFRIEDIGUNG, NEID, EIFERSUCHT, HASS, RACHE, POLITISCHE ODER RELIGIÖSE ÜBERZEUGUNG, PSYCHISCHE KRANKHEIT, DIE TAT SELBST (Z.B. JEMANDEN STERBEN SEHEN, ANGEBEREI), VERTUSCHUNG EINES VERBRECHENS, ZUR WEHR SETZEN GEGEN EIN VERBRECHEN

Ungewöhnliche Motive

In Büchern und Filmen findet man häufig sehr ungewöhnliche Motive. So mordet Jean-Baptist Grenouille in Patrick Süskinds Roman „Das Parfüm", weil er aus dem Duft der Frauen ein Parfüm herstellen möchte.

Der Franzose Stéphane Breitwieser stahl 239 Kunstwerke aus Liebe zur Kunst. Die Werke bewahrte er in seinem Kinderzimmer, im Hause seiner Mutter, auf. Nach seiner Festnahme zerschnitt die Mama die teuren Bilder und warf sie auf den Müll bzw. in einen Kanal. Das hat Breitwieser schwer getroffen, und er beging mehrere Selbstmordversuche. Inzwischen ist er wieder auf freiem Fuß, schrieb ein Buch und würde gerne als Sicherheitsberater für Museen arbeiten.

Informationen nach: www.3sat.de/dynamic/sitegen/bin/sitegen.php?tab=2&source=/kulturzeit/lesezeit/99322/index.html

Im Jahre 1924 ermordeten zwei Studenten aus gutem Hause einen Mann. Der Grund: Sie wollten das „perfekte Verbrechen" begehen, welches ihnen keiner nachweisen konnte. Schon bald nach der Tat wurden sie festgenommen. Der Mord war Vorbild für Romane und Filme, wie Hitchcocks „Cocktail für eine Leiche."

Die Worte „I don't like Mondays" waren die einzige Begründung, die die 16-jährige Brenda Ann Spencer angab, als sie im Jahr 1979 von ihrem Schlafzimmerfenster aus auf dem gegenüberliegendem Schulhof zwei Menschen erschoss und neun weitere verletzte.

Motiv Nr. 1: Geld

1. **Nenne drei Beispiele von Verbrechen, bei denen das Tatmotiv ist, etwas haben zu wollen, und drei Beispiele von Verbrechen, bei denen das Tatmotiv ist, dem Opfer schaden zu wollen.**
2. **Denke dir selbst ein Verbrechen mit einem sehr ungewöhnlichen Mordmotiv aus. Nun hast du die Grundlage für einen Kriminalroman. Um falsche Fährten zu legen, überlege dir noch weitere Personen, die ein gewöhnlicheres Motiv für die Ermordung des Opfers haben, sich aber am Ende als unschuldig herausstellen.**
3. **Informiert euch im Internet über das Motiv für so genannte „Ehrenmorde". Wie werden sie im Vergleich zu Morden aus anderen Motiven bestraft?**

© Verlag an der Ruhr | Postfach 10 22 51 | 45422 Mülheim an der Ruhr | www.verlagruhr.de | ISBN 978-3-8346-0640-2

Fahndung

› Die **Fahndung** nach Personen wird durch die **Erkennungsdienstliche Behandlung** erleichtert. Festgenommene Personen werden dabei, unter anderem, mit Foto, Fingerabdrücken (eventuell auch dem genetischen Fingerabdruck) und den Daten aus dem Personalausweis in einer zentralen Datenbank des Bundeskriminalamtes registriert.
Phantombilder sind fotorealistische Porträts, die nach der Beschreibung von Zeugen mit speziellen Computerprogrammen erstellt wurden. Sie werden auch für die Öffentlichkeitsfahndung verwendet. Unter http://flashface.ctapt.de kannst du im Internet stark vereinfachte Phantombilder erstellen. Es gibt übrigens auch Computerprogramme, die von einem Bild des Täters eine gealterte Version erstellen können.
Eine **Fahndung** ist die Suche der Polizei nach Personen oder Sachen. Bei einer **Ringalarmfahndung** werden, z.B. nach einem Bankraub, in einem bestimmten Umkreis um den Tatort Streifenwagen positioniert, um die Flucht des Täters zu verhindern. Bei Grenzfahndungen wird an Grenzen, Flughäfen und Seehäfen gefahndet, weil gesuchte Personen oder die gesuchten Sachen häufig im Ausland verschwinden. In **Zielfahndungen** suchen Kriminalbeamte gezielt nach möglichen Aufenthaltsorten bestimmter Schwerverbrecher. Bei einer **Öffentlichkeitsfahndung** wird über Fahndungsplakate, Zeitungen, Fernsehen oder das Internet um Hinweise zu gesuchten Personen gebeten. Umstritten sind die folgenden Fahndungen, bei denen aus einer großen Menge an unverdächtigen Personen mögliche Täter herausgefiltert werden. Bei einer **Rasterfahndung** werden Datenbestände im Computer untersucht, bei einer **Schleierfahndung** Personenkontrollen durchgeführt.

Danach fahndet die Polizei:

TATVERDÄCHTIGE, ZEUGEN, VERMISSTE PERSONEN, LÖSEGELD, DIEBESGUT (HEHLERWARE), BEWEISE, GEFÄHRLICHE DINGE, FALSCHE PAPIERE, FLÜCHTIGE STRAFTÄTER

Operation Mikado

Bei dieser im Jahr 2006 durchgeführten Rasterfahndung wurden erstmals alle deutschen Kreditkarten untersucht. Die Polizei ermittelte so 322 verdächtige Personen, die 79,99 US-Dollar an einen Unbekannten überwiesen hatten, der Fotos und Videos missbrauchter Kinder im Internet verkaufte. Die Wohnungen und Geschäftsräume der Verdächtigen wurden untersucht. Viele von ihnen gestanden die Tat sofort.

Informationen nach: http://de.wikipedia.org/wiki/Operation_Mikado

1. **Diskutiert in der Klasse, ob Rasterfahndungen, wie die „Operation Mikado", gerechtfertigt sind oder ob das Privatleben von unverdächtigen Personen Vorrang haben sollte.**
2. **Auf einem Fahndungsplakat wird ein Mann gesucht, der in einem Stadtpark eine Frau vergewaltigt hat. Das Phantombild hat starke Ähnlichkeit mit einem Nachbarn. Du kennst ihn kaum und siehst ihn nur, wenn er zur Mülltonne geht. Schreibe eine Geschichte darüber, was du nun unternimmst und wie die Sache ausgeht. Diskutiert einen solchen Fall auch in der Klasse.**
3. **Überlege dir einen Fall, bei dem die Daten aus der erkennungsdienstlichen Behandlung zusammen mit einem Programm, welches Fotos altern lässt, bei der Fahndung helfen.**

© Verlag an der Ruhr | Postfach 10 22 51 | 45422 Mülheim an der Ruhr | www.verlagruhr.de | ISBN 978-3-8346-0640-2

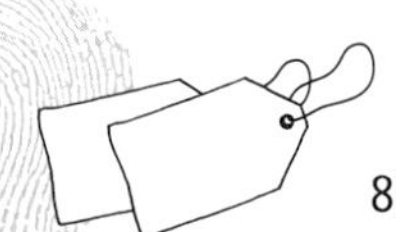

Heimlich und verdeckt

Bei einer **Observation** werden Personen von der Polizei heimlich beobachtet und verfolgt. Zu diesem Zweck halten sich im Umfeld der Zielperson mehrere Observationseinheiten auf, die bereit sind, die Verfolgung, zu Fuß oder mit einem geeigneten Verkehrsmittel, zu übernehmen. Sie stehen miteinander in Funkkontakt und wechseln sich ab, damit sie von der Zielperson nicht bemerkt werden. Fahrzeuge und Kleidung sollten unauffällig und der Umgebung angepasst sein. Wurde ein Polizist als Verfolger erkannt („verbrannt"), kann er nicht mehr eingesetzt werden.
Neben der Observation gibt es viele **technische Möglichkeiten**, durch Überwachung Straftaten auf die Spur zu kommen. Dazu gehören z.B. die Überwachung von Telefonaten und E-Mails und der **Lauschangriff** (die Installation von Abhörgeräten (Wanzen) oder Minikameras). Die umstrittene **Online-Durchsuchung** ist bei der Strafverfolgung derzeit nicht erlaubt. Hier geht es darum, dass private Computer ausspioniert werden, ohne dass der Eigentümer darüber informiert wird. Erlaubt ist hingegen das **Abhören und Orten von Handys**. Videoüberwachung in der Öffentlichkeit kann sowohl der Aufklärung als auch der Verhinderung von Straftaten dienen. Die Kameradichte wird daher immer größer. Die unerwünschten Nebenwirkungen bekam Bundeskanzlerin Angela Merkel höchstpersönlich zu spüren. Die Kamera des gegenüberliegenden Pergamon-Museums lieferte, wenn auch ungeplant, rund um die Uhr Aufnahmen aus ihrer Privatwohnung.

Informationen zu dem Vorfall unter: www.spiegel.de/politik/deutschland/0,1518,408015,00.html

In einigen Fällen kommt die Polizei Straftaten nur auf die Spur, indem sie in ein bestimmtes Milieu, wie z.B. die Rechtsextremenszene, eindringt. Dazu hat sie zwei Möglichkeiten: **V-Personen**, sind Leute, die dem Milieu angehören und die Polizei mit Informationen versorgen. **Verdeckte Ermittler** sind Polizeibeamte, die mit falscher Identität in das Milieu eingeschleust werden, um dort zu ermitteln. Weder V-Leute noch verdeckte Ermittler dürfen Straftaten begehen. Sie können jedoch als **Agent provocateur** tätig sein, das heißt, sie verführen zu einer Straftat, damit die Polizei die Verdächtigen „in flagranti", auf frischer Tat ertappen kann.

© Illusionist/pixelio.de

Hut und Sonnenbrille sind heutzutage bei Observationen nicht mehr angesagt.

Dumme Verbrecher:
In einer Lokalzeitung wurde an einem Montag gleich 2-mal das Porträt eines 35-jährigen Sauerländers veröffentlicht. Einmal als Betrüger, der mit einer gefundenen Kreditkarte an einem Bankautomaten einen vierstelligen Betrag abgehoben hatte (und dabei von einer Überwachungskamera gefilmt worden war) und einmal als frisch gebackener Schützenkönig!

1. **Diskutiert in der Klasse die Möglichkeiten der technischen Überwachung. In welchen Fällen würdet ihr dem Einsatz dieser Mittel zustimmen?**
2. **Überlegt, was jeweils die Vor- und Nachteile von V-Leuten und verdeckten Ermittlern sind. Welche Gründe könnten V-Personen haben, um mit der Polizei zusammenzuarbeiten?**

© Verlag an der Ruhr | Postfach 10 22 51 | 45422 Mülheim an der Ruhr | www.verlagruhr.de | ISBN 978-3-8346-0640-2

Vernehmung von Beschuldigten

› Bevor ein Beschuldigter vernommen wird, muss ihm gesagt werden, welche Tat ihm vorgeworfen wird, dass er nicht verpflichtet ist, auszusagen, und dass er sich mit einem Anwalt beraten darf. Ziel einer Vernehmung ist, dass der Beschuldigte seine Tat zugibt. Ein Geständnis kann jedoch auch zurückgenommen (widerrufen) werden. Die Polizei darf einen Beschuldigten zwar festnehmen, jedoch nicht länger als 24 Stunden festhalten. Bei dringendem Tatverdacht wird er einem Ermittlungsrichter vorgestellt, der entscheidet, ob ein Haftbefehl ausgesprochen wird und der Beschuldigte in Untersuchungshaft kommt. Mörder und andere schwere Straftäter müssen die Zeit bis zur Gerichtsverhandlung im Gefängnis verbringen. Ansonsten hängt dies davon ab, ob die Gefahr von weiteren Straftaten, einer Flucht oder der Vernichtung von Beweismitteln besteht.

Verbotene Vernehmungsmethoden

Als im Jahr 2002 der elfjährige Jakob von Metzler entführt wurde, hatte man den Entführer und Erpresser Magnus Gäfgen schon bald gefasst. Gäfgen weigerte sich jedoch, das Versteck des Jungen zu verraten. Der stellvertretende Frankfurter Polizeipräsident, Wolfgang Daschner, befürchtete, der Junge könne in seinem Versteck verdursten oder verhungern. Als er Gäfgen Schmerzen androhte, verriet dieser schließlich, wo Jakob von Metzler, den er jedoch kurz nach der Entführung ermordet hatte, zu finden war. Gäfgen wurde zu lebenslanger Haft verurteilt, aber auch Daschner wurde angeklagt und zu einer Geldstrafe verurteilt, weil er sich einer verbotenen Vernehmungsmethode bedient hatte.

Dazu gehören:

- Drohungen und Quälerei
- Körperliche Gewalt (z.B. Folter, Prügel)
- Anwendung von Medikamenten und Drogen
- Schlafentzug (auch für Pausen, Essen und Trinken muss gesorgt sein)
- Täuschungen (z.B. „Ihr Komplize hat bereits alles verraten!")
- Hypnose (Versetzung in einen schlafartigen Zustand, in dem Menschen sehr beeinflussbar sind)
- Lügendetektor: Instrument, welches Körperreaktionen misst. (Man geht davon aus, dass der Körper bei Lügen stets mit Nervosität reagiert und das an den Körperreaktionen auch erkennbar ist. In den USA ist der Einsatz von Lügendetektoren bei Vernehmungen erlaubt.)

1. Das Gericht befand Daschner zwar als schuldig und sein Vorgehen als rechtswidrig, entschied sich doch für eine sehr milde Strafe. Andere waren der Meinung, dass derartige „Rettungsfolter" nicht bestraft werden dürfe. Diskutiert den Fall in der Klasse.

2. Wissenschaftler versuchen, mit Hirnscannern herauszufinden, bei welchen Erlebnissen welche Gehirnareale aktiviert werden. Was würdest du davon halten, wenn solche Hirnscanner eines Tages bei Vernehmungen zum Einsatz kommen würden?

© Verlag an der Ruhr | Postfach 10 22 51 | 45422 Mülheim an der Ruhr | www.verlagruhr.de | ISBN 978-3-8346-0640-2

4. RECHT UND
GESETZ

Wer verhandelt vor Gericht?

› In einer Gerichtsverhandlung wird geklärt, ob der Tatverdächtige, den die Polizei ermittelt hat, schuldig oder unschuldig ist und wie er bestraft wird.
Der **Staatsanwalt** prüft vor der Gerichtsverhandlung, ob genügend **Beweise** vorhanden sind, um den Tatverdächtigen zu verurteilen. Ist das der Fall, so erhebt er **Anklage**. Er hält eine Rede, in der er begründet, warum der Täter schuldig ist, und schlägt dem Richter vor, wie er bestraft werden sollte. Der **Tatverdächtige** heißt nun **Angeklagter**. Er darf in der Gerichtsverhandlung reden und sich verteidigen. Er darf aber auch schweigen.
Der **Verteidiger** weist auf alles hin, was gegen die Schuld des Angeklagten spricht. Häufig versucht er, die Unschuld des Täters zu beweisen. Ist das nicht möglich, arbeitet er darauf hin, dass der Angeklagte eine möglichst milde Strafe bekommt.
Der **Richter** leitet die Gerichtsverhandlung. Er bringt Beweise, wie Schriftstücke, Spuren oder Gegenstände, vor Gericht, befragt die Zeugen und spricht am Ende das **Urteil**. Er entscheidet, ob der Angeklagte frei, oder schuldig gesprochen wird und welche **Strafe** verhängt wird. Dabei entscheidet er nicht frei, sondern orientiert sich am Strafgesetzbuch. Dort steht, welche Strafen für die einzelnen Taten vorgesehen sind.
Zeugen sind Leute, die im Zusammenhang mit der Tat etwas gesehen, gehört oder sonst wie wahrgenommen haben. Sie bleiben während der Gerichtsverhandlung außerhalb des Gerichtssaals und werden einzeln hereingerufen und befragt. Sie müssen die Wahrheit sagen und werden bestraft, wenn sie lügen.
Sachverständige sind Experten, die z.B. erklären, warum eine Patrone nur aus einer bestimmten Waffe stammen kann oder ob der Angeklagte zurechnungsfähig ist.
Vor Gericht gilt der Grundsatz: **„In dubio pro reo".** Das ist lateinisch und bedeutet: „Im Zweifel für den Angeklagten." Der Richter muss einen Angeklagten nicht nur dann freisprechen, wenn seine Unschuld bewiesen ist, sondern auch, wenn es die geringsten Zweifel an seiner Schuld gibt.

Dumme Verbrecher:
Als der französische Einbrecher George Bruelle zum 17. Mal dem Richter Eduard Blaimont gegenüberstand, riss diesem der Geduldsfaden: „Einen unfähigeren Einbrecher als Sie kann ich mir gar nicht vorstellen. Das nächste Mal weigere ich mich, ein Verfahren gegen Sie zu eröffnen. Dann können Sie selbst zusehen, wer Sie verurteilt, Sie Null."
(Der Ganove war in eine Wohnung eingebrochen und dort schlafend auf dem Sofa gefunden worden, weil er den Cognac des Wohnungsinhabers getrunken hatte.)

1. **In welchen Rollen würdest du gerne vor Gericht stehen, in welchen nicht so gerne? Begründe deine Ansicht.**
2. **Warum urteilt der Richter wohl im Zweifelsfalle für den Angeklagten und nicht danach, was er für wahrscheinlich hält?**

© Michael Grabscheit/pixelio.de

© Verlag an der Ruhr | Postfach 10 22 51 | 45422 Mülheim an der Ruhr | www.verlagruhr.de | ISBN 978-3-8346-0640-2

Beurteilung von Schuld

Welche sind die schlimmsten Straftaten?
Die schlimmsten Straftaten sind die, bei denen Menschen getötet werden. Auch wer anderen Menschen Gewalt antut, sodass sie ihr Leben lang geschädigt sind, macht sich schwer schuldig. Dabei kommt es nicht nur auf die Folgen für das Opfer an, sondern auch darauf, aus welchen Gründen der Täter gehandelt hat. Wer aus Habgier oder Lust tötet oder beim Töten besonders grausam vorgeht, begeht Mord und bekommt die Höchststrafe: eine lebenslange Gefängnisstrafe. Wer in plötzlicher Wut tötet, begeht Totschlag und kann auf eine geringere Strafe hoffen.

Gibt es gute Gründe, eine Straftat zu begehen?
Es gibt für Straftaten so genannte Rechtfertigungsgründe. Wer sich ein fremdes Boot nimmt, um einen Ertrinkenden auf einem See zu retten, wird für diesen Diebstahl nicht bestraft, weil es sich um einen Notstand handelt. Wenn man sich gegen einen Angriff wehren muss (Notwehr), darf man auch Gewalt anwenden, allerdings muss diese in einem vernünftigen Verhältnis zum Angriff stehen. Wenn man also z.B. geschlagen wird, darf man die Schläge mit Gegenschlägen abwehren, aber den Angreifer nicht töten.

Ist der Täter schuldig, wenn das Opfer mit dem Verbrechen einverstanden ist?
Wer einem anderen Menschen gegen seinen Willen die Haare abschneidet, begeht Körperverletzung. Friseure betrifft das nicht, denn sie handeln ja schließlich mit Einwilligung ihrer Kunden. Wer hingegen jemanden schwer verletzt oder gar tötet, wird auch dann bestraft, wenn sein Opfer, aus welchem Grund auch immer, damit einverstanden war.

---

1. **Hier siehst du, wie sechs verschiedene Verbrecher an das neueste Buch einer berühmten Autorin gelangt sind. Wer hat welche Straftat begangen? Wer bekommt die Höchststrafe? Wer kommt wohl mit der geringsten Strafe davon?**

   Straftaten: Raubmord, Raub, Räuberische Erpressung, Diebstahl, Betrug, Unterschlagung

   Bolle hat einem Schüler eine Pistole an den Kopf gehalten und gedroht, ihn zu erschießen, wenn er das Buch nicht herausgibt.
   Ede hat im Park einen lesenden Mann erschossen, um an das Buch zu kommen.
   Cora ist in ein Klassenzimmer geschlichen und hat das Buch aus der Schultasche eines Kindes gestohlen.
   Paule hat einer Frau in der Straßenbahn das Buch entrissen.
   Lola hat sich das Buch von ihrer Freundin geliehen und nicht zurückgegeben.
   Rudi hat einem Kind versprochen, das Buch mitzunehmen, um ein Autogramm der Autorin zu besorgen. Er hat das jedoch nicht wirklich vorgehabt, sondern nur gesagt, um an das Buch zu kommen.

Eigentlich eine Selbstverständlichkeit

© Verlag an der Ruhr | Postfach 10 22 51 | 45422 Mülheim an der Ruhr | www.verlagruhr.de | ISBN 978-3-8346-0640-2

Beurteilung von Schuld

Kann man für etwas bestraft werden, das man nicht absichtlich getan hat?

Das kommt darauf an, ob der Täter es hätte verhindern können. Stelle dir vor, jemand nimmt nach einem Konzert versehentlich einen falschen Mantel von der Garderobe mit, weil er dem eigenen Mantel sehr ähnlich sieht. In der Manteltasche steckt ein Portmonnee mit sehr viel Geld. Wenn er das nicht merkt, wird man ihn auch nicht des Diebstahls beschuldigen, weil es sich um ein Versehen handelt. Hat der Täter aber gemerkt, dass es nicht sein Mantel war, und den falschen Mantel absichtlich mitgenommen, weil so viel Geld im Portmonnee war, so ist dies eine Straftat.

Wer ein Kind mit dem Auto überfährt, weil er in einer Wohnstraße 70 km/h statt 30 km/h gefahren ist, wird bestraft. Er hat zwar nicht absichtlich gehandelt, ist jedoch viel zu schnell gefahren. Wenn jemand durch Unvorsichtigkeit Menschen gefährdet, spricht man von Fahrlässigkeit. Fahrlässigkeit wird nicht so hart bestraft wie Absicht, man kann dafür aber immerhin bis zu fünf Jahre lang ins Gefängnis kommen.

Werden alle Menschen für dieselbe Straftat auch gleich bestraft?

Grundsätzlich sind alle Menschen vor dem Gesetz gleich. Wenn ein berühmter Schauspieler jemanden schlägt, wird er dafür genauso bestraft wie jeder andere auch. Eine Strafe kann jedoch milder ausfallen, wenn jemand Reue zeigt oder zum ersten Mal straffällig geworden ist.

Eine Ausnahme sind Menschen, die vor dem Gesetz als schuldunfähig gelten, weil sie nicht einsehen können, dass sie ein Unrecht begangen haben. Deshalb werden sie auch nicht bestraft. Kinder unter 14 Jahren gehören dazu, ebenso geistig behinderte oder psychisch schwer kranke Menschen. Sind die Täter gefährlich, so werden sie dennoch eingesperrt, z.B. in einem Heim oder einem psychiatrischen Krankenhaus.

Kann man schuldig werden, obwohl man gar nichts getan hat?

Bei so genannten Unterlassungsdelikten macht man sich gerade dann schuldig, wenn man gar nichts tut. Das kann z.B. passieren, wenn jemand einen Verletzten findet. Er muss ihm helfen oder zumindest Hilfe herbeiholen. Tut er es nicht, wird er bestraft. Schuldig ist auch, wer weiß, dass ein Mord oder eine andere schwere Straftat geplant ist, und das nicht bei der Polizei anzeigt.

ÜBRIGENS:
In anderen Ländern sind auch jüngere Kinder schon schuldfähig. In Großbritannien wurden 1993 zwei zehnjährige Jungen vor Gericht gestellt und zu zehn Jahren Gefängnis verurteilt, weil sie ein Kleinkind ermordet hatten.

2. **Überlege dir für folgende Straftaten jeweils ein Beispiel:**
   a) **absichtliche Körperverletzung**
   b) **fahrlässige Körperverletzung**
   c) **Körperverletzung aus einem echten Versehen (Unfall).**
3. **Natürlich können, trotz Gesetz, auch Kinder unter 14 Jahren Schuld empfinden, wenn sie eine Straftat begehen. Man ist in Deutschland allerdings sehr vorsichtig, wenn es darum geht, Kinder zu bestrafen. Wichtiger ist, dass sich die Taten nicht wiederholen und die Kinder zu einem Leben ohne Straftaten zurückfinden. Überlege, wie man das bei Kindern in eurem Alter erreichen könnte. Was sollte man tun, wenn ein Kind stiehlt, was, wenn es anderen gegenüber gewalttätig ist?**

© Verlag an der Ruhr | Postfach 10 22 51 | 45422 Mülheim an der Ruhr | www.verlagruhr.de | ISBN 978-3-8346-0640-2

Strafen in der heutigen Zeit

› In Deutschland gibt es zwei Möglichkeiten, Straftäter zu bestrafen. Bei leichteren Straftaten müssen sie eine Geldstrafe zahlen, für schwerere Straftaten kommt man ins Gefängnis. Die schwerste Strafe, die bei Mördern verhängt wird, ist eine lebenslange Gefängnisstrafe. Obwohl sie zeitlich unbegrenzt ausgesprochen wird, haben die Täter meist nach etwa 17 bis 25 Jahren die Möglichkeit, freizukommen.

Früher wurden Menschen häufig zum Tode verurteilt und hingerichtet. Das ist in Deutschland nicht mehr möglich, weil diese Strafe gegen das Recht auf Leben verstößt. Es gibt jedoch noch Länder, in denen Schwerverbrecher, meist Mörder, für ihre Taten sterben müssen. In den USA werden sie mit der Giftspritze hingerichtet, in China erschossen und in Saudi-Arabien mit dem Schwert enthauptet.

Warum werden Verbrecher bestraft?

Abschreckung: Bestrafung schreckt Menschen davor ab, eine Straftat zu begehen. Es ist jedoch nicht so, dass schwerere Strafen zwangsläufig zu weniger Straftaten führen. Viele Taten geschehen ungeplant, weil sich jemand nicht mehr unter Kontrolle hat und dann auch nicht an die Folgen seiner Tat denkt. Viele Täter überschätzen sich auch und denken gar nicht an die Möglichkeit, erwischt zu werden.

Schuldausgleich: Gleiches mit Gleichem zu vergelten, war früher ein sehr wichtiges Anliegen bei der Bestrafung von Verbrechern. „Auge um Auge, Zahn um Zahn", heißt es im Alten Testament der Bibel. Doch ein Mordopfer wird nicht wieder lebendig, wenn der Mörder hingerichtet wird. Vergeltung wird heutzutage nicht mehr geübt. Dennoch dient die Bestrafung auch dem Ausgleich der Schuld für begangenes Unrecht.

Besserung: Ein ganz wichtiges Ziel bei der Bestrafung ist, dass der Täter zu einem normalen Leben ohne Straftaten zurückfindet. Man hat festgestellt, dass Gefängnisaufenthalte dafür nicht sehr geeignet sind. Im Jugendstrafrecht, das für 14 bis 17-Jährige, oft auch bis 20 Jahre angewendet wird, sind deshalb vermehrt Erziehungsmaßnahmen, wie die Verpflichtung zu einem sozialen Trainingskurs oder Arbeitseinsätze in einer sozialen Einrichtung, vorgesehen.

Sicherung: Die Gesellschaft soll vor gefährlichen Tätern geschützt werden. Das ist sowohl in einem Gefängnis als auch, bei psychisch kranken Tätern, in einem psychiatrischen Krankenhaus möglich. Befürchtet man, dass ein Täter auch nach Ablauf seiner Strafe weiterhin gefährlich ist und schwere Straftaten begehen wird, kommt er nicht frei, sondern in so genannte Sicherheitsverwahrung.

© Michael Werner Nickel/pixelio.de

Gefängnis

---

1. **Diskutiert in der Klasse, was die Vorteile einer Geldstrafe und was die Vorteile einer Gefängnisstrafe sind.**
2. **Jemand hat dein Fahrrad gestohlen und kaputt gefahren. Denke dir eine gerechte Strafe für ihn aus.**

© Verlag an der Ruhr | Postfach 10 22 51 | 45422 Mülheim an der Ruhr | www.verlagruhr.de | ISBN 978-3-8346-0640-2

Strafen im Mittelalter

› Gefängnisstrafen kamen erst im 16. Jahrhundert auf. Im Mittelalter wurden Straftäter stattdessen öffentlich verhöhnt und auf grausame Weise verletzt, verstümmelt oder hingerichtet. Auch Geldstrafen waren üblich. Um zu erreichen, dass jemand eine Tat gestand, wurde der Verdächtige gefoltert, d.h., ihm wurden unerträgliche Schmerzen zugefügt. In vielen Fällen sollten so genannte Gottesproben ermitteln, ob jemand schuldig oder unschuldig war. So galt z.B. jemand dann als unschuldig, wenn seine Hände unverletzt blieben, nachdem man sie in kochendes Wasser getaucht hatte. Kein Wunder, dass viele Unschuldige in der damaligen Zeit auf Grund einer bloßen Anschuldigung ihr Leben lassen mussten.
Ein Pranger war eine Stelle, an der ein Verbrecher gefesselt öffentlich zur Schau gestellt wurde. Dadurch sollte er sowohl öffentlich bekannt gemacht als auch erniedrigt werden. Wer an den Pranger gestellt wurde, hatte meist seine bürgerliche Ehre verloren, durfte keinem Beruf mehr nachgehen und konnte auch der Stadt verwiesen werden. Lächerliche Masken (Schandmasken) oder schwere Steine mit Fratzen (Lästersteine), die um den Hals getragen wurden, waren bei kleineren Vergehen üblich. Für Verbrechen, die mit der Hand begangen wurden, wurden Hände oder Finger abgehackt, für Verbrechen, die mit dem Mund begangen wurden, die Zunge. Bei Knechten entschied man sich lieber für ein Ohr, denn so wurde die Arbeitskraft nicht beeinträchtigt. Auch Peitschenhiebe oder das Verbrennen mit heißen Eisen waren üblich. Wer mit dem Schwert oder einem Galgen hingerichtet wurde, war wenigstens sofort tot, manche Menschen wurden jedoch in einem Drahtkäfig langsam sterben gelassen oder auf dem Scheiterhaufen verbrannt. Die grausamste Strafe war „Rädern", wo dem Angeklagten mit einem Rad alle Knochen zerschlagen wurden, bevor er getötet wurde.

Tierprozesse

Im späten Mittelalter wurden häufig auch Tiere bestraft, weil sie ein Verbrechen begangen hatten. Ein Schwein konnte öffentlich am Galgen gehängt werden, weil es in einen Gemüsegarten eingedrungen war. Es gab sogar ein Gesetz, welches empfahl, alle Haustiere zum Tode zu verurteilen, wenn sie der Dame des Hauses bei einer Vergewaltigung nicht zu Hilfe eilten. Für Prozesse gegen Insekten und andere Schädlinge war die Kirche zuständig. Es sind Fälle überliefert, in denen die Tiere sogar eine Art Rechtsanwalt erhielten, um ihr schändliches Tun zu verteidigen.

© Rüdiger Wölk/wikipedia.com

In diesen Käfigen wurden in Münster Hingerichtete zur Abschreckung aufgehängt.

1. **Was bewirken die mittelalterlichen Strafen? Siehe dazu auch auf S. 87 nach, wo die Strafgründe der heutigen Zeit genannt werden.**
2. **Welches könnten die im Text geschilderten Verbrechen, die mit der Hand begangen wurden, sein, welches die, die mit dem Mund begangen wurden?**
3. **Unternimm eine Zeitreise ins Mittelalter. Du bist als Verteidiger einer Gruppe Wühlmäuse zugeteilt worden, die den Acker eines Klosters leer gefressen hat. Ihnen droht die Hinrichtung durch Ertränken. Schreibe eine Verteidigungsrede für die armen Tiere.**

© Verlag an der Ruhr | Postfach 10 22 51 | 45422 Mülheim an der Ruhr | www.verlagruhr.de | ISBN 978-3-8346-0640-2

Gefängnisse und Ausbrecher

› In alter Zeit waren Gefängnisse oft fensterlose Verliese, in denen die Gefangenen bei Wasser und Brot am Leben gehalten wurden, oft aber auch starben. Wer heute ins Gefängnis kommt, hat einen normalen Tagesablauf und bekommt normales Essen. Viele Gefängnisinsassen arbeiten und bekommen dafür auch etwas Geld. Offiziell heißen Gefängnisse Justizvollzugsanstalt, umgangssprachlich werden sie oft als Knast bezeichnet.

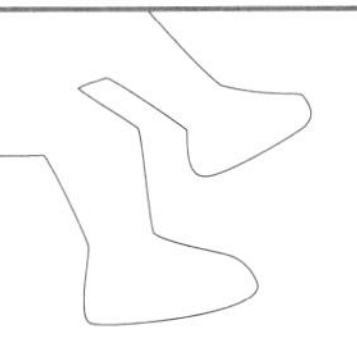

ÜBRIGENS:

In dänischen Gefängnissen wurden Hanteln über 50 Kilogramm verboten, damit die Verbrecher nicht noch kräftiger und gefährlicher werden. Das ist besonders ungünstig, weil gleichzeitig die dänischen Polizisten durch die viele Büroarbeit immer schlapper und unsportlicher werden.

Informationen nach: www.spiegel.de/panorama/0,1518,283643,00.html

Alcatraz

Das wohl berühmteste Gefängnis ist Alcatraz. Es liegt auf einer Insel in der Bucht von San Francisco in Kalifornien in den USA und wurde von 1934 bis 1963 betrieben. Alcatraz galt als ausbruchssicher und beherbergte daher viele Schwerverbrecher, darunter auch den berühmten Gangsterboss Al Capone. Es gab 14 Fluchtversuche, doch die Flüchtigen wurden entweder erschossen oder ertranken im eiskalten Wasser. Der Bankräuber John Paul Scott schaffte es allerdings, nach dem Ausbruch mit aufgeblasenen Gummihandschuhen bis zum Festland zu schwimmen. Dort musste er wiederbelebt werden, weil er fast erfroren war. Wegen des zunehmenden Verfalls und der unmenschlichen Verhältnisse wurde Alcatraz geschlossen. Heute ist es eine Touristenattraktion.

Alcatraz

© Jens Goetzke/pixelio.de

Mehr Informationen und Bilder: www.westkueste-usa.de/mn_Alcatraz.htm

Gefängnisausbrüche

John Dillinger, der von 1903–1943 in den USA lebte, war einer der berüchtigtsten Verbrecher überhaupt. Auch deshalb, weil er der Polizei immer wieder entkam und aus dem Gefängnis ausbrach. Einmal schnitzte er sich eine Holzpistole, färbte diese mit Schuhcreme schwarz und bedrohte damit einen Gefängniswärter. Der Wärter hielt sie für echt, und Dillinger konnte fliehen. Weniger geschickt stellte sich ein Ausbrecher aus dem englischen Northeye-Gefängnis an. Er versteckte sich in dem Lieferwagen, der die Gefängnisküche mit Gemüse belieferte. Als er sich nach langer Fahrt aus dem Wagen schlich, musste er feststellen, dass er sich nun inmitten der Mauern eines anderen Gefängnisses befand.

1. **Recherchiert im Internet, wie es Menschen gelungen ist, aus Gefängnissen auszubrechen. Klebt die Fälle auf Poster, und stellt sie in der Klasse aus.**
2. **Leute, die es schaffen, aus dem Gefängnis auszubrechen, werden auch bewundert. Was glaubt ihr, woran das liegt?**

© Verlag an der Ruhr | Postfach 10 22 51 | 45422 Mülheim an der Ruhr | www.verlagruhr.de | ISBN 978-3-8346-0640-2

Recht und Gesetz in verschiedenen Ländern

› Herr Meier sitzt auf einer öffentlichen Parkbank und trinkt ein Bier. Tut er das in Deutschland, so ist das nicht ungesetzlich. In Kanada hingegen müsste er auf jeden Fall mit einer Geldstrafe rechnen, denn dort darf man nur zu Hause und in Gaststätten Alkohol trinken, nicht jedoch in der Öffentlichkeit. Ganz schlecht sähe es für Herrn Meier aus, wenn die Parkbank in Saudi-Arabien stände. Alkohol ist dort, wie alle Drogen, strengstens verboten. Herr Meier würde öffentlich ausgepeitscht werden.

Mord und Diebstahl sind in allen Gesellschaften und Ländern der Welt eine Straftat. In vielen Fällen gibt es jedoch auf Grund von Traditionen, religiösen Wertvorstellungen und der gesellschaftlichen Stellung der Frau sehr unterschiedliche Rechtsauffassungen. In Deutschland ist Homosexualität seit Mitte des 20. Jahrhunderts keine Straftat mehr, Vergewaltigung in der Ehe hingegen wird seit einigen Jahren bestraft. In vielen Ländern ist dies noch umgekehrt. Majestätsbeleidigung wurde früher mit lebenslanger Freiheitsstrafe bestraft, heutzutage bekommt man dafür meist nur eine Geldstrafe. Im Jahr 2007 wurde ein betrunkener Deutscher, der in Thailand ein Porträt des Königs mit Farbe beschmiert hatte, zu zehn Jahren Haft wegen Majestätsbeleidigung verurteilt. Nach dortigen Gesetzen war das noch relativ milde.

Kuriose Gesetze

Ein Verbrechen ist ein Verstoß gegen die Grundregeln des menschlichen Zusammenlebens. In unserer Gesellschaft ist in Gesetzen festgeschrieben, was ein Verbrechen ist und wie es bestraft wird. Sie werden entweder von der Regierung verabschiedet, oder es handelt sich um Normen, die sich im Laufe der Zeit durchgesetzt haben. In einigen Gesetzestexten findet man noch viele Kuriositäten, die zwar irgendwann einmal ihren Weg dorthin gefunden haben, nach denen heute jedoch niemand mehr verurteilt wird.

- In Frankreich darf man sein Schwein nicht Napoleon nennen.
- In Kalifornien (USA) darf man nur dann Cowboystiefel tragen, wenn man mindestens zwei Kühe besitzt.
- In Schottland darf der Besitzer einer Kuh nicht betrunken sein.
- In Iowa (USA) sind einarmige Klavierspieler verpflichtet, umsonst aufzutreten.
- In Uruguay darf man sich nicht duellieren, es sei denn, man ist registrierter Blutspender.
- In Minnesota (USA) ist es illegal, Frauen- und Männerunterwäsche auf dieselbe Wäscheleine zu hängen.
- In Russland dürfen Bienen und Wespen nur in Notwehr getötet werden.

1. Wer verreist, kann sich auf den Internetseiten des Auswärtigen Amtes: www.auswaertiges-amt.de/diplo/de/Startseite.html (unter Reise- und Sicherheitshinweise) darüber informieren, welche besonderen strafrechtlichen Bestimmungen und Vorschriften es in dem Land gibt. Recherchiert, in welchen Ländern es offensichtlich deutliche Unterschiede zu den deutschen Gesetzen gibt, und sammelt die Ergebnisse auf einem Poster.

2. Schaue dir die kuriosen Gesetze an. Wähle eines davon aus, und schreibe eine Geschichte darüber, wie es wohl dazu gekommen sein könnte, dass dieses Gesetz seinen Weg ins Gesetzbuch gefunden hat.

© Verlag an der Ruhr | Postfach 10 22 51 | 45422 Mülheim an der Ruhr | www.verlagruhr.de | ISBN 978-3-8346-0640-2

Gerichtsverhandlungen

› Nach Abschluss der Ermittlungen entscheidet die Staatsanwaltschaft, ob Anklage gegen den Beschuldigten erhoben wird. Dann wird der Fall vor Gericht verhandelt. Manche Fälle werden an einem Tag verhandelt, andere ziehen sich über Monate hin. Viele Gerichtsverhandlungen sind öffentlich, d.h. jeder kann zuschauen.

Ablauf einer Gerichtsverhandlung

Aufruf zur Sache: Alle Beteiligten werden in den Gerichtssaal gebeten. Das sind: Beschuldigter, sein Verteidiger (ein Rechtsanwalt), Staatsanwalt, ein oder mehrere Richter, möglicherweise Schöffen (das sind Laien, die dem Richter zur Beratung zur Seite gestellt wurden), Protokollführer, Zeugen und Sachverständige.

Der vorsitzende **Richter eröffnet das Verfahren** und stellt die Anwesenheit aller Beteiligten fest. Zeugen und Sachverständige verlassen den Gerichtssaal. Der Richter vernimmt den Angeklagten zu seiner Person, wie Name, Geburtsdatum, etc. Anschließend verliest der Staatsanwalt die Anklageschrift, in der steht, was dem Angeklagten vorgeworfen wird. Danach vernimmt der Richter den Angeklagten zur Tat. Der Verteidiger und der Staatsanwalt dürfen Fragen stellen, der Angeklagte hat jedoch das Recht, zu schweigen.

Beweisaufnahme: Alles, was als Beweis dient, z.B. Urkunden, das Geständnis oder Spuren, wird nun vor Gericht gebracht. Auch Zeugen und Sachverständige gehören dazu. Sie werden einzeln hereingebeten und vernommen. Zeugen werden vereidigt, d.h. sie müssen schwören, die Wahrheit zu sagen. Ein Zeuge, der lügt (Meineid), kann schwer bestraft werden. In Ausnahmefällen, z.B. wenn sie mit dem Angeklagten verwandt sind, müssen Zeugen nicht aussagen. Sachverständige sind z.B. Psychologen, die die Zurechnungsfähigkeit des Angeklagten beurteilen. Der Angeklagte darf sich zu jedem Beweis äußern. Der Staatsanwalt und der Verteidiger dürfen Zeugen befragen und beim Richter beantragen, weitere Beweise zuzulassen.

Der Richter schließt die Beweisaufnahme ab, und es folgen die **Schlussplädoyers**. Der Staatsanwalt begründet, warum er auf „schuldig" (oder auch auf Einstellung des Verfahrens) plädiert und schlägt vor, wie der Angeklagte bestraft werden soll. Der Verteidiger weist auf alles hin, was den Angeklagten entlastet. Er kann auf „Freispruch" plädieren, eine möglichst milde Strafe vorschlagen oder das Strafmaß dem Gericht überlassen.

Richter und Schöffen ziehen sich zur Beratung zurück. Anschließend verkünden sie das **Urteil**. Dabei wird der Angeklagte entweder freigesprochen oder zu einer Strafe verurteilt.

© H. Spies/digitalstock.com

Richter, Staatsanwälte und Verteidiger tragen vor Gericht Roben.

1. **Angenommen, du sollst einem kleinen Kind im Grundschulalter erklären, was vor Gericht passiert. Wie erklärst du es ihm?**
2. **Warum dürfen die Zeugen während der Verhandlung nicht im Saal bleiben?**

© Verlag an der Ruhr | Postfach 10 22 51 | 45422 Mülheim an der Ruhr | www.verlagruhr.de | ISBN 978-3-8346-0640-2

Gerichtsverhandlungen

Ein Indizienprozess in drei Verhandlungen

Ein Indiz ist ein Beweis, der alleine nicht zu einer Verurteilung ausreicht. Mehrere Indizien ergeben jedoch ein Gesamtbild, welches die Schuld des Täters so nahelegt, dass eine Verurteilung möglich ist.
Im August 1986 wurden die Geschwister Melanie (7) und Karola (5) ermordet. Der Verdacht konzentrierte sich auf die Mutter, Monika Weimar. Als Motiv nahm man an, die Kinder hätten ihrem Verhältnis mit einem amerikanischen Soldaten im Weg gestanden. Im Januar 1988 wurde Monika Weimar auf Grund von Indizien zu einer lebenslangen Freiheitsstrafe verurteilt. Ihr Anwalt focht das Urteil an und erreichte schließlich, dass es im Dezember 1995 aufgehoben wurde. Weimar, die sich nach ihrer Scheidung Böttcher nannte, kam aus dem Gefängnis frei und wurde nach einer zweiten Gerichtsverhandlung im April 1997 aus Mangel an Beweisen freigesprochen. Die Staatsanwaltschaft ging in Revision (wenn Anklage oder Verteidigung gegen das Urteil in Revision gehen, wird von gerichtlicher Seite überprüft, ob formale Fehler unterlaufen sind) und in einer dritten Gerichtsverhandlung wurde Monika Böttcher im Dezember des Jahres 1999 erneut verurteilt. Sie setzte ihre Haft fort und wurde im August 2006 nach 15 Jahren Gefängnis entlassen.

Informationen nach: www.dieterwunderlich.de/Monika_Boettcher.htm

Kriminalistische Berufe:

RECHTSANWALT, STAATSANWALT UND RICHTER

Voraussetzung ist ein abgeschlossenes Studium der Rechtswissenschaften bis zum zweiten Staatsexamen. Das dauert mindestens acht Jahre. Staatsanwälte und Richter bewerben sich für den Staatsdienst und absolvieren eine dreijährige Probezeit. Die Auswahl erfolgt auf Grundlage der Examensnoten.
Rechtsanwälte arbeiten freiberuflich oder als Angestellte in Anwaltskanzleien. Sie vertreten und beraten Kunden (Mandanten) bei Rechtstreitigkeiten. Jeder Rechtsanwalt kann als Strafverteidiger arbeiten. Dabei muss er alles vorbringen, was seinen Mandanten entlastet, auch wenn er persönlich von dessen Schuld überzeugt ist.
Staatsanwälte arbeiten als Beamte bei der für die Verfolgung von Straftätern zuständigen Behörde, der Staatsanwaltschaft. Sie müssen unparteiisch sein und entlastende und belastende Beweise gegeneinander abwägen. Bei den Ermittlungen werden sie über alle entscheidenden Maßnahmen der Polizei informiert und können auch Anweisungen erteilen. Sie entscheiden, ob Anklage erhoben wird und vertreten diese vor Gericht.
Richter arbeiten bei den Gerichten und treffen auf Grundlage von Gesetzen Entscheidungen. Sie werden auf Lebenszeit ernannt und sind verpflichtet, ihr Leben so zu führen, dass sie ihre Unabhängigkeit wahren. Bereits während der Ermittlungen treffen Richter Entscheidungen, z.B., ob eine Wohnung durchsucht werden darf. Richter leiten Gerichtsverhandlungen und fällen am Ende das Urteil. Gibt es Einwände gegen das Urteil, entscheiden Richter eines höher gestellten Gerichts, ob diese berechtigt sind.

© Verlag an der Ruhr | Postfach 10 22 51 | 45422 Mülheim an der Ruhr | www.verlagruhr.de | ISBN 978-3-8346-0640-2

Gerichtsverhandlungen

Dummme Verbrecher:
Vor dem Duisburger Amtsgericht war ein Mann wegen des Diebstahls von 33 Armbanduhren angeklagt. Als der Richter ein Protokoll verlas, in dem der Name eines zweiten Täters genannt wurde, erhob sich einer der Zuhörer und sagte höflich: „Ja, hier." Den weiteren Prozess verfolgte er von der Anklagebank aus.

3. **Welchen der drei Berufe (Rechtsanwalt, Staatsanwalt oder Richter) würdest du am liebsten ausüben? Begründe deine Wahl.**
4. **Warum wird ein Rechtsanwalt, auch wenn er glaubt, sein Mandant sei schuldig, dennoch alle Möglichkeiten ausschöpfen, um einen Freispruch zu erwirken?**
5. **Diskutiert, ob der Fall Monika Weimar ein gutes oder ein schlechtes Beispiel für das Funktionieren des Rechtswesens in Deutschland ist.**

© Verlag an der Ruhr | Postfach 10 22 51 | 45422 Mülheim an der Ruhr | www.verlagruhr.de | ISBN 978-3-8346-0640-2

Schuld und Schuldfähigkeit

Gerechte Strafe für die falsche Tat?

In dem Roman „Der Richter und sein Henker", von Friedrich Dürrenmatt, gelingt es Kriminalkommissar Bärlach, den Verbrecher Gastmann, dem er vor Jahren einen Mord nicht nachweisen konnte, für ein Verbrechen zu richten, das dieser gar nicht begangen hat. Als sein Mitarbeiter Schmied, der gegen Gastmann ermittelte, ermordet wird, setzt Bärlach seinen Assistenten Tschanz auf den Fall an. Tschanz ist äußerst bestrebt, Gastmann als Täter zu überführen. Doch schon bald findet Bärlach heraus, dass Tschanz selbst der Mörder von Schmied ist. Weil Bärlach möchte, dass Gastmann bestraft wird, greift er nicht ein. So kommt es, dass Tschanz Gastmann erschießt, um sich selbst zu decken. Danach entlarvt Bärlach Tschanz und gesteht ihm, ihn benutzt zu haben. Auch Tschanz stirbt am Ende, vermutlich durch Selbstmord.

Schuldunfähigkeit: Als schuldunfähig bezeichnet man Menschen, die nicht in der Lage sind, das Unrecht ihrer Taten einzusehen. Deshalb werden sie auch nicht verurteilt oder bestraft. Als schuldunfähig gelten Kinder unter 14 Jahren sowie geistig behinderte, psychisch kranke und demenzkranke Personen. Jemand kann auch auf Grund von Alkohol, Drogen oder Medikamenten vorübergehend schuldunfähig sein. Bei eingeschränkter Schuldfähigkeit wird der Täter zwar bestraft, die Strafe jedoch abgemildert.

Das Strafmaß richtet sich auch danach, inwieweit der Täter seine Tat beabsichtigt hat.
Absicht: Der Täter hat mit der Tat den entstandenen Schaden beabsichtigt.
Direkter Vorsatz: Der Täter hat mit der Tat zwar eine andere Absicht verfolgt, wusste jedoch sicher, dass der Schaden entstehen würde.
Bedingter Vorsatz: Der Täter hat bei der Tat in Kauf genommen, dass der Schaden entstehen würde, auch wenn es nicht zwangsläufig dazu hätte kommen müssen.
Fahrlässigkeit: Der Täter hat den Schaden durch Unvorsichtigkeit verursacht.

Es gibt Situationen, die eine Straftat rechtfertigen, z.B. wenn sich jemand wehren muss (Notwehr). Wer dabei mehr Gewalt anwendet als notwendig, begeht jedoch einen Notwehrexzess und wird bestraft.

1. **Lies den Abschnitt zu dem Buch „Der Richter und sein Henker". Überlege, wer von den Personen (Schmied, Gastmann, Tschanz, Bärlach) sich schuldig macht und worin die Schuld der betreffenden Personen besteht. Diskutiert die Schuldfrage anschließend in der Klasse.**
2. **Überlege, wie sich Absicht, Vorsatz und Fahrlässigkeit wohl auf das Strafmaß auswirken.**

© Verlag an der Ruhr | Postfach 10 22 51 | 45422 Mülheim an der Ruhr | www.verlagruhr.de | ISBN 978-3-8346-0640-2

Interview mit einem pensionierten Staatsanwalt

Dieses Interview führten wir mit dem pensionierten Staatsanwalt Herrn Bluhm.

Was fasziniert Sie an dem Beruf des Staatsanwaltes?
Das Mitwirken an der Rechtsfindung an verantwortlicher Stelle. Jede Aufgabe hat individuelle Probleme, wobei die Arbeit am Sachverhalt gleichermaßen interessant und wichtig ist wie die konkrete Rechtsanwendung.

Gibt es einen Grund, warum Sie Staatsanwalt und nicht Anwalt geworden sind?
Im Gegensatz zur Staatsanwaltschaft ist der Rechtsanwalt zur Einseitigkeit verpflichtet. Eine Arbeit mit dieser Einschränkung hätte nicht meinen Vorstellungen von Recht und Gerechtigkeit entsprochen.

Was macht ein Staatsanwalt eigentlich alles?
Zum einen sind da die Ermittlungstätigkeiten, die in enger Abstimmung mit der Polizei erfolgen. Nach Ermittlungsabschluss muss die Entscheidung getroffen werden, ob Anklage erhoben wird oder das Verfahren eingestellt werden soll. Außerdem nimmt der Staatsanwalt als Vertreter der Anklage an Gerichtsverhandlungen teil.

Ist es einmal vorgekommen, dass die Polizei Ihnen einen Tatverdächtigen präsentiert hat, und Sie haben beschlossen, ihn laufen zu lassen?
Das ist nicht ganz selten gewesen. Bisweilen hat sich ein „dringender" Tatverdacht im Gegensatz zur Einschätzung der Polizei noch nicht begründen lassen. Der Tatverdächtige musste dann freigelassen werden.

Waren Sie oft unzufrieden mit den Entscheidungen des Gerichts?
In den meisten Fällen bestand eine weitgehende Übereinstimmung zwischen meinen Anträgen und den Entscheidungen der Justiz.

Sollte man Vertrauen in die deutsche Justiz setzen?
In Bezug auf die Strafjustiz ist nach meinen Erkenntnissen Misstrauen nicht begründet. Auch die Strafzumessungspraxis schätze ich insgesamt als angemessen ein.

Können Sie sich an ein besonders spannendes Ereignis aus ihrer Zeit als Staatsanwalt erinnern?
Ein etwa 8-jähriger Junge wurde vor ca. 40 Jahren Opfer eines Sexualverbrechens. Im Anschluss daran wurde der Junge von dem Sexualstraftäter getötet und in einem Koffer an einer Bushaltestelle abgestellt. Einige Stunden später wurde die Leiche des Kindes entdeckt. Verdachtsmomente für eine Täterschaft richteten sich gegen einen 40-Jährigen. Diverse Indizien sprachen gegen ihn, sodass ich Anklage wegen Mordes erhob. In der Hauptverhandlung stellte sich heraus, dass das wesentliche Beweismittel, die eindeutig belastende Aussage der Ehefrau des Angeklagten, nicht verwertbar war.
Bei der polizeilichen Vernehmung war sie nicht auf ihr Zeugnisverweigerungsrecht hingewiesen worden. Sie beschloss jedoch, als sie davon erfuhr, von diesem Recht Gebrauch zu machen. Der Angeklagte wurde freigesprochen und erhielt für ca. zehn Monate Untersuchungshaft eine Entschädigung. Jahre später nahm das an sich abgeschlossene Verfahren eine überraschende Fortsetzung. Der frühere Angeklagte hatte nämlich versucht, seine Frau zu töten. Dieses Vorhaben misslang jedoch, gab aber der Ehefrau Anlass, eine Verfahrenswiederaufnahme zu beantragen. Jetzt war die Beweiskette lückenlos. Der Angeklagte wurde nach Aufhebung des früheren Urteils nunmehr zu einer Freiheitsstrafe von 15 Jahren verurteilt. Ein später, aber nachhaltiger Sieg der Gerechtigkeit!

In dem Fall des 8-jährigen Jungen musste der Täter zunächst freigesprochen werden, weil die Zeugin von ihrem Zeugnisverweigerungsrecht Gebrauch machte. Diskutiert, ob es richtig oder falsch ist, dass niemand gezwungen werden kann, gegen einen nahen Angehörigen auszusagen.

© Verlag an der Ruhr | Postfach 10 22 51 | 45422 Mülheim an der Ruhr | www.verlagruhr.de | ISBN 978-3-8346-0640-2

Bestrafung von Verurteilten

› Früher wurden Verbrecher öffentlich an den Pranger gestellt, verstümmelt, geschlagen, aus der Stadt verbannt, zu Zwangsarbeit verpflichtet und öffentlich hingerichtet. Heutzutage werden in Deutschland Verurteilte bei leichteren Straftaten durch eine Geldstrafe, bei schwereren mit Freiheitsentzug (Gefängnis) bestraft. Die Verurteilung zu einer Geldstrafe erfolgt in Form von Tagessätzen. Ein Tagessatz entspricht einem bestimmten Anteil dessen, was dem Verurteilten an Geld zum Leben zur Verfügung steht. Wer das Geld nicht zahlen kann, hat die Möglichkeit, pro Tagessatz für einen Tag ins Gefängnis zu gehen. Wenn eine Strafe zur Bewährung ausgesetzt ist, muss der Straftäter trotz Verurteilung nicht ins Gefängnis, wenn er sich an bestimmte Regeln hält und nicht erneut straffällig wird. Die Höchststrafe ist die lebenslange Freiheitsstrafe. Allerdings kann der Verurteilte nach 15 Jahren einen Antrag stellen, den Rest der Strafe zur Bewährung auszusetzen. Er kommt dann nach etwa 17–20 Jahren frei. Verurteilte, bei denen eine „besondere Schwere der Schuld" festgestellt wurde, weil sie z.B. besonders grausam gehandelt haben, kommen erst nach 23–25 Jahren frei. Bei gefährlichen Tätern kann im Anschluss an die Strafe eine Sicherheitsverwahrung angeordnet werden.

Todesstrafe

In Deutschland und vielen anderen Ländern ist die Todesstrafe abgeschafft worden. Die UN-Menschenrechtskommission setzt sich für die weltweite Abschaffung der Todesstrafe ein, denn sie verstößt gegen das Recht auf Leben, ist grausam und verstärkt das Klima der Gewalt in dem betreffenden Staat. Dennoch wird die Todesstrafe in einigen Ländern weiter angewendet. Im Jahr 2008 wurden in China 1718 Menschen hingerichtet, in den USA waren es immerhin 37 Menschen. Hier wird in der Regel die Giftspritze verwendet. Während in den USA nur Mörder hingerichtet werden, so ist in Saudi-Arabien die Todesstrafe für Abkehr vom Glauben, Hexerei, Ehebruch und Homosexualität, Bankraub und Vergewaltigung vorgesehen. Selbst Kinder müssen für ihre Taten sterben. Auf den Seiten der Menschrechtsorganisation amnesty international findet ihr weitere Informationen und Material für den Schulunterricht: www.amnesty-todesstrafe.de

Die Strafgesetze des Athener Gesetzgebers **Drakon** aus dem Jahr 624 vor Christus waren die härtesten, die es je gegeben hat. Sie sahen selbst für Fruchtdiebstahl oder Faulheit die Todesstrafe vor. Seitdem werden besonders harte Strafen auch als **„Drakonische Strafen"** bezeichnet.

Das Leben kommt auf alle Fälle
aus einer Zelle.
Doch manchmal endet's auch –
bei Strolchen! – in einer solchen.

Heinz Erhardt, 1909–1979, deutscher Komiker, Musiker, Schauspieler und Dichter

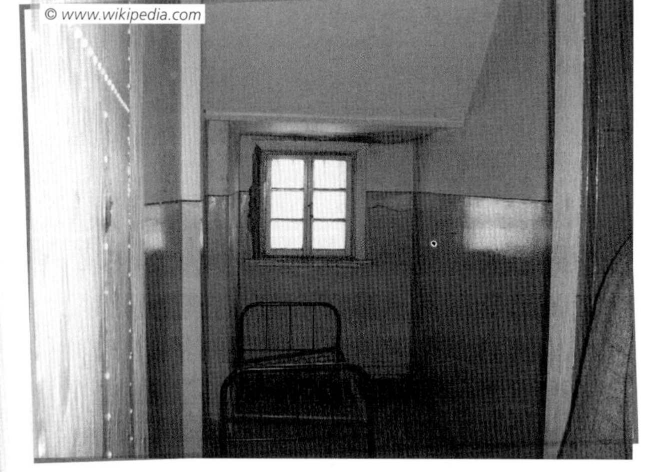

Gefängniszelle – zum Glück sehen aber heute nicht alle Zellen mehr so aus.

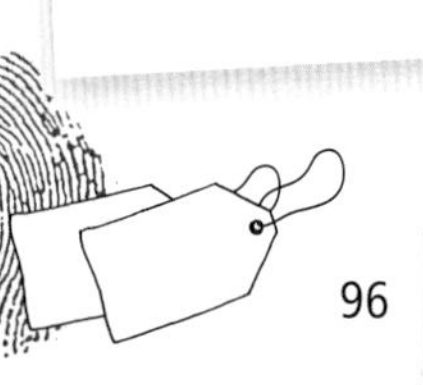

© Verlag an der Ruhr | Postfach 10 22 51 | 45422 Mülheim an der Ruhr | www.verlagruhr.de | ISBN 978-3-8346-0640-2

Bestrafung von Verurteilten

Strafziele

Abschreckung: Andere Menschen sollen davon abgehalten werden, ähnliche Straftaten zu begehen, und der Täter selbst soll von weiteren Straftaten abgeschreckt werden.
Schuldausgleich: Für das Unrecht, das der Täter getan hat, soll Vergeltung geübt werden und, wenn möglich, Schadensersatz geleistet werden.
Besserung: Der Täter soll sich bessern und darauf vorbereitet werden, in Zukunft ein gesetzestreues Leben innerhalb der Gesellschaft zu führen.
Sicherung: Die Gesellschaft soll davor geschützt werden, dass der Täter weitere Straftaten begeht.

Jugendstrafrecht: Jugendliche zwischen 14 und 17 Jahren werden nach dem Jugendstrafrecht behandelt. Heranwachsende zwischen 18 und 20 Jahren können, je nach Umständen, nach dem Jugendstrafrecht oder nach dem Erwachsenenstrafrecht verurteilt werden. Beim Jugendstrafrecht stehen Erziehung und Wiedereingliederung in die Gesellschaft im Vordergrund. Die Straftäter können z.B. verpflichtet werden, Arbeitsstunden in einer sozialen Einrichtung zu leisten und das Geld dem Opfer zukommen zu lassen. Häufig wird für wenige Tage oder über Wochenenden ein Jugendarrest in einer Jugendarrestanstalt verhängt. Bei schweren Straftaten kann eine Freiheitsstrafe bis zu zehn Jahren verhängt werden.

Der Fall Mehmet

„Mehmet" (alias Muhlis Ari) hatte vor seinem 14. Geburtstag bereits über 60 Straftaten begangen, darunter Einbrüche, Raubüberfälle und Körperverletzungen. Mit 14 Jahren wurde er nach dem Jugendstrafrecht zu einer Haftstrafe verurteilt, wurde jedoch stattdessen, ohne seine Eltern, in die Türkei abgeschoben. Drei Jahre später erklärte das Gericht die Abschiebung für rechtswidrig, und „Mehmet" durfte nach Deutschland zurückkehren. Er machte einen sehr guten Hauptschulabschluss und galt als resozialisiert. Als er jedoch im Jahr 2005 seine Eltern erpresste und verprügelte, wurde er erneut verurteilt. Er flüchtete in die Türkei, wurde nachträglich ausgewiesen und darf nun nicht mehr nach Deutschland zurückkehren.

Informationen nach:
www.welt.de/print-welt/article556116/Eine_unendliche_Geschichte.html und
www.focus.de/politik/deutschland/serienstraftaeter_aid_113894.html

1. **Lies dir die Strafziele durch. Sind Geldstrafen und Gefängnisaufenthalte geeignet, um diese Ziele zu erreichen? Welche anderen Möglichkeiten gäbe es, um den einzelnen Zielen näher zu kommen?**
2. **Diskutiert, ob eine Abschiebung, wie im Fall „Mehmet", eine geeignete Strafe für einen jugendlichen Straftäter ist.**
3. **Wenn besonders schwere Verbrechen geschehen, wird in Deutschland oft der Ruf nach einer Verschärfung des Strafrechts laut. Überlegt, welche Verschärfungen des Strafrechts möglich sind, und diskutiert in der Klasse, ob das auch sinnvoll ist. Warum können auch schwere Strafen, wie die Todesstrafe, schwere Verbrechen oft nicht verhindern?**
4. **Bei leichteren Straftaten kann an Stelle eines Strafprozesses ein Täter-Opfer-Ausgleich stattfinden, bei dem beide untereinander eine Entschädigung vereinbaren. Tut euch zu zweit zusammen, und vereinbart einen Täter-Opfer-Ausgleich für folgende Fälle: Fahrraddiebstahl, Körperverletzung durch Verprügeln und Beleidigung. Wechselt euch dabei in den Rollen des Täters und des Opfers ab.**

© Verlag an der Ruhr | Postfach 10 22 51 | 45422 Mülheim an der Ruhr | www.verlagruhr.de | ISBN 978-3-8346-0640-2

Strafprozesse in den USA

› In den USA entscheidet bei Strafprozessen meist eine Jury aus zwölf Geschworenen über Schuld oder Unschuld des Angeklagten. Die Geschworenen sind Menschen aus der Bevölkerung, die sowohl von dem Strafverteidiger als auch von dem Staatsanwalt gebilligt werden müssen. Sie werden für die Zeit der Verhandlung isoliert, damit sie in ihrer Meinung nicht beeinflusst werden. Am Ende der Verhandlung ziehen sie sich zurück und fällen das Urteil. Es muss einstimmig sein. In amerikanischen Prozessen tritt die Rolle des Richters, auch gegenüber Staatsanwalt und Verteidiger, zurück. Die beiden bringen alle Beweise vor Gericht und befragen abwechselnd, im so genannten Kreuzverhör, den Angeklagten, Zeugen und Sachverständige.
In dem Film „Die zwölf Geschworenen" von 1957 aus den USA wird ein junger Mann aus den Slums beschuldigt, seinen Vater ermordet zu haben. Von den zwölf Geschworenen stimmen elf sofort für schuldig. Einer hingegen zweifelt die Beweislage an. Nach und nach deckt er Ungereimtheiten auf und zieht einen nach dem anderen der Geschworenen auf seine Seite, bis der Angeklagte am Ende auf Grund begründeter Zweifel freigesprochen werden kann.

Der Fall O.J. Simpson

O.J. Simpson, ein US-amerikanischer Footballstar und Schauspieler, wurde 1994 des Mordes an seiner Ex-Frau und deren Liebhaber angeklagt. Bei der Festnahme versuchte er, zu fliehen. Eine DNA-Analyse ließ nach Angabe von Experten eigentlich keinen Zweifel an seiner Schuld. Der Verteidiger schaffte es jedoch, den Schwerpunkt der Verhandlung auf die rassistische Einstellung einiger Ermittler zu legen und eine Verschwörung gegen O.J. Simpson, einen Schwarzen, nahezulegen. Die sachliche Beweislage geriet dadurch in den Hintergrund, und die Geschworenen sprachen Simpson frei.

© www.wikipedia.com

O.J. Simpson

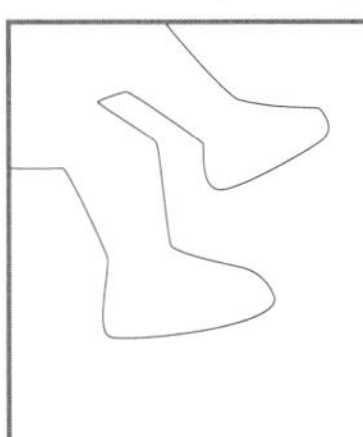

ÜBRIGENS:
Inzwischen ist O.J. Simpson doch im Gefängnis gelandet. Im Dezember 2008 wurde er wegen bewaffneter Raubüberfälle zu 33 Jahren Haft verurteilt.

Legt eine Liste mit zwei Spalten an, und sammelt jeweils Argumente für die amerikanische und für die deutsche Art, einen Gerichtsprozess zu führen. Falls ihr nicht wisst, wie das deutsche System funktioniert, informiert euch vorher, z.B. im Internet, darüber. Stimmt anschließend in der Klasse ab, welches System ihr für besser haltet.

© Verlag an der Ruhr | Postfach 10 22 51 | 45422 Mülheim an der Ruhr | www.verlagruhr.de | ISBN 978-3-8346-0640-2

Mord und Totschlag

› Mord wird in Deutschland mit der Höchststrafe, der „lebenslangen Freiheitsstrafe" bestraft. Bei Totschlag kommt der Täter, je nach Umständen, mit einer Freiheitsstrafe von fünf bis 15 Jahren davon. Viele glauben, dass ein Mord stets eiskalt geplant wurde, während ein Totschlag im Affekt geschieht, weil jemand gereizt wurde und sich nicht beherrschen konnte. Das stimmt nicht. Damit ein Verbrechen als Mord eingestuft wird, muss mindestens eines der folgenden Mordmerkmale zutreffen, ansonsten handelt es sich um Totschlag.

1. Der Täter handelt aus Mordlust. Er möchte, z.B. aus Sadismus oder Angeberei, jemanden töten oder sterben sehen, wobei das Opfer austauschbar ist.
2. Der Täter handelt, um sich sexuell zu befriedigen.
3. Der Täter handelt aus Habgier, also um sich zu bereichern und sein Vermögen zu vermehren.
4. Der Täter handelt aus sonstigen, nach unseren Wertmaßstäben, „niederen Beweggründen". Rassenhass ist eindeutig ein niederer Beweggrund, wogegen es bei Eifersucht davon abhängt, ob sie begründet oder übersteigert ist.
5. Der Täter handelt heimtückisch, d.h. er nutzt die Tatsache, dass das Opfer nichts ahnt und somit wehrlos ist, für seine Tat aus.
6. Der Täter geht grausam vor und quält sein Opfer über die Tötung hinaus seelisch oder körperlich.
7. Der Täter verwendet gemeingefährliche Mittel, die er nicht kontrollieren kann und mit denen nicht nur das Opfer getötet wird, sondern auch andere Menschen gefährdet werden.
8. Der Täter mordet, um eine Straftat zu ermöglichen oder um eine Straftat zu verdecken.

© P. Meurer/digitalstock.com

Mord? Totschlag? Selbstmord? Unfall?

Selbstmord ist in Deutschland nicht strafbar. Wer jedoch einen schwer kranken Menschen tötet, weil der ihn darum bittet, kann für diese Tötung auf Verlangen mit bis zu fünf Jahren Gefängnis bestraft werden. Gleiches gilt für fahrlässige Tötung, bei der der Tod eines Menschen nicht beabsichtigt, sondern durch Unvorsichtigkeit herbeigeführt wird. Stirbt ein Opfer an einer Misshandlung, ohne dass dies beabsichtigt wurde, so handelt es sich um Körperverletzung mit Todesfolge. Das bedeutet mindestens drei Jahre Gefängnis.

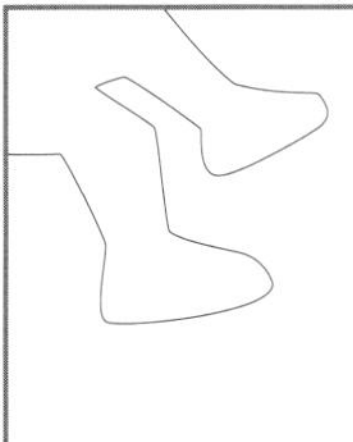

ÜBRIGENS:
Versuchter Mord kann, ebenso wie Mord, mit einer lebenslangen Freiheitsstrafe bestraft werden, muss aber nicht.

1. Warum hört man zwar von Raubmorden, nie jedoch von Raubtotschlägen?
2. Denke dir einen Fall mit mehreren Mordmerkmalen aus.

© Verlag an der Ruhr | Postfach 10 22 51 | 45422 Mülheim an der Ruhr | www.verlagruhr.de | ISBN 978-3-8346-0640-2

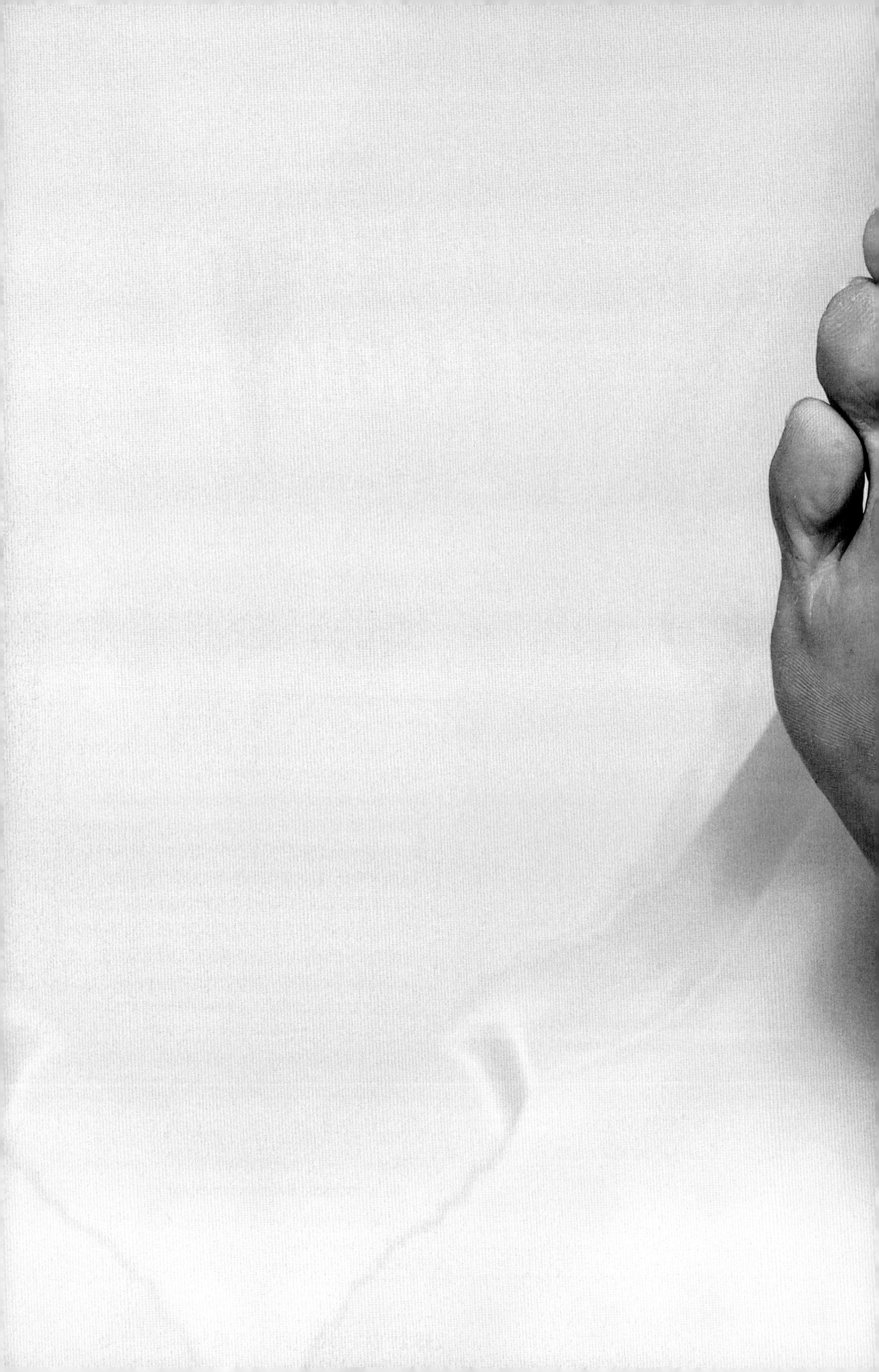

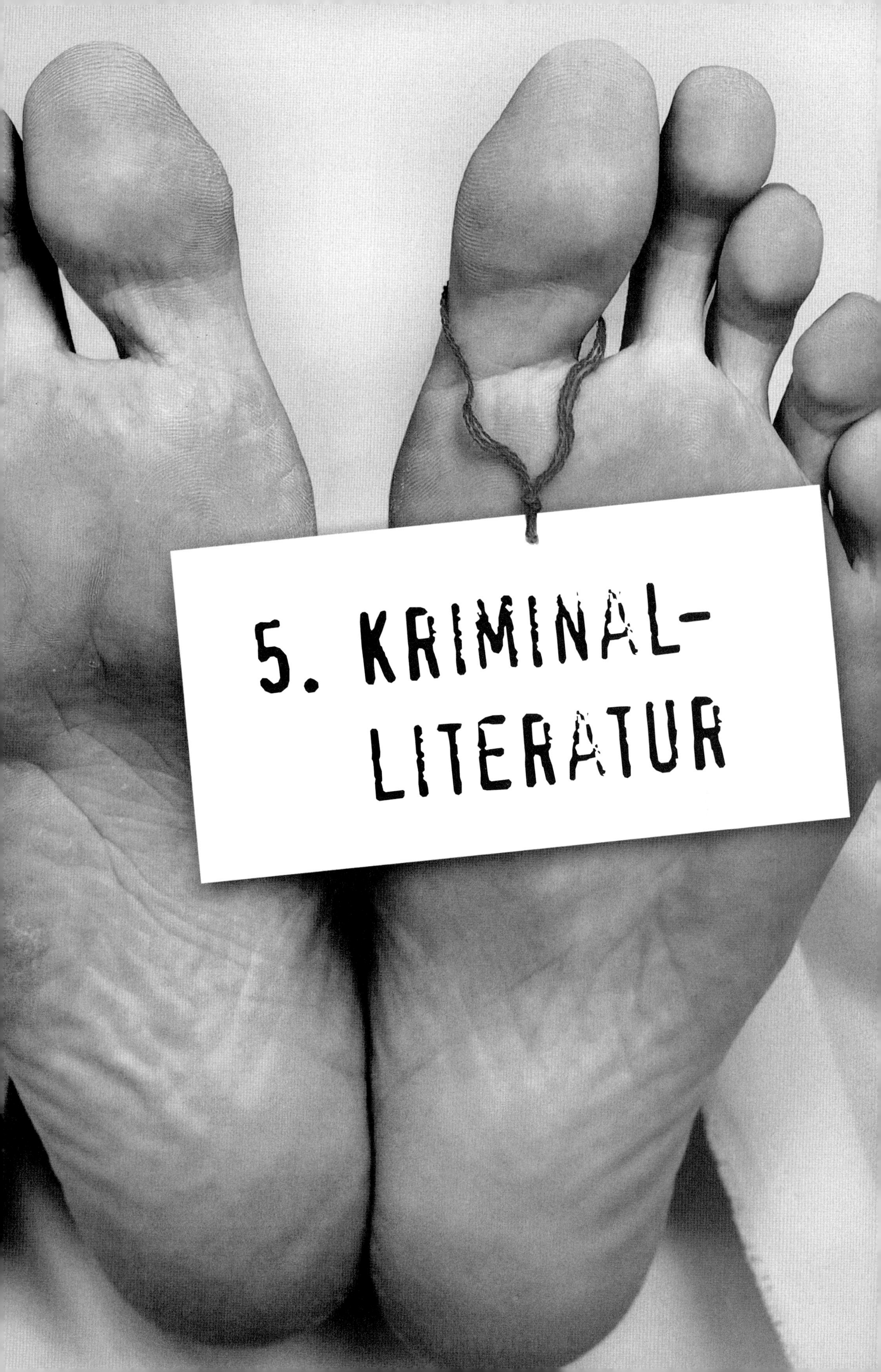
5. KRIMINAL-
LITERATUR

Interview mit zwei Krimi-Autoren

Dieses Interview führten wir mit den Krimi-Autoren Karr & Wehner, die als Autorenteam arbeiten.

Wie kamen Sie dazu, Krimis zu schreiben? Was fasziniert Sie daran?
H.P. Karr: Ich habe mich schon immer für spannende Geschichten interessiert und als Jugendlicher viele Jugendkrimis gelesen. Manchmal habe ich dann meinen Geschwistern spannende Gute-Nacht-Geschichten erzählt. Später habe ich dann angefangen, die Geschichten, die ich mir ausgedacht habe, aufzuschreiben.
Ich finde es nämlich faszinierend, andere Menschen – meine Leser – mit meinen Geschichten zu unterhalten.
Walter Wehner: Mich faszinieren Großstadtgeschichten, und ich möchte die Möglichkeiten ausloten, wie es sich heute halbwegs realistisch erzählen lässt.

Um was geht es in Ihren Krimis?
Karr & Wehner: In unseren Geschichten geht es um Orte und um Menschen – Jugendliche oder Erwachsene – die in spannende Situationen geraten. Es geht darum, wie sie sich dann entscheiden – und welche Folgen ihre Entscheidung für sie selbst und für andere hat.

Woher nehmen Sie Ihre Ideen?
Karr & Wehner: Spannende, interessante Situationen und Geschichten, aus denen man eine Story oder einen Roman entwickeln kann, gibt es überall im Alltag. Es kann sein, dass wir zufällig jemanden auf der Straße beobachten und uns fragen, was für eine Geschichte dieser Mensch wohl hat – oder was passieren würde, wenn er in eine ungewöhnliche Lage geriete. Andere Ideen bekommen wir aus der Zeitung. Beispielsweise die Idee für unseren K.L.A.R.-Krimi „Feuerspiele", der erste Krimi, den wir für Jugendliche geschrieben haben. Es war eine kleine Meldung über den Brand in einem Supermarkt, und Tage später eine weitere Meldung, dass deshalb einige Jugendliche festgenommen worden waren. Daraus haben wir dann unsere Geschichte entwickelt: „Was könnte passieren, wenn einige Jugendliche vollkommen unschuldig in Verdacht geraten, die Brandstifter zu sein?"

Wie gehen Sie vor, wenn Sie einen Krimi planen?
Karr & Wehner: Wenn wir gemeinsam an einer Geschichte arbeiten, treffen wir uns regelmäßig und sprechen lange über die Personen, die die Hauptrolle in der Geschichte spielen sollen, und wie sich die Handlung entwickeln könnte. Wir probieren in unserer Fantasie eine Menge aus, bis wir meinen, endlich die richtige Mischung gefunden zu haben. Dann beginnen wir damit, die Geschichte zu schreiben.

Sind die Ermittler in Ihren Krimis eher ganz normale Menschen oder eher Heldenfiguren?
Karr & Wehner: Die Ermittler in unseren Krimis sind oft ganz normale Menschen, die in eine Geschichte hineingeraten, in der sie zum Ermittler werden. Sie müssen dann mitunter Dinge tun, die sie normalerweise in ihrem Leben nicht getan hätten – und werden damit ein bisschen zu Heldenfiguren.

Haben die Personen in Ihren Büchern Eigenschaften von Ihnen oder Personen, die Sie kennen, oder denken Sie sich die Personen und die Handlung komplett frei aus?
Karr & Wehner: Die Personen in unseren Geschichten sind immer Produkte unserer Fantasie. Sie orientieren sich höchstens gelegentlich an den Eigenschaften von Menschen, die wir kennen oder einmal kennengelernt haben.

1. **Schaue in die Zeitung, und suche Meldungen, die man wie Karr & Wehner für einen Krimi nutzen könnte.**
2. **Wie würdest du am liebsten vorgehen, wenn man dir auftragen würde, einen Krimi zu schreiben? Würdest du lieber Heldenfiguren als Hauptpersonen wählen oder ganz normale Menschen?**

© Verlag an der Ruhr | Postfach 10 22 51 | 45422 Mülheim an der Ruhr | www.verlagruhr.de | ISBN 978-3-8346-0640-2

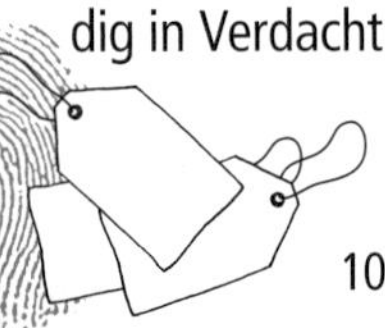

Verbrechensliteratur und Kriminalliteratur

› Verbrechen haben in Büchern schon immer eine große Rolle gespielt. Oft geht es dabei auch um Verbrecher, die tatsächlich gelebt haben, wie z.B. der legendäre Robin Hood oder der unten beschriebene Westernheld Billy the Kid. Wenn das Buch davon handelt, warum ein Verbrechen geschehen ist und wie es dazu kommen konnte, spricht man von **Verbrechensliteratur**. In der Kriminalliteratur hingegen geht es darum, wie ein Verbrechen aufgeklärt und der Täter verfolgt wird. Die erste **Kriminalliteratur**, eine Detektivgeschichte, wurde 1841 geschrieben. Um diese Zeit herum wurden auch die ersten kriminalpolizeilichen Organisationen gegründet, und die Menschen begannen, sich für die Aufklärung von Verbrechen zu interessieren. Auch Berichte von echten Gerichtsverhandlungen waren ein beliebter Lesestoff.

Billy the Kid

Während man in Europa immer mehr in das Geschäft der Verbrechensbekämpfung einstieg, herrschte im Wilden Westen der USA noch vielerorts Gesetzlosigkeit. Dem Westernhelden Billy the Kid (1859–1881) werden insgesamt 21 Morde nachgesagt. Wahrscheinlich waren es jedoch nur neun, und nur vier davon sind wirklich belegt. Damals zogen immer mehr Menschen aus dem dicht besiedelten Osten in den Westen der USA, um dort Rinder zu züchten. Die Indianer wurden gewaltsam zurückgedrängt. Es gab Streitigkeiten um Land, und die Rancher hielten sich bewaffnete Gangs. Aus Kuhjungen (Cowboys) wurden Revolverhelden. Auch Billy the Kid arbeitete für einen Rancher und nahm an blutigen Kämpfen um Land und Rinder teil. Später wurde er selbst zum skrupellosen Viehdieb, der mit seiner Bande Rinderzüchter überfiel und die Gesetzlosigkeit der damaligen Zeit für sich ausnutzte. Billy the Kid wurde zum Tode verurteilt, konnte jedoch fliehen. Im Alter von 22 Jahren wurde er von einem Sheriff erschossen. Über Billy the Kid wurden nach seinem Tod zahlreiche Romane geschrieben.

Informationen nach: http://de.wikipedia.org/wiki/Billy_the_Kid

Bei welchen der folgenden Bücher könnte es sich um Kriminalliteratur handeln?

A Die Geschichte eines Sheriffs, der beschreibt, wie er Billy the Kid nach dessen Verurteilung verfolgt, aufspürt und schließlich tötet.

B Ein Roman darüber, wie die schwere Kindheit und die Situation im Wilden Westen der USA zu Billy the Kids ersten Morden geführt haben.

C Die Geschichte, wie ein Rancher und sein Hund herausfinden, dass hinter den Viehdiebstählen der letzten Wochen Billy the Kid und seine Bande stecken.

D Ein Buch über Recht und Gesetz zur Zeit des Wilden Westens mit Beschreibungen aller bekannten Revolverhelden.

E Eine Veröffentlichung der geheimen Tagebücher von Billy the Kid.

F Eine Geschichte über einen Gerichtsprozess, in dem Billy the Kid zum Tode verurteilt wird

© Verlag an der Ruhr | Postfach 10 22 51 | 45422 Mülheim an der Ruhr | www.verlagruhr.de | ISBN 978-3-8346-0640-2

Krimis

› Jedes vierte Buch der Unterhaltungsliteratur, das verkauft wird, ist ein Krimi, in dem ein Verbrechen verfolgt wird. Ein Krimi muss jedoch nicht unbedingt ein Buch sein. Es gibt ihn auch als Film, Fernsehserie, Theaterstück, Hörspiel, Computerspiel oder Gesellschaftsspiel. Es gibt grundsätzlich zwei verschiedene Arten von Krimis. Viele Krimis weisen jedoch Elemente von beiden auf.
In einer **Detektivgeschichte** ist bereits ein Verbrechen geschehen. Nun geht es um die Aufklärung, also darum, herauszufinden, wer der Täter ist und wie sich das Verbrechen abgespielt hat. Die Lösung des Falls liegt in der Vergangenheit, daher wird rückblickend erzählt. Die Spannung steigt zum Ende hin an. Der Detektiv löst den Fall mit Ruhe und Verstand.
In einem **Thriller** geschieht am Anfang ein Verbrechen. Dann wird der Täter verfolgt. Dabei steht oft bereits fest, wer der Täter ist. Statt Aufklärung beinhaltet ein Thriller Action (Handlung). Vertreter des Guten kämpfen gegen Vertreter des Bösen. Der Held handelt unter Druck und muss dabei auch Gewalt anwenden. Er kann selbst bedroht werden und in Gefangenschaft geraten. Die Lösung des Falls liegt in der Zukunft, und die Schilderung der Ereignisse erfolgt in der Reihenfolge, in der sie geschehen. Mit der Spannung geht es auf und ab.

Was ist eigentlich ein perfekter Mord?

Ein perfekter Mord ist ein Mord, den man nicht nachweisen kann. Damit ist er für einen Kriminalroman nutzlos. Aber es ist spannend, wenn der Täter sich um einen perfekten Mord bemüht und der Detektiv sich noch mehr bemüht, es ihm eben doch nachzuweisen. Weil auf Grund der wissenschaftlichen Methoden heutzutage so viele Spuren nachweisbar sind, werden perfekte Morde immer unmöglicher. Der Kriminalbiologe Mark Benecke meint dazu:
„Perfekte Morde werden von Fachleuten durchgeführt, nämlich von Auftragskillern. Laien sollten sich nicht auf ihr Glück verlassen und stattdessen lieber eine unblutige Lösung angehen."
(Mark Benecke,*1970, deutscher Kriminalbiologe)

Quelle: Benecke, Mark: Mordspuren, Köln 2007, S. 433

© schulabu/pixelio.de

Krimi im Theater

1. **Beschreibe kurz eine mögliche Handlung einer Detektivgeschichte und eine mögliche Handlung eines Thrillers.**
2. **Schaue dir im Internet oder einer Fernsehzeitung das Fernsehprogramm an. Bei welchen Filmen handelt es sich um Krimis? Wenn du zu einem Krimi eine nähere Beschreibung findest, überlege, ob es sich dabei eher um eine Detektivgeschichte oder einen Thriller handelt.**
3. **Für welche Art von Krimi ist der Versuch eines perfekten Mordes interessanter: für den Detektivroman oder für den Thriller?**

© Verlag an der Ruhr | Postfach 10 22 51 | 45422 Mülheim an der Ruhr | www.verlagruhr.de | ISBN 978-3-8346-0640-2

Der berühmteste Detektiv aller Zeiten

› Wenn du einen beliebigen Menschen bittest, ohne nachzudenken, dir den berühmtesten Detektiv, der je gelebt hat, zu nennen, wirst du vermutlich eine falsche Antwort bekommen: **Sherlock Holmes**. Der gute alte Sherlock ist zwar der berühmteste Detektiv aller Zeiten, gelebt hat er jedoch nie. Er ist eine Erfindung des Schriftstellers **Sir Arthur Conan Doyle** (1859 – 1930) und ist der Held von vier Romanen und 56 Kurzgeschichten, die Ende des 19. Jahrhunderts und Anfang des 20. Jahrhunderts geschrieben wurden.
Sherlock Holmes ist groß und schlank und hat eine spitze Adlernase. Der Illustrator der Geschichten zeichnete Sherlock häufig mit einer karierten Jagdkappe, weil er selbst gerne einen solchen Hut trug. Auch der karierte Mantel ist weniger dem Autor als dem Zeichner zuzuschreiben. Charakteristisch ist in jedem Fall die Pfeife, denn Sherlock ist ein starker Raucher. Auch mit Lupe ist er auf vielen Bildern zu sehen. In den Büchern geht es um Rätsel und Verbrechen aller Art. Sherlock ist ein ernster, von sich selbst überzeugter Mensch. Neben ihm sehen alle anderen, einschließlich seines Freundes und Mitbewohners Dr. Watson, ziemlich dumm aus. Bei der Lösung der Probleme geht er stets mit Scharfsinn und streng wissenschaftlich vor.

Ratschläge von Sherlock Holmes

„NICHTS IST TRÜGERISCHER ALS EINE OFFENKUNDIGE TATSACHE."

„TRAUEN SIE NIEMALS ALLGEMEINEN EINDRÜCKEN, MEIN JUNGE, SONDERN KONZENTRIEREN SIE SICH AUF EINZELHEITEN."

„WENN DU DAS UNMÖGLICHE AUSGESCHLOSSEN HAST, DANN IST DAS, WAS ÜBRIG BLEIBT, DIE WAHRHEIT, WIE UNWAHRSCHEINLICH SIE AUCH IST."

---

1. **Sherlock Holmes ist so berühmt, dass auch andere Autoren Geschichten geschrieben haben, in denen er mitspielt. In einigen davon wird sich auch über ihn lustig gemacht. Schreibe selbst eine Geschichte, in der Sherlock Holmes und Dr. Watson eine Zeitreise unternehmen, um einen Diebstahl an deiner Schule aufzuklären. Verwende dabei auch einen oder mehrere Ratschläge des berühmten Detektivs.**
2. **Recherchiere die Antworten auf folgende Fragen auf den deutschen Internetseiten des Sherlock-Holmes-Museums in England: www.sherlock-holmes.co.uk/holmes/german**

A Welches Musikinstrument spielt Sherlock Holmes?

B In welcher Stadt und unter welcher Adresse leben Sherlock Holmes und Dr. Watson?

C Sherlocks Wachsfigur steht in dem Museum nicht etwa neben seinem besten Freund, sondern neben seinem ärgsten Feind. Wie heißt der?

D Wie bezeichnet man die Zeit, in der die Sherlock-Holmes-Geschichten spielen?

E In welcher Illustrierten wurden die Sherlock-Holmes-Geschichten veröffentlicht?

F Welches war die einzige Frau, für die sich Sherlock Holmes je interessierte?

G In welcher Beziehung standen Holmes und Dr. Watson zu Mrs. Hudson?

© Verlag an der Ruhr | Postfach 10 22 51 | 45422 Mülheim an der Ruhr | www.verlagruhr.de | ISBN 978-3-8346-0640-2

Agatha Christie und der „Whodunnit"

› „Whodunnit" kommt von „Who has done it?" und bedeutet so viel wie „Wer hat es getan?" Ein „Whodunnit" ist ein Rätsel in Form eines Detektivromans nach dem folgenden Muster: Ein Mord ist geschehen. Ein Detektiv ermittelt in dem Kreis von Verdächtigen. Durch die Befragungen des Detektivs kommt nach und nach heraus, in welchem Verhältnis die einzelnen Personen zu dem Opfer standen und wer ein Motiv hatte, das Opfer zu töten. Clues sind Hinweise, die den Detektiv und den Leser auf die Spur des Täters bringen. Manche Clues erweisen sich jedoch im Verlauf der Geschichte als falsche Spuren. Damit der Leser miträtseln kann, muss er immer genau so viel wissen wie der Detektiv. Die Lösung des Falls ist stets eine Überraschung, und der Täter ist daher meist eine am Anfang unverdächtige Person.

1. **Von diesen Dingen dürfen vier in einem „Whodunnit" nicht passieren, weil der Leser sonst unzufrieden wäre. Welche sind es? Die Buchstaben vor diesen vier Dingen ergeben zusammengesetzt einen wichtigen Bestandteil eines Kriminalromans.**
   - T Der Täter erscheint am Anfang verdächtig, wird dann entlastet und am Ende wieder verdächtigt.
   - C Der Täter ist am Ende ein völlig anderer als die befragten und verdächtigten Personen.
   - L Der Detektiv nimmt eine heiße Spur auf, vergisst sie aber dann völlig.
   - A Das Opfer war ein fieser Bösewicht.
   - O Das Opfer wurde von einem der Verdächtigen in den Selbstmord getrieben.
   - U Der Detektiv findet den Täter auf Grund eines Hinweises, von dem der Leser nichts wusste.
   - G Der Täter ist ein netter und freundlicher Mensch.
   - E Es gibt nur einen einzigen Verdächtigen, und der ist am Ende auch der Täter.
2. **Ein Flugzeug oder eine einsame Insel eignen sich gut, um für einen Whodunnit eine Gruppe von Verdächtigen zu erhalten, da so die Anzahl der Personen begrenzt und überschaubar ist. Recherchiert unter www.krimi-couch.de/krimis/agatha-christie.html an welchen anderen Schauplätzen Agatha Christie ihre Personen „eingesperrt" hat, und überlegt, welche Orte sich noch eignen könnten.**

Agatha Christie (1890–1976) war die Meisterin des „Whodunnits". Ingesamt schrieb sie 66 Kriminalromane, der erste erschien 1920. In ihren Büchern ermitteln unter anderem der Belgier Hercule Poirot und die alte Dame Miss Marple. All ihre Krimis sind äußerst spannend und nach demselben Muster gestrickt. Hier zwei Krimihandlungen von Agatha Christie.

➲ **Karibische Affäre:** Miss Marple bekommt von ihrem Neffen eine Reise auf eine sonnige Karibikinsel geschenkt. Dort langweilt sie sich und muss sich darüber hinaus noch die endlose Lebensgeschichte des einäugigen Major Palgrave anhören. Mit der Behauptung, das Foto eines Mörders zu besitzen, schafft er es dann doch, ihre Neugier zu wecken. Am nächsten Tag wird er tot aufgefunden.

➲ **Tod in den Wolken:** Hercule Poirot fliegt zusammen mit 20 anderen Passagieren von Frankreich nach England. Während des Fluges wird eine professionelle Geldverleiherin mit einem vergifteten Pfeil umgebracht. Das Blasrohr, aus dem geschossen wurde, ist ausgerechnet unter Poirots Sitz versteckt.

© Verlag an der Ruhr | Postfach 10 22 51 | 45422 Mülheim an der Ruhr | www.verlagruhr.de | ISBN 978-3-8346-0640-2

Meisterdetektiv Kalle Blomquist

› Kalle Blomquist ist 13 Jahre alt und lebt in einer schwedischen Kleinstadt. Wenn er einmal groß ist, soll er im Lebensmittelladen seines Vaters anfangen, doch Kalle hat andere Pläne. Statt Hefe abzuwiegen und Rosinen einzupacken, möchte er lieber Verbrecher jagen, wie Sherlock Holmes. Eine Pfeife und eine Lupe besitzt er bereits, wenn auch keinen Tabak. Doch die Verbrecher tummeln sich unglücklicherweise alle in London oder Chicago und lassen sich in Kleinköping, wo Kalle wohnt, überhaupt nicht blicken. Seine Freunde, der Schusterssohn Anders Bengtson und die Bäckerstocher Eva-Lotta Lisander sowie Björk, der Polizist von Kleinköping, machen sich gerne lustig über Kalle und sein detektivisches Treiben. Doch in jedem der drei Kalle-Blomquist-Bücher passiert tatsächlich etwas in Kleinköping, und gemeinsam wird der Fall gelöst.

Die drei Fälle von Kalle

Meisterdetektiv Kalle Blomquist: Eva-Lottas Familie bekommt Besuch von Onkel Einar. Der nervt nicht nur die Kinder, sondern benimmt sich darüber hinaus höchst merkwürdig, Kalle findet heraus, dass Onkel Einar an einem Juwelenraub beteiligt war und sich vor seinen Komplizen versteckt …

Kalle Blomquist lebt gefährlich: Eva-Lotta findet eine Leiche, und dann landet auch noch vergiftete Schokolade im Briefkasten der Lisanders …

Kalle Blomquist, Eva Lotta und Rasmus: Die Freunde beobachten, wie ein bekannter Wissenschaftler und dessen kleiner Sohn entführt werden. Eva-Lotta schleicht sich in das Entführerauto und wird, zusammen mit den beiden, auf einer Insel gefangen gehalten. Kalle und Anders verfolgen die Spur …

Statue von Astrid Lindgren

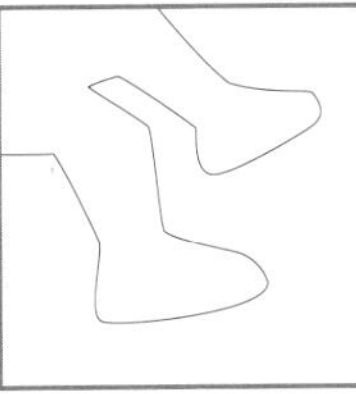

ÜBRIGENS:
Die Kalle-Blomquist-Geschichten stammen von Astrid Lindgren, der Autorin von „Pippi Langstrumpf".

Lesetipp

Astrid Lindgren:
Kalle Blomquist.
Gesamtausgabe.
Hamburg, 1996.
ISBN 978-3-7891-4130-0

1. **Denke dir einen weiteren Fall für Kalle und seine Freunde aus.**
2. **Wie kann man als Kind, unter dem Vorwand zu spielen, Detektivarbeit leisten?**
3. **Was tun Kalle, Anders und Eva-Lotta, was echte Kinderdetektive auf keinen Fall tun dürfen?**

© Verlag an der Ruhr | Postfach 10 22 51 | 45422 Mülheim an der Ruhr | www.verlagruhr.de | ISBN 978-3-8346-0640-2

Eine Geschichte, zwei Filme: Emil und die Detektive

› **Emil und die Detektive** ist ein Kinderbuch von dem bekannten Schriftsteller Erich Kästner (1899–1974). Die Geschichte um den zwölfjährigen Emil, der bestohlen wird und mit Hilfe seiner Freunde den Täter ermittelt, erschien erstmals 1929. Es gibt auch eine Fortsetzung mit dem Titel **Emil und die Zwillinge**. Emil und die Detektive ist mehrmals verfilmt worden (unten werden zwei unterschiedliche Verfilmungen vorgestellt). Kriminalfilme basieren sehr häufig auf Kriminalromanen. Manchmal wird sich dabei genau an die Vorlage gehalten, wie in dem alten Emil-Film, manchmal wird der Stoff auch stark verändert, wie in dem neuen Emil-Film. Wer einen Film drehen will, muss vorher ein Drehbuch, eine genaue Vorlage für den Film, schreiben. Eine Seite in einem Drehbuch entspricht etwa einer Minute Film. Einen Film zu drehen, ist eine langwierige Angelegenheit. An einem Drehtag entstehen nur wenige Minuten Film, die am Ende gezeigt werden können.

Die beiden Verfilmungen

Verfilmung von 1931 unter der Regie von Gerhard Lamprecht: Emil Tischbein lebt zusammen mit seiner verwitweten Mutter in einer Kleinstadt. Die Ferien soll er bei seiner Großmutter in Berlin verbringen. Die Mutter hatte sich einst von der Großmutter 140 Reichsmark geliehen, die Emil nun zurückbringen soll. Doch während der Zugfahrt gibt ein gewisser Herr Grundeis Emil Bonbons, die Schlafmittel enthalten, und stiehlt ihm das Geld. In Berlin erwacht Emil und verfolgt, zusammen mit Gustav, dem Anführer einer Kinderbande, den Täter. Mitglieder der Bande informieren die Großmutter und Emils Cousine Pony Hütchen, die auf Emil warten. Auch Pony Hütchen schließt sich der Suche nach Grundeis an, der natürlich am Ende von den Kindern gestellt wird und sich im Übrigen noch als gesuchter Bankräuber entpuppt.

Verfilmung von 2001 unter der Regie von Franziska Buch: Emil lebt zusammen mit seinem alleinerziehenden, arbeitslosen Vater in einer Kleinstadt. Als der Vater eine neue Stelle bekommt, baut er kurz darauf einen Unfall, landet im Krankenhaus und verliert seinen Führerschein, den er für die Arbeit unbedingt braucht. Emil soll nach Berlin zu Pastorin Hummel fahren, damit die auf ihn aufpassen kann. Er nimmt heimlich 1500 € aus seiner Sparbüchse mit, um damit für seinen Vater einen gefälschten Führerschein zu kaufen. Im Zug trifft er auf Max Grundeis, der verspricht, ihm bei der Sache mit dem Führerschein zu helfen, ihm dann jedoch ein Getränk mit Schlafmittel gibt und das Geld stiehlt. In Berlin wacht Emil auf und verfolgt Grundeis. Dabei trifft er auf Pony Hütchen, die einen ganzen Haufen Kinder zusammentrommelt, um Grundeis zu beschatten. Einen Jungen namens Gypsie schicken sie an Stelle von Emil zur Pastorin, die Emil noch nicht kennt. Gypsie überredet Gustav, den Sohn der Pastorin, bei der Verfolgung von Grundeis zu helfen. Am Ende gelingt es den Kindern, Grundeis, der gleichzeitig ein Hoteldieb ist, zu stellen.

1. **Wo liegen die wichtigsten Unterschiede zwischen den beiden Emil-Filmen? Was ist bei beiden Filmen gleich?**
2. **Wieso werden wohl Filme zu Romanen gedreht, die dann die Handlung des Romans jedoch sehr verfremden?**
3. **Welchen Film würdest du lieber ansehen? Begründe deine Auswahl.**
4. **Überlege, was alles in einem Drehbuch stehen sollte, damit beim Drehen des Films jeder weiß, was er zu tun hat.**

© Verlag an der Ruhr | Postfach 10 22 51 | 45422 Mülheim an der Ruhr | www.verlagruhr.de | ISBN 978-3-8346-0640-2

Die bekanntesten Kinder-Detektivbanden

Die drei ???

(von Robert Arthur und anderen Autoren seit 1968)
Die Detektivbande besteht aus dem Gründer und ersten Detektiv Justus Jonas, dem sportlichen zweiten Detektiv Peter Shaw und dem Bücherwurm Bob Andrews, zuständig für Recherchen und Archiv. Sie wohnen in Rocky Beach, einem erfundenen Ort in Kalifornien in den USA. In den Originalfolgen sind sie 12–13 Jahre alt, später älter. Daneben gibt es „Die drei ??? Kids", in denen die drei erst zehn Jahre alt sind. Die Serie stammt zwar aus den USA, war dort jedoch längst nicht so beliebt wie in Deutschland. Unter den Hörern der Hörspiele sind viele Erwachsene, die die Hörspiele noch aus ihrer Kinderzeit kennen. Das liegt wohl auch daran, dass die Sprecher der Hauptfiguren seit dem ersten Hörspiel dieselben geblieben sind und so mit ihren Hörern gealtert sind.

Internetseiten: www.diedreifragezeichen.de und www.dreifragezeichen-kids.de

Die Knickerbockerbande

(von Thomas Brezina seit 1990)
Die Knickerbockerbande besteht aus vier Kindern zwischen neun und 13 Jahren, die in Österreich (später alle in der Hauptstadt Wien) leben. Lilo ist die Anführerin und das Superhirn. Axel ist klein, aber eine Sportskanone. Dominik spielt gerne Theater, drückt sich kompliziert aus, liest viel und merkt sich alles. Poppi, die jüngste, ist ein wenig ängstlich und eine große Tierfreundin. Die Handlung erinnert an die Filme über den Geheimagenten James Bond. Die Bücher enthalten Verfolgungsjagden und führen die Kinder häufig in ferne Länder. Die Fälle beginnen oft mit einer unheimlichen Erscheinung, wie einem Geist, haben am Ende jedoch eine realistische Auflösung.

Internetseite: www.knickerbocker-bande.de/knickerbocker

TKKG

(von Stefan Wolf seit 1979)
Der Name TKKG setzt sich aus den vier Anfangsbuchstaben der Namen der 12- bis 14-jährigen Mitglieder der Detektivbande zusammen. Tim, der Anführer, ist Kampfsportler und wohnt mit Karl, dem Intelligenten, zusammen im Internat. Klößchen ist dick (sein Vater ist Schokoladenfabrikant), faul und lustig; Gaby ist tierlieb und hübsch (ihr Vater ist Polizeikommissar und unterstützt die Detektive). Auch Gabys Cockerspaniel Oskar hilft bei den Ermittlungen. Die TKKG setzen sich einerseits für Gerechtigkeit und Gleichberechtigung ein, anderseits wird dem Autor von Kritikern der Vorwurf gemacht, Klischees zu verwenden. Die Verbrecher tragen Narben, sind Ausländer, Punks oder obdachlos, und auch die Kinder selbst werden in ihren Eigenschaften übertrieben dargestellt.

Internetseite: www.tkkg-buecher.de

1. **Die beschriebenen Kinderbuchreihen leben davon, dass sich die Hauptdarsteller in ihren Eigenschaften bei der Verbrecherjagd ergänzen. Erfinde drei Kinderdetektive mit verschiedenen Eigenschaften. Achte jedoch darauf, keine Klischees (häufig verwendete, typische und übertriebene Eigenschaften) zu verwenden.**
2. **Von den beschriebenen Kinderbuchreihen sind sehr viele Folgen erschienen. Von den drei ??? gibt es sogar 149 Bücher und 134 Hörspiele. Liest auch du gerne Bücher aus einer Reihe oder Serie? Warum ist es angenehm, immer wieder Geschichten von „alten Bekannten" zu lesen?**
3. **Besuche die Webseiten der drei Detektivserien (vielleicht kennst du die Serien ja auch schon), finde heraus, welche dir am besten gefällt, und begründe deine Ansicht.**

© Verlag an der Ruhr | Postfach 10 22 51 | 45422 Mülheim an der Ruhr | www.verlagruhr.de | ISBN 978-3-8346-0640-2

Tierische Detektive

› In einigen Krimis betätigen sich Tiere als Kriminalisten. Sie ermitteln dabei unter ihresgleichen oder dringen ins menschliche Milieu vor oder helfen den Menschen bei der Verbrecherjagd. Das Ganze geht natürlich nicht ohne Vermenschlichung. In den beiden unten beschriebenen Tierkrimis dienen sogar menschliche Literaturdetektive als Vorbild für die tierischen Helden. Ein Tierkrimiautor sollte sich jedoch bei den Eigenschaften und Verhaltensweisen der Tiere, um die es geht, bestens auskennen. Besonders häufig werden übrigens Katzen als Krimihelden gewählt. Den bekanntesten deutschen Katzenkrimi, „Felidae" von Akif Pirinçci, gibt es auch als Trickfilm.

Scha(r)fsinnige Ermittler auf Irlands grünen Wiesen

Ein Schäfer wird mit einem Spaten in der Brust tot aufgefunden. Die Herde, unter Führung der klugen Miss Maple, ermittelt unter den Menschen im Dorf. Jedes Schaf wird entsprechend seiner Fähigkeiten eingesetzt. Hilfreich ist dabei, dass der Schäfer den Schafen einst neben Liebes- auch Kriminalromane vorgelesen hat. Am Ende bringen die Schafe natürlich die Wahrheit ans Licht und haben eine Menge über die Menschen und ihre für Schafe oft schwer zu durchschauenden Verhaltensweisen gelernt. Der Name der Hauptermittlerin ähnelt übrigens dem von Miss Marple, der Detektivin aus den Büchern von Agatha Christie.

Informationen nach:
Swann, Leonie: Glennkill: Ein Schafskrimi, Goldmann, München 2007

Knallharter Käfer auf Verbrecherjagd

Privatdetektiv Muldoon ist eigentlich ein Käfer, aber alle nennen ihn Wanze. Er ermittelt im Garten unter Insekten. Der Fall des verschwundenen Ohrenkneifers Eddie erscheint ihm zunächst eher langweilig, doch dann stößt er auf eine üble Verschwörung von Ameisen und Wespen und muss feststellen, dass dem Garten Gefahr droht. Das Buch ist ein Kinderbuch. Vom Typ her ähnelt die Wanze jedoch einem Literaturhelden aus der Erwachsenenwelt, dem coolen Privatdetektiv Philip Marlowe aus den Büchern von Raymond Chandler. Zu seinen Gehilfen gehören unter anderem Jake, eine zuckersüchtige Stubenfliege, und die Reporterin Wilma, eine Grashüpferdame. In Muldoons zweitem Fall führt die Spur zum Haus der Menschen. Es beginnt damit, dass ein Igel durch das Dach der Bar von Nacktschnecke Dixie stürzt und stirbt.

Informationen nach: Shipton Paul: Die Wanze & Heiße Spur in Dixies Bar: Zwei Insektenkrimis in einem Band, Fischer, 2009

Eine kleine Begriffserklärung:
Eine Wanze ist eine Insektenart oder ein kleines verstecktes Gerät zum Abhören von Gesprächen.

1. **Überlege dir eine Tierart, mit der du dich gut auskennst, und denke dir einen Fall für sie aus.**
2. **Aus welchen Gründen werden Katzen wohl besonders gerne als tierische Detektive genommen?**
3. **Welches Buch macht auf dich einen interessanteren Eindruck: der Schafskrimi oder der Käferkrimi? Begründe deine Wahl.**
4. **Recherchiere im Internet, über welche anderen Tiere es Krimis gibt. Gib dafür z.B. „Hundekrimi" oder „Schweinekrimi" in die Suchfunktion ein. Wenn du ein Buch findest, versuche auch, herauszufinden, worum es dabei geht.**

© Verlag an der Ruhr | Postfach 10 22 51 | 45422 Mülheim an der Ruhr | www.verlagruhr.de | ISBN 978-3-8346-0640-2

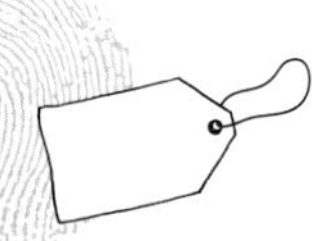

Warum Vampire Dracula heißen

› Graf Dracula ist eine berühmte Schauergeschichte mit einem sehr kleinen wahren Kern. Hier kannst du lesen, wie sie entstanden ist und weiterverwendet wurde.

Ein alter Volksglaube,
Vampire sollen tote Menschen sein, die tagsüber friedlich in ihren Särgen schlummern und sich des Nachts aufmachen, um lebendige Menschen zu belästigen und ihr Blut zu trinken. Der Glaube an Vampire hat sich, unabhängig voneinander, in verschiedenen Gegenden der Erde entwickelt und war besonders im Südosten Europas verbreitet.

eine wahre Gestalt aus der Geschichte,
Ein Tyrann ist ein Herrscher, der seine Macht ausnutzt, um Grausamkeiten zu begehen. Fürst **Vlad III. Draculea** (1431–1476) war ein solcher Tyrann. Er herrschte über die Walachei, ein Gebiet im heutigen Rumänien, wo auch Vampirsagen stark verbreitet sind. Er brachte Zehntausende Menschen um, indem er ihnen bei lebendigem Leibe einen Holzpfahl durch den Körper trieb und sie dann langsam sterben ließ. Einem Gast, der ihm zu Ehren seinen Turban nicht absetzen wollte, nagelte er den Turban am Kopf fest.

ein Gruselroman,
Im Jahr 1857 schrieb Bram Stroker den Roman **Graf Dracula**. Er handelt von einem Londoner Rechtsanwalt, der dem Grafen Dracula ein Haus in London verkaufen möchte und sich zu diesem Zweck nach Transsylvanien in Rumänien in dessen Schloss begibt. Der Graf ist auffällig blass, hat lange spitze Zähne und auffällig rote Lippen. Im Verlauf des Romans wird offenkundig, dass Graf Dracula Menschen beißt, um ihr Blut zu trinken. Dadurch werden auch diese zum Vampir. Knoblauch und durchs Herz getriebene Pflöcke dienen dazu, die Vampire unschädlich zu machen. Am Ende gelingt es natürlich, den Grafen endgültig zu vernichten.

und einige Möglichkeiten, eine solche Geschichte weiter zu nutzen.
In Rumänien können Touristen das **Schloss des Grafen Dracula** besichtigen. Es ähnelt dem Schloss im Roman, doch der echte Fürst hat es vermutlich nie betreten. Es gibt inzwischen Hunderte von Vampirfilmen, von denen viele den Stoff des Romans als Grundlage haben. Der Film **Tanz der Vampire** von 1967 ist eine Parodie. Das bedeutet: Darin wird sich über all diese Vampirfilme gründlich lustig gemacht. Seit 1997 gibt es ihn auch als Musical.

Vampir
Vlad III. Draculea
© www.wikipedia.com

1. **Was unterscheidet eine Schauergeschichte, wie die Geschichte von Dracula, von einem Krimi? Was ist ähnlich?**
2. **Überlege, wie man, außer durch den Verkauf von Büchern, an bekannten Geschichten und deren Hauptfiguren verdienen kann.**
3. **Denke dir eine ganz andere Schauergeschichte aus, die jedoch ebenfalls sowohl auf der Vampirsage als auch auf Fürst Vlad III. Draculea aufbaut.**

© Verlag an der Ruhr | Postfach 10 22 51 | 45422 Mülheim an der Ruhr | www.verlagruhr.de | ISBN 978-3-8346-0640-2

Verbrechen in Literatur und Dichtung

Verbrechensliteratur beschäftigt sich damit, wie es zu einem Verbrechen kommt und worin der Sinn eines Verbrechens liegt. König Ödipus, der unwissentlich seinen Vater erschlägt und seine Mutter heiratet, ist eine Tragödie des griechischen Dichters Sophokles (497/496 v. Chr.–406/405 v. Chr.) und gehört zu den ältesten Werken der Verbrechensliteratur. Auch die Dramen Shakespeares (1564–1616), Schillers *Räuber* (1781) und *Schuld und Sühne* (1866) von Fjodor Dostojewski (1821–1881) handeln von Verbrechen, ohne Kriminalliteratur zu sein.

Bänkelgesang

Auf dem Marktplatz herrscht buntes Treiben. Plötzlich steigt ein bunt gekleideter Mann auf eine kleine Bank und zeigt auf ein Bild, das er hinter sich aufgestellt hat. Dann singt er, begleitet von einer Drehorgel, eine grässliche Geschichte von einem Matrosen, der sich selbst erstach, um seine Kameraden auf See zu ernähren.
Bei ihren Geschichten von Verbrechen, Mördern und Räuberbanden ließen sich Bänkelsänger von Zeitungsartikeln inspirieren, die sie jedoch stets um eine gehörige Portion eigene Dichtkunst erweiterten. Bänkelgesänge waren noch bis zu Beginn des 20. Jahrhunderts üblich.

Informationen nach: www.tagesspiegel.de/wirtschaft/Baenkelsaenger;art271,2874019

Kriminalliteratur

In der seit dem 19. Jahrhundert bekannten Kriminalliteratur geht es um die Aufklärung von Verbrechen und die Verfolgung des Täters. Im Zeitalter der Aufklärung, im 17. und 18. Jahrhundert, hatte man sich von alten Denkweisen getrennt, und neu erlangtes Wissen und vernünftiges Denken traten in den Vordergrund. Vor Gericht nahm die Bedeutung von Beweisen gegenüber der von Geständnissen zu. Die Folter, die dazu gedient hatte, Geständnisse zu erpressen, wurde abgeschafft. Später wurden überall Organisationen zur Verbrechensbekämpfung gegründet. Die Menschen entwickelten ein wachsendes Interesse an wahren und erfundenen Gerichts- und Polizeiberichten. Begünstigt wurde die Ausbreitung von Kriminalgeschichten auch durch die Zunahme von Zeitungen und Zeitschriften, wo sie als Kurzgeschichten oder Fortsetzungsromane erschienen. Im Jahr 1747 wurde in Deutschland eine ursprünglich französische Sammlung von Gerichtsprozessberichten veröffentlicht, die sich als Lesestoff großer Beliebtheit erfreute.

---

1. **Welche Geschichten oder Filme kennst du, die von Verbrechen handeln? Entscheide, ob es sich um Verbrechens- oder Kriminalliteratur (bzw. Filme) handelt, und begründe deine Ansicht.**
2. **In der Bibel steht die Geschichte, wie Kain seinen Bruder Abel aus Eifersucht tötet, was Gott nicht verborgen bleibt. Stelle dir vor, jemand würde ein Buch über diese Geschichte schreiben. Wo läge der Schwerpunkt, wenn es sich um Verbrechensliteratur handeln würde, wo, wenn es ein Kriminalroman wäre?**
3. **Bildet Kleingruppen, und überlegt euch ein abstruses und grässliches Verbrechen. Dichtet daraus zu einer bekannten Melodie, die ihr alle kennt, ein Bänkellied, und führt es vor euren Klassenkameraden auf. (Wenn ihr euch ein Bänkellied anhören möchtet oder auf der Suche nach einer passenden Melodie seid, gebt unter www.youtube.com den Begriff Bänkellied oder Moritat ein, und hört euch ein paar Beispiele an.)**

© Verlag an der Ruhr | Postfach 10 22 51 | 45422 Mülheim an der Ruhr | www.verlagruhr.de | ISBN 978-3-8346-0640-2

Verbrechen in Literatur und Dichtung

Das Fräulein von Scuderi

Einige Literaturwissenschaftler sind der Meinung, dass die Geschichte des Kriminalromans 1820 mit der Novelle *Das Fräulein von Scuderi* von E.T.A Hoffmann (1776–1822) beginnt. Darin klärt eine 73-jährige Schriftstellerin eine rätselhafte Mordserie im Paris des 17. Jahrhunderts auf. Die Opfer sind alles adelige Männer, die gerade mit einem Schmuckstück auf dem Weg zu ihrer Geliebten sind. Zunächst gerät der Geselle des Goldschmieds in Verdacht, doch die Scuderi findet heraus, dass es der Goldschmied selbst war, der nicht wollte, dass sich andere mit seinen Werken zeigten. Für eine echte Kriminalgeschichte spricht, dass sie mit einem Mord beginnt, von seiner Aufklärung handelt und mit der Überführung des Täters endet. Dass die Scuderi bei ihren Ermittlungen nicht auf Spuren und Beweise setzt, sondern quasi per Eingebung den Schuldigen findet, spricht jedoch dagegen, dass es sich bei der Novelle um einen echten Krimi handelt.

Der Name der Rose, von Umberto Eco aus dem Jahr 1980, ist ein italienischer Kriminalroman und Film, der in einer mittelalterlichen Benediktinerabtei (1327) angesiedelt ist. Chefermittler William von Baskerville geht wie ein Kriminalist des 19. Jahrhunderts vor. Im Mittelalter war daran jedoch gar nicht zu denken. Man glaubte, Verbrecher seien von bösen Geistern besessen, und setzte bei ihrer Verurteilung auf abergläubische Zeichen.

Francois Vidocq

Unerschrocken, durchtrieben, rauflustig, sehr begabt, aber auch sehr faul: So die Beschreibung des jugendlichen Eugène François Vidocq, der zunächst ein Leben als Krimineller führte und Anfang des 19. Jahrhunderts die Seiten wechselte, um die erste Kriminalpolizei der Welt, die französische Sûreté, aufzubauen. Dabei nutzte er sein Insiderwissen, arbeitete mit ehemaligen Kriminellen zusammen, führte die Undercover-Arbeit in Verkleidung und Zivil ein und wendete bei der Spurensuche Methoden an, die erst Jahrzehnte später offiziell anerkannt wurden. Im Jahr 1828 erschienen seine Memoiren. Sie wurden zum Bestseller und verkauften sich über 50 000-mal. Später gründete er eine Privatdetektei und verbrachte immer wieder Zeit im Gefängnis, weil ihm diverse Verbrechen zur Last gelegt wurden. Der Frauenheld Vidocq, der ausgezeichnete Arbeit bei der Bekämpfung von Verbrechen leistete, sich jedoch nichts und niemandem verbunden fühlte, war Vorbild für zahlreiche Romanfiguren. Mit den Schriftstellern Honoré de Balzac, Victor Hugo und Alexander Dumas war er persönlich befreundet. Die deutsche Übersetzung von Vidocqs Memoiren (Mémoires de Vidocq, chef de la police de Sûreté, jusqu'en 1827) ist im Internet unter http://de.wikisource.org/wiki/Landstreicherleben veröffentlicht.

© www.wikipedia.com

Francois Vidocq

© Verlag an der Ruhr | Postfach 10 22 51 | 45422 Mülheim an der Ruhr | www.verlagruhr.de | ISBN 978-3-8346-0640-2

4. Beurteile das Motiv des Täters im „Fräulein von Scuderi". Wie unterscheidet es sich von den üblichen Motiven in Kriminalgeschichten?

5. Unter welchen Umständen ist es richtig, wie im Fall Vidocq, einen Verbrecher zur Bekämpfung von Verbrechen einzusetzen, unter welchen Umständen nicht? Diskutiert den Fall in der Klasse.

Kriminalfälle als Unterhaltung

› Krimis gibt es als Bücher, Filme oder Hörspiele. Ein Viertel der verkauften Unterhaltungsliteratur ist Kriminalliteratur. Früher wurde sie der Trivialliteratur, also der leicht verständlichen Massenliteratur, zugeordnet. Inzwischen hat sie sich jedoch zu einer anerkannten Literaturgattung entwickelt, für die auch Literaturpreise vergeben werden. Kriminalfilme basieren häufig auf Kriminalromanen, in vielen Fällen wird die literarische Grundlage jedoch stark abgewandelt. Für zahlreiche Krimiserien im Fernsehen müssen ständig neue Drehbücher geschrieben werden. Die älteste und beliebteste Fernseh-Krimiserie in Deutschland ist **Tatort**. Auch Hörspiele, Theaterstücke oder (Computer-)Spiele basieren auf Krimi-Handlungen. Krimis faszinieren durch Angstlust. Die gewohnte Welt gerät aus den Fugen, allerdings nur vorübergehend, denn am Ende wird der Täter gefunden oder das Böse besiegt. Wer Krimis nicht mag, bemängelt oft die Realitätsferne und die Tatsache, dass in vielen Krimis Gewaltdarstellungen üblich sind, die evtl. zu einer erhöhten Gewaltbereitschaft im wirklichen Leben führen. Allzu realistische Handlungen würden jedoch auf Kosten der Spannung gehen. Ob Kriminalliteratur hingegen zur Nachahmung anregt oder eher als Ventil für kriminelle Energie fungiert, wird wenig diskutiert.

Die beiden Extremformen der Kriminalliteratur sind die **Detektivgeschichte** und der **Thriller**. Viele Werke enthalten jedoch Elemente von beidem.

Krimi-Elemente:

Action (Handlung)
Analysis (Aufklärung)
Mystery (Geheimnis)

1. **Hier siehst du 12 Charakteristika von Detektivgeschichten (D) bzw. von Thrillern (T). Schreibe auf Basis der folgenden Informationen einen zusammenhängenden Text über die Unterschiede zwischen beiden Formen. Stelle sie dazu gegenüber.**
   a) Rätsel: Der Held rekonstruiert den Tathergang eines begangenen Verbrechens. (D)
   b) Der Held löst den Fall in Muße und mit dem Verstand. (D)
   c) Der Held handelt unter Druck und wendet Gewalt an. (T)
   d) Der Ablauf ist chronologisch und vorwärts auf die Überwältigung des Täters gerichtet. (T)
   e) Mit der Spannung geht es auf und ab. (T)
   f) Der Ablauf ist nicht chronologisch, sondern rückwärts auf die Aufdeckung der bereits geschehenen Tat gerichtet. (D)
   g) Die Schilderung ist kurz und pointiert. (D)
   h) Kampf: Der Held überwindet Hindernisse bei der Verfolgung eines Verbrechens. (T)
   i) Der Schwerpunkt der Handlung liegt auf Action, unter Umständen auch auf Mystery-Elementen. (T)
   j) Die Erzählung erfolgt lang und romanähnlich. (T)
   k) Es gibt die Elemente Action, Analysis und Mystery, wobei Action gegenüber Analysis und Mystery zurücktritt. (D)
   l) Die Spannung steigt zum Ende hin an. (D)
2. **Diskutiert in der Klasse, wie Gewaltdarstellungen in Filmen, Büchern und Computerspielen auf euch wirken. Wo sind bei den verschiedenen Medien jeweils die Grenzen dessen, was gezeigt bzw. beschrieben werden sollte?**

© Verlag an der Ruhr | Postfach 10 22 51 | 45422 Mülheim an der Ruhr | www.verlagruhr.de | ISBN 978-3-8346-0640-2

Sherlock Holmes

› Sherlock Holmes ist wohl der bekannteste aller Helden aus Detektivgeschichten. Der große, hagere Privatdetektiv geht seine Arbeit ernsthaft und streng wissenschaftlich an. Daneben liebt er die Musik und spielt selbst Geige. Er raucht Pfeife, und es wird angedeutet, dass er zeitweise auch Kokain und Morphium nimmt. In den Geschichten geht es um Verbrechen und Rätsel, die sich von zwischenmenschlichen Problemen bis hin zu Staatsgeheimnissen erstrecken. Seit 1887 veröffentlichte der Engländer **Sir Arthur Conan Doyle** (1859–1930) Kurzgeschichten und Romane über Sherlock Holmes, viele davon erschienen in der Illustrierten *The Strand Magazine*. Im Jahr 1893 ließ Doyle seinen Helden zusammen mit seinem Widersacher, dem Verbrecher James Moriarty, in die Schweizer Reichenbachfälle stürzen und sterben. Der Grund war, dass er sich durch das Schreiben ständig neuer Geschichten überfordert sah. Enttäuschte Leser trauerten und banden sich schwarze Schleifen um den Arm. Doch erst 1903 entschloss sich Doyle mit der Kurzgeschichte „Das leere Haus", Sherlock Holmes weiterleben zu lassen, indem er erklärte, dieser sei dem Tod in den Wasserfällen im letzten Augenblick entkommen.

"If I had not killed him, he certainly would have killed me."

(Sir Arthur Conan Doyle, 1859–1930, schottischer Arzt und Schriftsteller, zum Tod von Sherlock Holmes)

Pastiches: Pastiches sind Fortsetzungen und Ergänzungen einer Folge, die jedoch von anderen Autoren geschrieben wurden. Es gibt Pastiches, in denen Sherlock Holmes Dracula und Albert Einstein begegnet und sogar die „Jack the Ripper Morde" aufklärt. Es gibt auch regelrechte Sherlock-Holmes-Hasser-Geschichten, in denen er als Wirrkopf beschrieben wird, der die Polizeiarbeit stört. Der Schriftsteller Maurice Leblanc erfand den ebenbürtigen, gebildeten und gewitzten Verbrecher Lupin und ließ ihn in zwei Büchern gegen Holmes antreten. Weil er über keine Genehmigung für die Verwendung des Namens verfügte, agierte der Meisterdetektiv dort unter dem Namen „Herlock Sholmes".

Die Watson-Figur: Sherlock Holmes wohnt zusammen mit Dr. Watson in der Londoner Baker Street 221 b. Mit ihm diskutiert er seine Fälle. Im Vergleich zu dem exzentrischen Holmes ist Watson eher ein Durchschnittsmensch und natürlich längst nicht so scharfsinnig wie der Held. Meist erzählt Dr. Watson die Geschichten aus der Ich-Perspektive, ein Muster, dass sich Doyle von Edgar Allan Poe abgeschaut hat. Eine „Watson-Figur" ist vielen Literaturdetektiven zur Seite gestellt. Im Gespräch mit ihr äußert der Held seine Gedanken. Oft leistet die Watson-Figur auch Hilfstätigkeiten für den ermittelnden Helden oder befreit ihn, wenn er in Gefahr gerät.

1. **Sherlock Holmes ist gegenüber allen anderen Personen in den Geschichten stark überhöht. Spätere Kriminalautoren gestalten ihre Helden meist etwas menschlicher. Welche eher menschlichen und welche eher übermenschlichen Helden kennst du aus Büchern und Filmen?**
2. **Hast du eine Idee für einen Sherlock-Holmes-Pastiche? Wen sollte er deiner Meinung nach einmal treffen (dafür kann er auch eine kleine Zeitreise unternehmen), und wie könnte die Sache ausgehen?**

© Verlag an der Ruhr | Postfach 10 22 51 | 45422 Mülheim an der Ruhr | www.verlagruhr.de | ISBN 978-3-8346-0640-2

Die Detektivgeschichte („Whodunnit")

› Ein Verbrechen ist geschehen. In der Regel handelt es sich um Mord, denn der verlangt größte Anstrengung (von Seiten des Täters, ihn zu vertuschen, und von Seiten des Detektivs, ihn aufzuklären). Der Detektiv rekonstruiert den Tathergang, prüft Alibis und Motive und findet heraus, wer der Täter ist. Dabei kann er **deduktiv** vorgehen, d.h. mit der Beobachtung von Fakten beginnen und nach und nach zur Lösung des Falls kommen. Er kann aber auch **induktiv** vorgehen, indem er eine Hypothese aufstellt und diese nach Prüfung der nötigen Fakten beibehält oder verwirft. Am Ende wird die Lösung präsentiert. Ein „Whodunnit" (Wer hat's getan) ist ein Rätsel, und der Leser darf mitraten. Dafür muss der Autor ihm **Clues** vorsetzen, Hinweise, die zur Lösung des Verbrechens führen. Gleichzeitig nutzt er die Clues, um falsche Fährten zu legen. So wird das Rätsel mal verdunkelt und dann wieder erhellt. Der Leser ist gespannt auf den Ausgang, aber auch auf die Bedeutung der Clues. Unter Umständen kommen auch Geheimnisse ans Licht, die nichts mit dem Verbrechen zu tun haben. Das Verbrechen selbst ist kompliziert und unwahrscheinlich, damit es als Rätsel etwas hergibt. Am Anfang der Geschichte werden Fragen aufgeworfen, später häufen sich die Antworten. Detektiv und Leser bekommen stets dieselbe Information. Weil das Ende so überraschend wie möglich sein sollte, ist der Mörder in der Regel eine bislang eher unverdächtige Person. Ein Detektivroman ist immer in einem überschaubaren Kreis von Personen angesiedelt, in deren Mitte sich der Mörder befindet, z.B. eine Großfamilie oder eine Reisegesellschaft. Käme der Mörder am Ende von außen, wäre der Leser enttäuscht, denn dann wären seine bisherigen Überlegungen umsonst gewesen. Die Fälle sind meist in großbürgerlichen Kreisen angesiedelt, und die Leser von „Whodunnits" stammen traditionell aus gebildeten Schichten.

Die Britin **Agatha Christie** (1890–1976) ist die Meisterin des „Whodunnit". Insgesamt schrieb sie 66 Kriminalromane, die streng nach dem oben beschriebenen Muster aufgebaut sind. Ihre Bücher sind, nach der Bibel, die meistverkauften der Welt. Der pedantische Belgier Hercule **Poirot** ermittelt in den meisten ihrer Werke. Später überließ sie ihre Fälle **Miss Marple**, einer kultivierten, zerbrechlich wirkenden, alten Dame, die in Verfilmungen mit der Schauspielerin Margaret Rutherford jedoch eher kräftig und schrullig daherkommt.

"The young people think the old people are fools, but the old people know the young people are fools."
(Motto von Miss Marple, Hauptfgur in Kriminalfällen Agatha Christies)

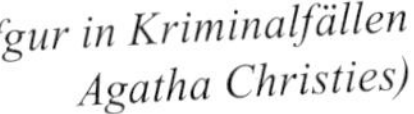

"It is ridiculous to set a detective story in New York City. New York City is itself a detective story."
(Agatha Christie, 1890–1976, britische Krimiautorin)

1. **Überlege, welche Gruppen ein geeignetes Personal (Zeugen und Täter) für einen „Whodunnit" abgeben könnten.**
2. **Denke dir einen einfachen Fall aus, und beschreibe, wie ein deduktiv arbeitender Detektiv und ein induktiv arbeitender Detektiv an den Fall herangehen und zur Lösung finden würden.**
3. **Was kommt bei echten Ermittlungen vor, darf in einem „Whodunnit" jedoch nicht passieren?**
4. **Kannst du dir vorstellen, warum Agatha Christie New York als Schauplatz für einen Detektivroman unpassend fand?**

© Verlag an der Ruhr | Postfach 10 22 51 | 45422 Mülheim an der Ruhr | www.verlagruhr.de | ISBN 978-3-8346-0640-2

Doppelmord in einem verschlossenen Raum

› Im Jahr 1841 erschien in der Zeitschrift Graham's Magazine die Kurzgeschichte *Der Doppelmord in der Rue Morgue* von Edgar Allan Poe (1809–1849). Er erzählt sie aus der Ich-Perspektive als Gefährte des Ermittlers Dupin. Sie gilt als erste echte Detektivgeschichte und Grundstein der Kriminalliteratur: Amateurdetektiv C. Auguste Dupin untersucht einen Mord an zwei Frauen. Die beiden wurden in ihrer Wohnung im vierten Stockwerk tot aufgefunden. Es ist unerklärlich, wie der Mörder flüchten konnte, denn die Wohnung ist von innen fest verschlossen. Das Fenster steht ein wenig auf, der Mörder müsste jedoch ungewöhnlich gewandt und kräftig sein, um so zu entkommen.

Das Rätsels Lösung: Der Täter ist ein Orang-Utan, der einem Matrosen entflohen war. (Die Geschichte ist im Internet unter www.zeno.org/Literatur veröffentlicht.)

Ein ungewöhnlicher Mörder

Der verschlossene Raum

Edgar Allan Poe (1809–1849) verwendet in seiner Geschichte das Element des verschlossenen Raumes: Der Raum, in dem sich das Opfer befindet, ist verschlossen, und zwar so, dass der Täter sich scheinbar in Luft auflösen hätte müssen, um zu fliehen. Dazu gehört, dass Tür und Fenster von innen verriegelt sind und es auch keine anderen Fluchtmöglichkeiten gibt. Auch die Tatwaffe ist nicht aufzufinden.
In seiner Novelle „Der verschlossene Raum" von 1935 beschäftigt sich **John Dickson Carr** (1906–1977) mit dem Rätsel des verschlossenen Raumes und beschreibt durch den Detektiv Dr. Gideon Fell, welche Lösungen es gibt, z.B.:

1. Es ist zwar der Eindruck von Mord entstanden, doch das Opfer ist durch einen Unfall gestorben oder hat Selbstmord begangen.
2. Der Ermordete wurde zum Selbstmord getrieben.
3. Der Mord wurde vor Verschluss des Raumes begangen, aber der Mörder hat eine Spur gelegt, die nahelegt, dass das Opfer bei Verschließen des Raumes noch lebte.
4. Der Mord wurde erst nach dem Eindringen der Polizei begangen, und der Täter konnte unbemerkt fliehen.
5. Der Mord konnte von außerhalb des Raumes begangen werden oder durch etwas, was vor dem Abschließen in den Raum gekommen ist.

Beispiele:

- Der Mörder schließt die Tür von außen ab und schlägt anschließend Alarm. Als er die Scheibe der Tür einschlägt, steckt er den Schlüssel von innen in das Schloss.
- Der Mörder erschießt jemanden durch ein offenes Fenster, danach fällt das Fenster durch einen Windstoß ins Schloss.
- Ein Mann ersticht sich selbst in einem geschlossenen Raum mit einem Eiszapfen, der anschließend schmilzt. Es entsteht der Eindruck von Mord.

---

1. **Überlege dir selbst ein Rätsel um einen verschlossenen Raum. Es kann sich durch gezielte Manipulation des Täters oder durch Zufall ergeben.**
2. **Überlege dir ein Rätsel, bei dem, wie bei einer Kriminalgeschichte von Edgar Allan Poe, die Aktivitäten eines Tieres eine Rolle spielen.**

© Verlag an der Ruhr | Postfach 10 22 51 | 45422 Mülheim an der Ruhr | www.verlagruhr.de | ISBN 978-3-8346-0640-2

Thriller

› Thriller handeln vom Kampf einer „ingroup" (in deren Mittelpunkt der Held steht und die das Gute verkörpert) gegen eine „outgroup" (die das Böse verkörpert und meist über einen Oberschurken verfügt). Der ist dem Helden fast ebenbürtig, wird am Ende jedoch stets überwältigt. Dazwischen kann es zu Situationen kommen, in denen der Held selbst flüchten muss oder gar in Gefangenschaft gerät. Er wendet Gewalt an, die jedoch stets als Notwehr interpretiert wird. Der Held kann privater Ermittler oder ein Angehöriger der Polizei oder eines Geheimdienstes sein. Bei dem Verbrechen, welches den Kampf auslöst, muss es sich nicht um Mord handeln. Der Personenkreis in einem Thriller erweitert sich im Verlauf der Geschichte, wobei das Ausmaß der Bedrohung schrittweise offenkundig wird. Die Schauplätze können weltweit verstreut und äußerst vielfältig sein. Häufig werden auch präzise historische und geografische Beschreibungen eingebunden. Es gibt Politthriller (Tom Clancy), Spionagethriller (John le Carré), Kirchenthriller (Dan Brown) und Polizeithriller (Joseph Wambaugh). Psychothriller (Patricia Highsmith) sind „Whodunnits", in denen weniger Wert auf Handlung gelegt wird und stattdessen emotionale Konflikte und die Psyche der Figuren im Vordergrund stehen.

Handlung eines Psychothrillers: In dem Kinoklassiker „Psycho", des Regisseurs Alfred Hitchcock (1899–1980) lebt der Serienmörder Norman Bates mit seiner mumifizierten ehemals herrschsüchtigen Mutter zusammen und begeht in ihrem Namen aus Eifersucht Morde an Frauen, an denen er eigentlich selbst interessiert ist.

Alfred Hitchcock

Heftromane

Heftromane oder Groschenromane gibt es seit Mitte des 19. Jahrhunderts. Sie sind billig, und es gibt sie als Western-, Kriminal-, Science-Fiction-, Fantasy-, Horror- oder Arztgeschichten. Ihr Aufbau ist meist einfach und die Handlung oberflächlich.

In Jahr 1846 erschien das erste Groschenheft über Sweeney Todd, einen mörderischen Barbier, der seinen Kunden die Kehle durchschnitt, sie durch eine verborgene Falltür in den Keller fallen ließ, die Leichen zerstückelte und das Fleisch an einen Fleischpastetenladen verkaufte. Seit 1954 erscheinen in regelmäßigen Abständen die Geschichten des FBI-Agenten Jerry Cotton als Heftromane. Sein Erfinder wollte sich eigentlich nur über amerikanische Krimis lustig machen und verpasste ihm deshalb den wenig heldenhaft klingenden Namen „Baumwolle" (engl. Cotton).

1. **Warum eignen sich Thriller besser für die Umsetzung in Filmen als klassische Detektivgeschichten?**
2. **Sowohl die Handlung von Psycho als auch die von Sweeney Todd erscheint ziemlich abwegig. Ersteres stand auf Platz eins der besten amerikanischen Thriller, letzteres wurde als Schundliteratur abqualifiziert. Worin liegt wohl der Unterschied?**
3. **Beeinträchtigt der Konsum von schlechten Filmen und „Schundliteratur" die intellektuelle Verfassung des Konsumenten? Diskutiert die Frage in der Klasse.**

© Verlag an der Ruhr | Postfach 10 22 51 | 45422 Mülheim an der Ruhr | www.verlagruhr.de | ISBN 978-3-8346-0640-2

Entwicklung der Kriminalliteratur

Die Judenbuche

Die 1842 erschienene Novelle *Die Judenbuche* von Annette von Droste-Hülshoff (1797–1848) handelt von dem Werdegang Friedrich Mergels, der von seinem Onkel adoptiert wird, welcher einen schlechten Einfluss auf ihn ausübt. Drei Menschen kommen um. Ein Förster wird von Holzdieben erschlagen, wobei Friedrich Mergel sich mitschuldig fühlt, weil er den Förster zu den Dieben geschickt hatte. Als ein jüdischer Geschäftsmann umkommt, gerät Friedrich in Verdacht, den Mord aus Rache begangen zu haben, denn dieser hatte öffentlich die Begleichung seiner Schulden angemahnt. Friedrich Mergel flieht. Jahre später begeht er unter derselben Buche, unter der die Leiche des Juden gefunden wurde, Selbstmord. Die Novelle, der eine wahre Begebenheit zu Grunde liegt, ist auch eine Milieustudie, in der die Autorin eine gesellschaftskritische Beschreibung ihrer Heimat liefert. Die Verbrechen resultieren dabei aus der Störung der menschlichen Gesellschaft.

Georges Simenon (1903–1989) lieferte in seinen rund 400 Kriminalromanen detailgetreue Personen- und Milieustudien. Sein Kommissar Maigret sucht häufig noch nach den Gründen für die Tat, wenn der Täter bereits feststeht. Manchmal erscheint das Opfer am Ende bösartiger als der Täter. Verdächtig erscheinen bei ihm zunächst die kleinen Leute, am Ende stellt sich jedoch oft heraus, dass der Täter aus großbürgerlichen Kreisen stammt. Das kann einerseits als Sozialkritik verstanden werden, andererseits auch als Versuch, die kleinen Leute als Leser zu gewinnen. Auch die ersten Filme der Tatort-Serie knüpften an die Tradition von Simenon an.

Kommissar Maigret als Statue

Informationen nach: Nusser, Peter: Der Kriminalroman, Metzler, 1992, S. 105 ff.

„Ja, ich bin genau so wie die Gestalten in meinen Büchern. Ich bin ein ruppiger Bursche und bekannt dafür, dass ich ein Wiener Hörnchen mit den bloßen Händen zerbreche.“

(Raymond Chandler, 1888–1959, US-amerikanischer Schriftsteller)

Hard-boiled-Krimi

Hard-boiled (hartgesottene) Krimis sind zwischen Rätselkrimi und Thriller einzuordnen. Ein Ermittler klärt einen Kriminalfall auf, tut dies jedoch in einer vorwärts gerichteten, actionreichen Handlung. Er gerät dabei, ähnlich wie beim Thriller, in gefährliche Situationen. Charakteristisch für die hard-boiled-Krimis ist ein kritischer Einblick in eine Welt ohne Moral. Der Ermittler ist ein knallharter Einzelgänger. Um seinen eigenen Moralvorstellungen gerecht zu werden, nimmt er mitunter das Gesetz in die eigene Hand. Der bekannteste Vertreter der hard-boiled-school ist Raymond Chandler (1888–1959) mit seinem Detektiv Philip Marlowe.

1. Stelle dir vor, du willst einen Kriminalroman schreiben, der gleichzeitig eine detaillierte Milieustudie (Sittengemälde) deiner Schule liefert. Darüber hinaus sollen die Leser möglichst auf viele Missstände hingewiesen werden. Überlege, wie man das erreichen kann.

© Verlag an der Ruhr | Postfach 10 22 51 | 45422 Mülheim an der Ruhr | www.verlagruhr.de | ISBN 978-3-8346-0640-2

Entwicklung der Kriminalliteratur

Schwedenkrimi

Die Eltern des Schwedenkrimis sind das Schriftstellerpaar Maj Sjöwall und Per Wahlöö. Die beiden schrieben eine Serie mit zehn Bänden um den dienstmüden Kommissar Martin Beck. Mit den Krimis, von denen der erste im Jahr 1965 erschien, wollten sie ihre kritische Sicht auf die kapitalistische Gesellschaft einem breiten Publikum vermitteln. Auch heutzutage stehen Krimis aus Schweden in dem Ruf, besonders sozialkritisch zu sein. Die derzeit bekanntesten Schwedenkrimis sind die mehrfach verfilmten Romane um den Kommissar Kurt Wallander von Henning Mankell. Die Kommissare Beck und Wallander sind keine Helden. Sie sind grüblerisch, introvertiert und einsam und leiden an der Welt, in der sie leben.

ÜBRIGENS:
In Schweden werden, bezogen auf die knapp neun Millionen Einwohner, von allen Ländern der Erde am meisten Krimis auf den Markt gebracht.

Tierkrimis: Kater Francis ist Detektivfigur und Ich-Erzähler in dem Roman Felidae (1989) von Akif Pirinçci. Er ermittelt im Katzenmilieu. Der Roman wurde 1994 zum Zeichentrickfilm verarbeitet. Nicht nur Katzen, auch Hunde, Schweine, Schafe, ja sogar Käfer lösen tierische und menschliche Fälle in Kriminalromanen.

Krimi-Themen

Historische Krimis, Gerichtskrimis, Umweltkrimis, Frauenkrimis, Sportkrimis, Weinkrimis und Sauerland-Krimis: So werden sie von Verlagen und Buchhändlern angepriesen. Doch was ist eigentlich ein Frauenkrimi? Ein Krimi, der von Frauen für Frauen geschrieben ist? Ein Krimi mit Ermittlerin, Täterin und einem weiblichen Opfer? In Anbetracht der Tatsache, dass weibliche Schriftstellerinnen seit jeher zu den besten Kriminalautoren gehören und das Genre genauso geprägt haben wie Männer, erscheint diese Unterteilung nicht jedem sinnvoll. Ähnliches gilt für den so genannten „Regio-Krimi". Wenn der Leser in einem Krimi Details aus seiner Heimat wiedererkennt, so kommt das im Allgemeinen gut an. Aber jeder Krimi spielt an irgendeinem Ort auf der Welt. Er sollte mehr zu bieten haben, als dem Leser die Freude zu machen, die Bäume vor der eigenen Haustür wiederzuerkennen.

2. **Überlegt gemeinsam mit der Klasse, welche Art von Krimis Mädchen und welche Art von Krimis Jungen gerne lesen oder sehen. Hat eine Unterteilung in Frauen- und Männerkrimis ihre Berechtigung, oder ist das eher Geschmacksache?**
3. **Eignen sich für Tierkrimis nur bestimmte Arten von Tieren, oder ist die Tierart egal?**

© Verlag an der Ruhr | Postfach 10 22 51 | 45422 Mülheim an der Ruhr | www.verlagruhr.de | ISBN 978-3-8346-0640-2

Lösungen

1. EINLEITUNG

Straftaten, Verbrechen und Vergehen (S. 8)

1. Bei einem Bagatelldelikt sind sowohl die Schuld des Täters als auch der entstandene Schaden gering. Bei einem Kavaliersdelikt hingegen kommt es darauf an, wie die Menschen darüber denken.
2. Murphy ist ein dreieinhalb Kilogramm schwerer Gartenzwerg.
3. Es handelt sich um Diebstahl (nicht um Entführung, denn Murphy ist ein Gegenstand). Da die Strafe vermutlich gering ausfällt, ist es ein Vergehen. Es ist außerdem ein Bagatelldelikt.

Alte Bezeichnungen für Verbrecher (S. 9)

1. **A)** Bandit, **B)** Gangster, **C)** Galgenvogel, **D)** Räuber, **E)** Killer, **F)** Schlitzohr, **G)** Bösewicht, **H)** Strolch, **I)** Beutelschneider
2. Krimineller, Straftäter, Verbrecher

Organisiertes Verbrechen (S. 10)

1. Weil diese Verbrecher gut organisiert sind, weltweit operieren, über viel Macht und Geld verfügen und ihre Mitglieder einschüchtern.
2. Sie müssen geschützt werden. Dabei hilft z.B. eine neue Identität, also ein neuer Name, ein neues Aussehen, ein neuer Wohnort und eine neue Arbeitsstelle.

Spieler, Quacksalber und andere Betrüger (S. 11)

2. Weil die Käufer mit Sicherheit etwas anderes erwartet haben. Küchenschaben einzeln erlegen kann schließlich jeder selbst. Kurzum: Niemand hätte das Geld überwiesen, wenn er gewusst hätte, dass es sich um zwei Holzklötze handelt.
3. Betrüger handeln vorsätzlich. Das heißt, sie wissen, dass das, was sie ihren Opfern anbieten, keinen Wert hat (oder erlangen wird). Weil James Graham sich selbst mit seinen Methoden behandelt hat, kann man davon ausgehen, dass er auch geglaubt hat, es würde seinen Opfern helfen. Ein Betrüger wäre er nur dann, wenn er von der Unwirksamkeit gewusst hätte.

Fälscher (S. 12)

1. Abgesehen vom Motiv, kann man das besonders an der unterschiedlichen Beleuchtung und den fehlenden Schatten der montierten Ausschnitte sehen.
3. Ja, z.B. gefälschte wissenschaftliche Untersuchungsergebnisse (auf Basis derer beispielsweise medizinisch behandelt oder gebaut wird). Auch gefälschte und wirkungslose Medikamente können schlimme Folgen haben.

Kriminalpolizisten, Detektive und Geheimagenten (S. 13)

1. Kriminalpolizei: e; Detektiv: a, d; Geheimdienst: b, c

Detektiv spielen (S. 16)

2. Zu einer Detektivausrüstung gehören Notizbuch und Stift, Briefumschläge, Lupe, Pinzette, Taschenmesser, Taschenlampe, Maßband, Kreide, Pauspapier, Handschuh, Fotoapparat, Handy, Computer, evtl. Walkie Talkies, Fernglas.

Verbrechen und Verbrecher (S. 17)

2. Geborene Verbrecher dürften nicht bestraft werden, weil ihre Gene Schuld an ihren Verbrechen sind. Auf der anderen Seite würden sie jedoch von vornherein diskriminiert.

Deutschlands Kriminalitätsstatistik (S. 19/20)

1. 1c, 2c, 3b, 4a, 5a, 6c, 7a, 8c, 9c, 10a, 11c, 12c
2. Auf 13 bis 14 Personen kommt im Jahr eine Straftat bzw. ein Vergehen.
3. Z.B. bei Missbrauch und Vergewaltigung. Leider schämen sich viele Opfer für das, was ihnen passiert ist, und erstatten keine Anzeige.
4. Weil die Polizei bei Mord einen erheblich größeren Aufwand betreibt, um den Täter zu ermitteln.

Betrüger (S. 21)

2. Man würde es ja gerne glauben, aber es kann gar keine seriöse Möglichkeit geben, in kurzer Zeit auf einfache Art und Weise sehr viel Geld zu verdienen

(auch wenn es in Ausnahmefällen mit etwas Glück wohl einmal passieren kann). Aufpassen sollte man auf jeden Fall, wenn man, bevor der Riesenverdienst lockt, erst einmal Geld zahlen oder weitere Leute werben soll.

Kriminalpolizei und Detektive (S. 23/24)

1. Wird Verbrechensbekämpfung von privater Seite betrieben, so besteht die Gefahr, dass man versucht ist, möglichst schnell einen Täter zu fassen und zu bestrafen, anstatt genau zu überprüfen, ob es sich wirklich um den Schuldigen handelt. Ein Privatdetektiv, der zudem noch von den Geschädigten bezahlt wird, steht hier mehr unter Druck als die Kriminalpolizei, die von unabhängiger Seite und unabhängig davon, ob sie tatsächlich einen Täter findet, bezahlt wird.
2. Beispielsweise: eine Waffe tragen, in fremde Wohnungen eindringen und Leute verhaften. Es wäre fatal, wenn das jeder Detektiv dürfte, denn schließlich darf sich jeder, der möchte, auch Detektiv nennen.

2. SPUREN

Spuren am Tatort (S. 31)

1. Z.B.: Gegenstandsspur – Zigarettenkippe, Formspur – Kuhle im Bett, Materialspur – gelbe Faser, Situationsspur – umgekippter Blumentopf, Trugspur – Gummistiefelabdrücke, fingierte Spur – Feuerzeug.

Spuren finden (S. 32)

1. Sie könnte Fasern von Omas Sofa, Hundehaare, Birkenpollen und roten Staub vom Sportplatz gefunden haben.
2. Die Splitter gehören zu dem Auto mit dem Kennzeichen E – DE 4711.
3. Umgerechnet auf Kubikzentimeter sind das 2,5 cm^3 Zucker auf 2,5 Milliarden cm^3 Wasser.
   Die Verdünnung beträgt 1:1 Milliarden und kann somit nachgewiesen werden.

Herkömmliche und genetische Fingerabdrücke (S. 34)

3. nichts anfassen, Handschuhe tragen, Sachen hinterher abwischen

Blutspuren und Spuren im Blut (S. 35)

1. Vermutlich ja, denn die Blutgruppe AB– ist so selten, dass nur einer von 100 Menschen sie hat. Auch wenn theoretisch natürlich möglich ist, dass unter den 20 Verdächtigen mehr als ein Vertreter dieser Blutgruppe ist, wahrscheinlich ist es nur einer, nämlich der Täter.

Leichen (S. 36/37)

Lösungswort: Obduktion

Giftmord (S. 38)

2. Giftmord war die weibliche Art, zu morden. Frauen waren für die Essenszubereitung zuständig und kannten sich meist gut mit Giften, z.B. in Schädlingsbekämpfungsmitteln oder Giftpflanzen, aus. Ein Giftmord erforderte keinerlei körperliche Stärke von ihnen und war daher leichter zu bewältigen; besonders wenn das Opfer, wie sehr häufig, der eigene Gatte war.
3. 5 cm = 4 Monate: Es wurde im Februar 2009, im Juni 2008 und im August 2007 versucht, die Frau zu vergiften.

Spuren von Schusswaffen (S. 39)

1. Das Geschoss wird durch den Luftwiderstand gebremst und sinkt nach einer Weile in einer Kurve zu Boden. Es fliegt erheblich schneller und weiter als ein Ball und kann daher großen Schaden anrichten.
2. Die Polizei sollte ein Geschoss aus dem Revolver unter dem Vergleichsmikroskop mit den Geschossen am Tatort vergleichen. Weil diese jedoch alle unterschiedliche Kratzspurenmuster aufweisen, muss die Polizei, auch wenn sich eine Übereinstimmung ergeben sollte, nach zwei weiteren möglichen Tatwaffen suchen.

Falschgeld (S. 41)

1. Alles würde teurer werden, die Löhne würden steigen, aber keiner würde mehr arbeiten wollen. Dadurch würde immer weniger produziert werden. Geld wäre am Ende nichts mehr wert.

Kriminalistische Spuren (S. 42)

1. Biologen: z.B. Zuordnung von Pflanzenpollen an Kleidung zu einer Pflanzenart.
   Chemiker: z.B. Nachweis von Gift in einem Nahrungsmittel.
   Physiker: z.B. Ermittlung der Richtung, aus der ein Stein in eine Fensterscheibe geworfen wurde.
2. Spuren werden verwischt, Spuren werden nicht gefunden, Trugspuren werden hinterlassen, Spuren werden vor Gericht nicht als Beweis zugelassen, weil sie nicht sorgfältig behandelt wurden.

Kriminaltechnische Methoden (S. 43/44)

1. A) Bruchstelle der Spitze und des Bleistifts unter dem Mikroskop untersuchen.
   B) Glas und Badewannenwasser mit Gaschromatografie und Massenspektrometer auf Gift untersuchen
   C) Flecken mit Luminol besprühen, Brechungsindex der Glassplitter bestimmen und mit dem Brechungsindex der Brille vergleichen.

Die Einmaligkeit der Finger (S. 45)

2. Die Fingerabdrücke mit allen Abdrücken zu vergleichen, die der Polizei zur Verfügung stehen. Vorher konnten die Abdrücke nur mit denen einer begrenzten Zahl von Tatverdächtigen verglichen werden.

Latente Fingerabdrücke (S. 46)

1. Wenn der Einbrecher Handschuhe benutzt und die Handschuhe anschließend vernichtet oder wenn er keine Handschuhe benutzt, aber noch nicht in der Fingerabdruckdatei der Polizei registriert ist, kann ein Einbrecher nicht auf Grund seiner Fingerabdrücke überführt werden.
2. Der Chaos-Computerclub hat die Anleitung entwickelt, um zu zeigen, dass solche Systeme unsicher sind und man sich auf Fingerabdrücke als Identifizierungsmerkmal nicht verlassen sollte. Das bargeldlose Zahlungssystem wurde daraufhin nachgebessert; es ist nun zwar immer noch möglich, aber immerhin schwieriger geworden, es zu überlisten.

Genetischer Fingerabdruck (S. 47)

1. Der Postbote
2. Die Bedingungen bei der Verpackung verbessern (dazu muss man wissen, woher die Verunreinigung kommt). Jeweils ein Wattestäbchen aus einer Packung vor der Benutzung auf DNS-Spuren testen (es könnte jedoch auch sein, dass gerade dieses Wattestäbchen nicht verunreinigt ist, aber alle kann man natürlich nicht testen), die genetischen Codes der Mitarbeiter mit den Wattestäbchen mitliefern (aber das ist aus Datenschutzgründen problematisch).

Der Todeszeitpunkt (S. 50)

A) Das Opfer starb vor etwa anderthalb Stunden.
B) Das Opfer starb vor etwa ein bis drei Tagen. Die Totenflecken zeigen jedoch, dass es mindestens sechs Stunden lang auf dem Rücken gelegen hat und dann noch einmal bewegt wurde.
C) Das Opfer starb vor etwa einem halben Tag. Es wurde offensichtlich von einem kühleren Raum auf den Dachboden gebracht.

Spuren an der Leiche (S. 51)

2. Haarfarbe, Augenfarbe, Frisur, Teint

Gift ist „out" (S. 52/53)

1. Prüfen, ob die Symptome an der Leiche auf eine bestimmte Vergiftung hinweisen; Körperflüssigkeiten, Mageninhalt und Haare auf Giftspuren untersuchen; Lebensmittel und Getränke in der Umgebung des Opfers auf Gift untersuchen; wenn feststeht, um welches Gift es sich handelt, überlegen, wie der Täter daran gekommen ist und so nach dem Täter suchen (z.B. über Apotheken).

2. Das ist wirklich möglich. Auch der russische Wunderheiler Rasputin war immun gegen Arsen.
3. Pflanzen, Tiere, Bakterien, Pilze, Medikamente, Drogen, Schädlingsbekämpfungsmittel, Haushaltschemikalien, Abgase
4. Alkohol, Nikotin, Koffein, Medikamente

Ballistiker und Schusswaffen (S. 54)

2. Ein Selbstmörder muss in jedem Fall Schmauchspuren an den Händen haben. Die Art der Wunde zeigt, aus welcher Entfernung und Richtung geschossen wurde – und da gibt es bei Selbstmord nicht so viele Möglichkeiten.

Sprache, Schrift und Stimme (S. 55/56)

3. Beispielsweise: Glockengeläut, Bahnhofsansage, Musik

3. ERMITTLUNGEN

Beweisführung (S. 64/65)

3. Obwohl die beiden ersten Aussagen wahr sind, stimmt die dritte nicht. Das liegt daran, dass die Gruppe, für die die erste Aussage formuliert wurde (Wale), die zweite Gruppe (Lehrerinnen) nicht enthält. Nur wenn die erste Bedingung andersherum formuliert zutreffen würde (alles, was Luft atmet, ist ein Wal), wäre der Schluss zulässig.

Zeugen und Erinnerung (S. 66)

1. a) Sommer (b) mehr Instrumente (c) Gitarre (d) auf dem Brückengeländer (e) einer (f) ja (g) Pullover

So fragt man richtig (S. 67)

2. Wiederholungsfragen, Testfragen, Fangfragen

Tatmotiv (S. 68)

2. Betrug, Fälschung, Diebstahl, Raubmord, Einbruch, Erpressung, Entführung, Hehlerei, Raubüberfall, Unterschlagung

Ungelöst: Der Fall „Jack the Ripper" (S. 72)

2. Beispielsweise: Arzt, Chirurg, Metzger, Barbier, Koch
3. Leider gibt es bei Verbrechen, die in der Öffentlichkeit großes Aufsehen erregen, häufig Nachahmungstäter. Die große Aufmerksamkeit könnte dazu geführt haben, dass andere Tötungsdelikte als Verbrechen des „Rippers" getarnt wurden.

So kommt die Polizei Verbrechen auf die Spur (S. 73)

1. Abwarten, ob das Opfer einen Strafantrag stellt.
2. Er hätte sich das Gift besser heimlich besorgten, mit dem Verkauf des Schmuckes warten und vor allem Abstand von seiner Geliebten halten sollen.

Untersuchung des Tatortes (S. 74)

1. Er hat etwas vergessen oder verloren. Er möchte Spuren verwischen oder falsche Spuren legen. Er möchte sich über die Ermittlungen informieren. Er bereut die Tat.

Alibiüberprüfung (S. 75)

1. Für die Zeit, in der die Verkäuferin ihn gesehen hat, ist sein Alibi wasserdicht, zumal er die Quittung nachweisen kann. Es gab auch keinerlei Möglichkeit für ihn, einen späteren Bus für die Hinfahrt oder einen früheren Bus für die Rückfahrt zu nehmen. Die Polizei sollte jedoch nachprüfen, ob der Bus an diesem Tage Verspätung hatte. In diesem Fall könnte er nämlich die Rückfahrt früher mit einem verspäteten Bus angetreten haben. Außerdem gibt es keinerlei Beweise dafür, dass er tatsächlich mit dem Bus gefahren ist. Wenn er z.B. mit dem Auto gefahren ist, hätte er möglicherweise, trotz des Einkaufs, genügend Zeit für den Mord gehabt. Es muss also überprüft werden, ob ihn jemand im Bus bzw. an der Bushaltestelle gesehen hat, ob er ein Auto (oder ein anderes Fahrzeug) hat, ob es Hinweise gibt, dass er es an diesem Tag möglicherweise benutzt hat und wie lange eine Fahrt mit dem jeweiligen Fahrzeug von seiner Wohnung in die Innenstadt dauert.
2. Der Tatverdächtige 1 könnte sich zwar die Konzertkarte gekauft haben, das Konzert jedoch nicht wirklich besucht haben. Weil die Fahrten, bei denen er

gesehen wurde, vor und nach der Tatzeit stattfanden, ist sein Alibi löchrig. Der Tatverdächtige 2 hat ein wasserdichtes Alibi, weil sich die Aufnahme in der Klinik zweifelsfrei nachweisen lässt. Der Tatverdächtige 3 und seine Freunde haben gelogen. Um 21:30 ist es Ende Juni viel zu hell für ein Feuerwerk. Trotz Diskobesuch hatte er genug Zeit für die Tat.

Kriminalistisches Denken (S. 76)

Das Krokodil gehört Otto!
Reihenfolge, in der die Hinweise eingetragen werden: 8, 9, 14, 4 (+ 5), 5, 1, 7, 11, 15 (+ 12, + 3), 12, 3, 13, 2, 6, 10

	Haus 1	Haus 2	Haus 3	Haus 4	Haus 5
Farbe	gelb	blau	rot	grün	weiß
Verbrecher	Ede	Rudi	Kurre	Otto	Bolle
Straftat	Fälschung	Bankraub	Ladendiebstahl	Betrug	Drogenhandel
Tatwerkzeug	Gewehr	Pistole	Messer	Dietrich	Brecheisen
Tier	Giftschlange	Vogelspinne	Kampfhund	Krokodil	Piranha

Identifizierung des Täters (S. 77)

1. Bei der Gegenüberstellung hätte sie Männer nehmen müssen, die Beck ähnlich sahen. Weil von vorneherein feststand, dass, falls Beck nicht der Täter war, er ihm doch zumindest recht ähnlich gesehen haben muss, hätte sich die Polizei auf andere Beweismittel konzentrieren müssen, um ihn zu be- bzw. zu entlasten.

Fallanalytiker und Täterprofile (S. 78)

2. Es könnte Kriminellen dazu dienen, im Bezug auf ihre Täterschaft falsche Spuren zu legen.

Gewöhnliche und ungewöhnliche Tatmotive (S. 79)

1. haben wollen: z.B. Raubmord, Vergewaltigung, Betrug
   schaden wollen: z.B. Rassenhass, Eifersucht, Rache
3. Das Motiv bei Ehrenmord ist, die Ehre einer bestimmten Person oder Personengruppe wieder herzustellen. In Deutschland ist dafür, wie bei anderen Morden aus „niederen Beweggründen", die höchstmögliche Strafe vorgesehen.

Heimlich und verdeckt (S. 81)

2. Gründe, dass V-Personen mit der Polizei zusammenarbeiten: Innere Abkehr von der Organisation, Rachegedanken, finanzielle Interessen, Straffreiheit für begangene Verbrechen.

4. RECHT UND GESETZ

Wer verhandelt vor Gericht? (S. 84)

2. Weil es wichtiger ist, dass kein Unschuldiger bestraft wird, als dass ein Schuldiger bestraft wird.

Beurteilung von Schuld (S. 85/86)

1. Bolle: Räuberische Erpressung, Ede: Raubmord, Cora: Diebstahl, Paule: Raub, Lola: Unterschlagung, Rudi: Betrug. Die härteste Strafe wird Ede bekommen, die mildeste Lola.

Strafen im Mittelalter (S. 88)

1. Abschreckung spielte eine große Rolle, Besserung so gut wie keine.
2. Hand: z.B. Diebstahl, Körperverletzung;
   Mund: z.B. Verrat, Betrug

Gerichtsverhandlungen (S. 91–93)

2. Damit sie nicht beeinflusst werden und nur das berichten, was wie wirklich wahrgenommen haben.
4. Zunächst einmal ist er dazu verpflichtet. Er wird es jedoch auch wegen seines Rufes tun. Ein Rechtsanwalt, der viele Freisprüche erwirkt, wird viele Kunden bekommen und für deren Verteidigung auch viel Geld bekommen.

Schuld und Schuldfähigkeit (S. 94)

2. Absicht und direkter Vorsatz werden am härtesten bestraft, bedingter Vorsatz und Fahrlässigkeit leichter. Hier spielt es eine Rolle, wie stark der Täter davon ausgehen musste, dass ein Schaden entsteht.

Mord und Totschlag (S. 99)

1. Wird bei einem Raub jemand getötet, geschieht dies, um eine Straftat zu ermöglichen. Damit ist bereits ein Mordmerkmal erfüllt.

Lösungen

5. KRIMINALLITERATUR

Verbrechensliteratur und Kriminalliteratur (S. 103)

1. A, C, F

Krimis (S. 104)

3. Für den Detektivroman, denn hier geht es darum, herauszufinden, wie ein Verbrechen geschehen ist. Im Thriller geht es darum, den Täter zu überwältigen.

Der berühmteste Detektiv aller Zeiten (S. 105)

2. A) Geige
   B) London, Baker Street 221b
   C) Professor Moriarty
   D) viktorianische Epoche
   E) The Strand
   F) Miss Irene Adler
   G) sie war ihre Vermieterin

Agatha Christie und der „Whodunnit" (S. 106)

1. Lösungswort: clue

Meisterdetektiv Kalle Blomquist (S. 107)

2. Bei Kindern ist es viel unauffälliger, wenn sie irgendwo herumlungern, um jemanden zu beobachten oder zu beschatten. Wenn sie sich dabei verstecken, können sie immer behaupten, verstecken zu spielen. Das ist auch eine gute Ausrede, um etwas zu suchen.
3. In ein fremdes Auto steigen und alleine ermitteln, anstatt die Polizei zu verständigen.

Warum Vampire Dracula heißen (S. 111)

1. Sowohl in Schauer- als auch in Kriminalgeschichten wird dem Leser Angst gemacht, das Böse verfolgt und am Ende besiegt. In Schauergeschichten ist das Böse jedoch nicht real. In Kriminalgeschichten geht es um Verbrechen, wie sie auch im wirklichen Leben geschehen.
2. Hörspiele, Kino- und Fernsehfilme, Computerspiele, Merchandising-Produkte (T-Shirts, Tassen, ...), Tourismus (Reise zu den Originalschauplätzen).

Verbrechen in Literatur und Dichtung (S. 112/113)

2. In einem Werk der Verbrechensliteratur würde die Entstehung der Eifersucht von Kain auf Abel im Vordergrund stehen. Bei einem Werk der Kriminalliteratur würde im Vordergrund stehen, wie Gott herausfindet, was Kain getan hat.
4. Der Täter hat ein sehr ungewöhnliches Motiv, welches mit dem Verstand nicht fassbar ist. Die Motive von Tätern in anderen Kriminalgeschichten sind meist besser nachvollziehbar.

Kriminalfälle als Unterhaltung (S. 114)

1. Die Elemente a+h, k+i, b+c, f+d, l+e, und g+j sollten gegenübergestellt werden.

Die Detektivgeschichte („Whodunnit") (S. 116)

3. Dass der Fall nicht gelöst wird, dass Spuren nicht weiter verfolgt werden, dass der erstbeste Verdächtige gleich der Täter ist, dass der Täter aus einem ganz anderen Kreis kommt, als dem, in dem vorher ermittelt wurde, dass das Motiv des Täters unklar bleibt, dass ein anderer Ermittler den Fall übernimmt.

Thriller (S. 118)

1. Temporeiche und wechselnde Handlungen geben im Film mehr her als intellektuelle Auseinandersetzungen, also Gespräche um die Frage, wer der Mörder ist, die meist an einem eng begrenzten Schauplatz stattfindet.
2. Weil ersteres tiefgründig und gut ausgearbeitet ist und letzteres oberflächlich und damit albern bleibt.

Literatur- und Linktipps

Literatur:

Sachbücher für Kinder und Jugendliche

Cooper, Chris:
Kriminalistik. Techniken der Verbrechensbekämpfung. Sehen, Staunen, Wissen.
Gerstenberg, 2009.
ISBN 978-3-8369-5559-1

Die drei Detektive. So ermittelst du richtig.
Frankh-Kosmos, 2006.
ISBN 978-3-440-10736-2

Harder, Corinna; Schumacher, Jens:
Streng Geheim. Das große Buch der Detektive.
Moses, 2003.
ISBN 978-3-89777-159-8

Köthe, Dr. Rainer:
Kriminalistik. Dem Täter auf der Spur.
Was ist Was Band 98.
Tessloff, 2003.
ISBN 978-3-7886-0661-9

Lane, Brian; Crawford Andy:
Verbrecher und Detektive. Die faszinierende Arbeit von Kriminalisten. Sehen, Staunen, Wissen.
Gerstenberg, 2004.
ISBN 978-3-8067-5505-3

Platt, Richard:
Berühmt & Berüchtigt. Ganoven, Räuber und Spione.
Dorling Kindersley, 2003.
ISBN 978-3-8310-0401-0

Rey, Paul:
Die drei ???
Das große Detektivhandbuch.
Frankh Kosmos, 2006.
ISBN 978-3-440-10756-0

Scott, Carey:
Spurensuche am Tatort.
So arbeiten Kriminalisten.
Dorling Kindersley, 2007.
ISBN 978-3-8310-1055-4

Verdächtig. Von großen Ganoven, Detektiven und Spionen. Spannung, Wissenswertes, Reportagen, Geschichten.
Treff Schülerwissen, Velber, 2005.
ISBN 978-3-86613-291-7

Kriminalliteratur

Carr, John Dickson:
Der verschlossene Raum.
DuMont, 1993.
ISBN 978-3-770-15389-3

Dürrenmatt, Friedrich:
Der Richter und sein Henker.
Rowohlt Taschenbuch Verlag, 2007.
ISBN 978-3-499-10150-2

Droste-Hülshoff, Annette von:
Die Judenbuche.
DTV, 1997.
ISBN 978-3-423-02607-9

Hoffmann, E.T.A:
Das Fräulein von Scuderi.
DTV, 1998
ISBN 978-3-423-02645-1

Literatur- und Linktipps

Karr & Wehner:
Feuerspiele. Ein Ruhrgebietskrimi.
Verlag an der Ruhr, 2010.
ISBN 978-3-8346-0646-4

Kästner, Erich:
Emil und die Detektive.
Dressler, 2006.
ISBN 978-3-7915-3012-3

Lindgren, Astrid:
Kalle Blomquist. Gesamtausgabe.
Oetinger, 1996.
ISBN 978-3-7891-4130-0

Shipton Paul:
Die Wanze & Heiße Spur in Dixies Bar: Zwei Insektenkrimis in einem Band.
Fischer, 2009.
ISBN 978-3-596-18174-2

Swann, Leonie:
Glennkill. Ein Schafskrimi.
Goldmann, 2007.
ISBN 978-3-442-46415-9

Links*:

www.bka.de
Seiten des Bundeskriminalamtes in Wiesbaden

www.polizei.de
Offizielle Seite der deutschen Polizei, von der aus man zu den einzelnen Landespolizeien kommt, die wiederum Kinderseiten zu kriminalpolizeilichen Themen unterhalten.

www.fbi.gov/fbikids.htm
Englischsprachige Kinderseite des FBI

www.trutv.com/library/crime/index.html
Englischsprachige Seiten rund um echte Verbrechen

http://de.wikipedia.org/wiki/Kategorie:Kriminalfall
Übersicht über die bei Wikipedia verzeichneten Kriminalfälle

www.detektiv-klub.de
Seiten des UNDERGROUND-Junior-Detektivklubs mit vielen Anregungen für Kinder-Detektive

www.praxis-jugendarbeit.de/spielesammlung/sp-kurz-krimi-raetsel.html
Eine Seite mit Rätselkrimis

www.kidscat.ch/Jugendliche/Ratekrimis/krimiecke.htm
Auch hier gibt es Rätselkrimis.

www.rossipotti.de/ausgabe16/titelbild.html
Hier gibt es die Krimi-Ausgabe des Literaturmagazins Rossipotti für Kinder.

www.krimi-couch.de
Krimiseite mit vielen Inhaltsangaben, Informationen über Autoren etc.

www.krimi-forum.net/Seiten/dta_kinderkrimi/kinderkrimi.html
Hier gibt es Krimis für Kinder und Jugendliche, sortiert nach Altersstufen und anderen Auswahlkriterien.

* Die in diesem Werk angegebenen Internetadressen haben wir geprüft (April 2010). Da sich Internetadressen und deren Inhalte schnell verändern können, ist nicht auszuschließen, dass unter einer Adresse inzwischen ein ganz anderer Inhalt angeboten wird. Wir können daher für die angegebenen Internetseiten keine Verantwortung übernehmen.